Akron · Im Licht der Sonne

HEINRICH HUGENDUBEL VERLAG
Kailash
Buch

Jupiter oder »der Suche nach dem Vater«
gewidmet

Akron

Im Licht der Sonne

Die menschliche Entwicklung im Spiegel der inneren Planeten

HUGENDUBEL

CIP-Titelaufnahme der Deutschen Bibliothek
Akron:
Im Licht der Sonne: die menschliche Entwicklung
im Spiegel der inneren Planeten / Akron. – München:
Hugendubel, 1990
(Kailash-Buch)
ISBN 3-88034-489-2

Umschlaggestaltung: Peter Strauss, Traunreut
Produktion: Tillmann Roeder, München
Satz: Hesz Werk Satz, Augsburg
Druck und Bindung: Wiener Verlag, Himberg

ISBN 3-88034-489-2

Printed in Austria

Inhalt

Einführung in die Tiefen-Astrologie und das transzendente Denken 7
Die Polarität, Apokalypse und Transzendenz 8
Der Schatten 10
Die solare Perspektive der Psyche 18
Sonne 27
Sonne/Mond 31
Sonne/Merkur 49
Sonne/Venus 62
Sonne/Mars 76
Sonne/Jupiter 91
Mond 109
Mond/Merkur 113
Mond/Venus 130
Mond/Mars 147
Mond/Jupiter 167
Merkur 187
Merkur/Venus 191
Merkur/Mars 204
Merkur/Jupiter 220
Venus 247
Venus/Mars 250
Venus/Jupiter 272
Mars 284
Mars/Jupiter 291
Jupiter 313

Einführung in die Tiefen-Astrologie und das Transzendente Denken

Die Polarität, Apokalypse und Transzendenz

Am Anfang schuf Gott Himmel und Erde,
und die Erde war ohne Form und leer.
Finsternis war auf der Fläche der Tiefe
und der Geist Gottes schwebte über den Wassern.
Und Gott sprach: Es werde Licht! Und es ward Licht.
Und Gott sah, daß das Licht gut war.
Da schied Gott das Licht von der Finsternis.

Schon der Beginn der Schöpfungsgeschichte symbolisiert uns eindrücklich die verhängnisvolle Verknüpfung unseres Geistes. Denn die unerwünschten Ursachen und Wirkungen im Leben entstehen weder aus dem Nichts noch aus unvorstellbaren Ursachen, sondern wurzeln in der Bindung unseres Geistes an die Polarität: »Als Gott sah, daß das Licht gut war, schied er die böse Finsternis vom Licht.«

Die Geburt der Dualität ist aber gerade die Voraussetzung zu unserer Verstrickung. Denn solange wir Menschen Modelle haben, die uns sagen, was für uns erstrebenswert ist und was nicht, solange binden wir uns einseitig an die eigenen Zielvorstellungen, die uns zwingen, uns mit dem für uns Erstrebenswerten zu identifizieren. Dadurch entsteht aber die unbemerkte Handlung, uns von dem für uns nicht Erstrebenswerten im gleichen Atemzug zu distanzieren. Da aber das Unerstrebte gleichzeitig ein Teil unseres eigenen Verhaltens ist, müssen wir uns von diesen Teilen lossagen. Das können wir am besten, indem wir unsere eigenen, ungeliebten Eigenschaften auf geeignete Bezugspersonen übertragen, auf Personen also, die das in der Welt verkörpern, was wir bei uns nicht sehen wollen.

Die »Finsternis« symbolisiert dabei alle unkontrollierten Leidenschaften, psychischen Blockaden und fixierten Wahnbilder, die der Mensch in seine gesellschaftliche Modelle nicht integrieren konnte. Anders ausgedrückt: Da sich der Mensch den Launen der Natur nicht beugen wollte, setzte er ihr ein eigenes Modell entgegen, das ihm nicht nur die Kontrolle sichern sollte, sondern ihn auch in den Mittelpunkt der Schöpfung stellte. Da dieses Modell vom Kopf her inszeniert wurde und wird, müssen alle instinktiven Triebe, die gegen die Ordnung der vom Kopf her inszenierten Verhaltensmuster zielen, aus dem Inventar der Werte ausgeschlossen werden. Also werden sie aus dem Bewußtsein gejagt und in den Keller verbannt, wo sie in der Tat ein schattenhaftes Dasein fristen.

Damit sind wir schon mittendrin im Krieg. Wir haben dem Teufel buchstäblich unsere Seele versprochen, wenn er uns dafür alle Macht der Welt zu Füßen legt. Wir haben alles ausgerottet, was sich uns in den Weg stellte, und hochgezüchtet und entwickelt, was uns für unsere Ziele förderlich erschien. Und nun stehen wir vor den Trümmern unseres Erbes und hören unsere Kinder sagen: »Du bist schuld, daß wir keine Wälder haben, daß unsere Flüsse vergiftet sind! Du bist schuld, daß wir keine Freude haben, daß wir keinen Lebenssinn mehr spüren!« Wir haben unsere eigene Gier zum Impulsgeber aller menschlichen Bestrebungen gekürt. Um die stets wachsenden Bedürfnisse des Egos zu stillen und die immer neuen Forderungen und Wünsche befriedigen zu können, haben wir uns einem Wachstumsmechanismus ausgeliefert, der uns in seiner äußeren Wirkung gerade das zurückbringt, was wir verhindern wollten: Zerstörung und Gewalt.

Mit einfachen Worten gesagt ist jeder löbliche Versuch, die Welt humaner zu gestalten, ein kontraproduktives Unterfangen, solange sie der selbstgefälligen und ichbezogenen Haltung entspringt, den Menschen vor dem drohenden Abgrund zu bewahren. Wenn der Versuch, den Schaden, den wir angerichtet haben, wieder gutzumachen, dem Vorhaben entspricht, uns vor den Konsequenzen unserer eigenen Handlungen zu bewahren, werden die Ergebnisse solcher »Sanierungen« nur zu noch mehr Entfremdung und Zerstörung führen. Denn der Weg ins Äußere der Welt führt über das Innere der Psyche. Solange wir die Harmonie einer friedlichen Koexistenz in uns nicht spüren, brauchen wir an die Genesung unserer Umwelt nicht einmal zu denken. (Jeder äußere Versuch, die Zerstörung abzuwenden, ist doch nur der »mephistophelische« Versuch, die schon dahinsiechende Natur noch mehr zu schwächen und von den eigentlichen Problemen abzulenken, was uns dem inneren Verdrängungsmechanismus immer mehr ausliefert). Ließen wir die Öffnung unserer Herzen aber zu, dann heilte sich die Erde in den Wirkungen unserer Taten wie von selber!

Der Schatten

Die Auseinandersetzung mit dem Bösen

Es ist meistens gar nicht eingeladen und trotzdem kommt es immer, auf mehr oder weniger leisen Sohlen: das Böse nämlich, das von uns so uneinsichtig aus den Bezirken unseres gesellschaftlichen Verhaltens hinausbefördert wurde. Weil das Böse aber damit nicht verschwunden ist, nur weil wir es durch die Muster unseres gesellschaftlichen Verhaltens nicht wahrnehmen wollen, überlistet es unseren Verstand, indem es uns das Böse, welches wir bei uns selber nicht wahrhaben wollen, in der Außenwelt reflektiert. Und weil es uns gleichzeitig dazu anstachelt, dieses äußere, eigene Böse zu bekämpfen, sehen wir hier deutlich, wie das verdrängte Böse in das von der Gesellschaft akzeptierte Gute eindringt und sein Bössein dadurch los wird, indem es in der Maske des Guten das vermeintlich Böse zerstört. Das erinnert verdächtig an den AIDS-Virus, der gerade das Abwehrsystem infiziert und damit seinen eigentlichen Widersacherer umfunktioniert, der dadurch nicht nur besiegt ist, sondern sich dem Feind jetzt auch noch zur Verfügung stellen muß.

In den Hexenverbrennungen finden wir das hierzu adäquate Beispiel. Der Inquisitor konnte sein verdrängtes Böses dadurch loswerden, indem er es auf die Hexen projizierte und diese stellvertretend für die eigenen Verdrängungen verbrannte. Damit konnte das verdrängte Böse »in der Maske des Guten« ungestraft zerstören, solange es das zu Zerstörende »in die Rolle des Bösen« band.

Aber wir müssen gar nicht so weit in die Vergangenheit zurückgreifen, wir finden genügend Beispiele auch in allernächster zeitlicher Umgebung. Es ist allemal leichter, andere zum Sündenbock zu stempeln, als dem eigenen Schatten zu begegnen, sind doch alle wohlmeinenden Versuche, die Welt zu retten und sich dem ewigen Frieden zu verpflichten, nichts anderes als psychologische Sandkastenspiele, die bösen anderen zum Sündenbock zu erklären. Es greift aber viel zu kurz, andere für die eigenen Schwächen verantwortlich zu machen, nur weil deren materialistisches Verhalten die Welt kaputt macht: Das menschliche Ego hat sich noch nie um das Verhalten und die Reaktionen der Natur gekümmert, solange es nur seine Ziele verwirklichen konnte. Und wenn der moderne Mensch heute auf die Umwelt sensibler reagiert, dann ist das weniger seiner persönlichen Rücksichtsnahme zu verdanken als mehr der Einsicht, daß er ja selber mit zugrunde geht, wenn die Natur um ihn herum stirbt.

Auf eine andere Ebene übertragen ist es den nomadisierenden Jägern immer leichter gefallen, angesichts einer drohenden Katastrophe weiterzuziehen, als den seßhaften Bauern. Wenn wir unser kapitalistisch-wirtschaftliches System einmal mit dem der seßhaften Bauern vergleichen, dann können wir sehen, daß das in die wirtschaftlichen Zwänge verstrickte Ego nicht so flexibel auf die Umweltreaktionen reagieren kann, weil es sich aus seinen eigenen Fesseln nicht so schnell zu befreien vermag. Der seßhafte Bauer ist erst beim Vulkanausbruch bereit, seine Besitztümer aufzugeben – also erst dann, wenn es zu spät ist. Da er sich auf den Besitz seines Landes fixiert hat, versucht er eher, den Vulkanausbruch zu verhindern, als seine Besitzvorstellungen aufzugeben. Der Jäger wiederum, der nicht bereit war, sich an das gesellschaftliche System anzupassen, fühlte sich zwar endlich bestätigt, aber hinter allen vernünftigen Worten von Umdenken und Abspecken loderte auch die vermeintliche Gewißheit von der besitzenden Klasse und der herrschenden Gesellschaft sowie nie richtig akzeptiert worden zu sein.

Und so wehren sich die »Friedenskämpfer« für ihre Vorstellung von Frieden, ohne ihr eigenes menschliches Verhalten einzubeziehen, wodurch sie notfalls auch bereit wären, ihr Friedensmodell mit Gewalt gegen die »Gewalttätigkeiten der anderen« zu verteidigen. Wenn wir z.B. jetzt gegen den Krieg protestieren, protestieren wir im Grunde gegen das menschliche Verhalten, weil gerade der äußere Krieg der Übertragung unseres inneren Verhaltens entspricht. Niemand führt Krieg um des Krieges willen, nein, Krieg führt man nur deswegen, weil der andere stets im Unrecht ist man und ihn von den eigenen, berechtigten Forderungen überzeugen will. Will man die eigenen Forderungen erzwingen, muß man sich des Krieges bedienen, was natürlich nicht im eigenen »Unrecht«, sondern in der »Uneinsicht der anderen« liegt.

Die Rücknahme des Schattens

Wir möchten nun aber keinem gegen seine Einsicht reden, wenn er gegen Kriege protestiert. Nein, im Gegenteil, gehen wir auf die Straße, versuchen wir diesen Zuständen ein Ende zu bereiten, aber seien wir uns bewußt, was wir da tun. Die anderen, die für die Zerstörung die Verantwortung tragen, das sind wir selber. Sie begegnen uns im Kleid der Herrschenden nur in der Verdrängung unseres eigenen Tuns. Was wir anprangern und an den Schandpfahl stellen sollten, ist unser funktionales Menschsein. Wir haben alles vernichtet, was sich uns in den Weg stellte. Doch jetzt, wo sich unser eigenes Verhalten in der Kampfbahn unseres folgerichtigen Wirkens zur großen Auseinandersetzung rüstet, jetzt bekommen wir plötzlich kalte Füße, nur weil wir endlich spüren, daß, wer auch gewinnt, wir stets die Verlierer sein werden.

Wir können aber auch gewinnen, wenn wir diesen Krieg verweigern, wenn wir die Niederlage unseres Wirkens (indem wir die Zerstörung bewußt annehmen) jetzt zum Sieg erklären. Wenn wir sozusagen einseitig abrüsten, egal, was der Gegner tut. Wenn wir uns allen Verhandlungen entziehen, die unsere Abwehr immer wieder motivieren. Wenn wir im Gegenteil unserem Abwehrmechanismus den Krieg erklären, indem wir die Verantwortung für uns selber leben, indem wir die Früchte unseres Wirkens wenigstens lieben lernen, wenn wir sie schon nicht essen können.

Bauen wir unsere Fixierungen ab, lösen wir uns von den inneren Leitbildern, wie die Welt zu sein hat, und denen wir uns ausgeliefert haben. Erst wenn wir uns mit diesen Zusammenhängen befassen, können wir unserem urmenschlichen Verhalten Rechnung tragen. Dann erst können wir die Verantwortung für unsere Handlungen übernehmen, wenn wir um die Zusammenhänge unserer Taten jetzt erfahren, die ja nur Reaktionen auf Zustände sind, die sich innerhalb der menschlichen Entwicklung langsam in die sichtbare Realität hochlagern.

Weiß und Schwarz (Der Zyklus von Geburt und Tod)

Wir sehen also, sogar das, was wir Zerstörung nennen, ist kein chaotisches, wahlloses Durcheinander, sondern folgt einem wohlgeordneten folgerichtigen Gesetz. Der ewige Zyklus von Geburt und Tod, von Blüte und Zerfall ist dabei oberstes Gebot und spiegelt uns aus allen Dimensionen des Lebendigen entgegen. Die universale Energie ist eine unpersönliche Kraft, weder gut noch böse. Sie wird erst durch die Muster unseres Bewußtseins »weiß« oder »schwarz.« Die Unterscheidungen geschehen folglich im Gehirn, im Denken.

Der Mensch wäre nicht der Mensch, trüge er im Herzen nicht jene Bereitschaft zur gnadenlosen Zerstörung verborgen, wenn er sich davon einen persönlichen Vorteil verspräche: die Bereitschaft zur erbarmungslosen Ausbeutung, welches alles ihren Zielen unterordnet und die ständige Verschiebung der physischen und psychischen Grenzen voraussetzt, hinter denen sich Entwicklung wie Risiko gleichermaßen vollstrecken. Will er die Begegnung mit dem Teufel jetzt vermeiden, muß er dafür etwas tun und seine Sichtweise erweitern, weil das übliche Verhalten den Teufel immer mit sich führt, der doch nichts anderes ist als die Schattenseite unseres materiellen, egoistischen Verhaltens.

Das entspricht dem Modus unserer inneren Anlagen, ob wir dies wollen oder nicht, und der innere Lebenszyklus verlangt nach Phasen von Geburt und Tod, Blühen und Zerfall. Charakteristisch für unsere Zeit ist, daß wir uns nicht trauen, dieser unbarmherzigen Kraft, die aber gerade unser Leben ist, in die Augen zu schauen. Die einseitig negativen Schilderungen der negativen Kräfte spiegeln nichts anderes wider als die Angst der Menschen vor ihren unbewußten, eigenen Dämonen. Die Welt ist wie ein Spiegel, indem wir im anderen unser eigenes Unbewußtsein erkennen können, für das wir bei uns selber blind sind.

Doch nur, wer seinen Schatten erkennt, weiß, wer er ist. Und nur wer weiß, wer er ist, kann ermessen, was es heißt, sich selber zu entwickeln. Denn nur wer sich selber ist, kann sich entwickeln, ohne seinen eigenen Schattenteil mitzuentwickeln, dem er im Umweg über die Außenwelt dann ausgeliefert ist. Wollen wir die Bedrohung nicht von außen erleiden, müssen wir sie selber werden. Wir müssen uns mit unserem Schatten identifizieren und die Verantwortung in allen Bereichen dafür übernehmen. Damit befreien wir den Schatten aus seiner unerlösten Form und können die starre, ichbezogene Form unseres Wesens vom Kern her langsam abbauen, wenn die neue Saat von innen ausschlägt. Dann können wir die alte, überholte Form als Humus nehmen, in welchem die neue Saat aufgeht.

Es ist nicht nur falsch, sondern auch ausgesprochen gefährlich und naiv, wenn man eine Definition dessen abgibt, was kosmisch richtig ist und was nicht. In den meisten Büchern über dieses Thema findet man die lächerliche Behauptung, daß das Böse egobesessen sei und destruktiv, das Gute aber konstruktiv und selbstlos. In solchen Statements erkennen wir die unerlösten Schatten der Autoren, die sich über diese Schwarzweiß-Bilder zwar zu befreien suchen, durch die Verdrängung des Bösen aber nur den Schattenanteil ihrer Psyche kräftigen. Dem irrsinnigen Glauben, es könne jemals Licht ohne Schatten geben, muß endlich widersprochen werden: *»Indem wir die Finsternis verdrängen, zerstören wir in Wirklichkeit das Licht!«*

Versuchen wir aber, die Finsternis in uns anzunehmen, dann tragen wir gleichzeitig dazu bei, auch das Licht zu erhellen, weil beide nur verschiedenen Perspektiven einer gleichen kosmischen oder universellen Urkraft sind. Auf dem Weg, diese Polaritäten auszugleichen, durchschauen wir die eigenen Verhaltensmuster, die uns beständig dazu zwingen, Zerstörung anstatt Leben anzunehmen. Das menschliche Bestreben, das Dunkle zu verdrängen, zwingt uns, dieses Dunkle im Umweg über die Außenwelt als Krise oder kollektiver Einfluß zu erleiden, wenigstens solange, bis wir ihren Ursprung im vom Bewußtsein abgespaltenen Teil unserer Psyche erkennen. Wir sind nicht nur die Seiltänzer über dem Abgrund, wir sind auch die Krokodile im trüben Gewässer, welche die Unglücklichen beim Absturz auffressen.

Die Vollstreckung innerer Verhaltensmuster

Fassen wir also zu dem Gedanken Vertrauen, daß alles, was uns aus der Außenwelt berührt, immer nur die äußeren Reflexionen auf unbewußte innere Verhaltensmuster sind. Wenn ich mich z. B. nicht traue, dem anderen eine Ohrfeige zu geben, dann suche ich mich in die Situation zu bringen, wo ich sie erhalten kann, denn ist sie ein Teil meiner inneren Anlage, dann muß sie sich erfüllen, wobei es nach dem Gesetz des Ausgleichs egal ist, ob ich sie austeile oder erhalte, Hauptsache, sie geht vonstatten.

Wenn ein Mann an der aggressiven Färbung seiner Umwelt leidet, dann erkennen wir darin die negative Prägung durch seine eigenen Verhaltensmuster. Voraussetzung zu dieser Störung könnte sein, daß er in der Kindheit für einen Anlaß so heftig bestraft wurde, daß fortan die Angst, wieder Prügel zu bekommen, stärker wurde als der Mut, die eigenen Aggressionen loszuwerden. Die Angst aber, Prügel zu erhalten, entspricht der inneren Vorstellung, Prügel zu verteilen. Mit anderen Worten, nur wenn ich mir selbst vorstellen kann, andere brutal zusammenzuschlagen, kann ich die gleiche Vorstellung umgekehrt dazu benutzen, mir das Beziehen von Prügeln durch andere aufregend auszumalen.

Versuchen wir uns das an einem anderen Beispiel zu erhellen. Der kleine Peter, der sich von seiner Mutter nicht geliebt fühlt, reagiert darauf, indem er sich als unliebsam empfindet. Da er auf die Gefühle der Mutter aber nicht verzichten kann, liefert er sich eben den Gefühlen aus, keine Liebe zu bekommen, weil er sich mit der Mutter gegen sich selber verbündet, um wenigstens das Gefühl der Schuld zu bekommen, wenn er schon das Gefühl der Liebe nicht erhält: »Ich bin nicht liebenswert, weil ich nicht so sein kann, wie meine Mutter mich liebt!«

Ist der kleine Peter aber groß geworden, dann ist diese negative Fixierung immer noch vorhanden, denn jetzt interessiert er sich nur für Frauen, die ihm seinen negativen Gefühlswert bestätigen (die ihn also auch nicht lieben können, weil er nicht so ist, wie seine Mutter ihn liebt!).

Trotzdem kann man nicht behaupten, daß der große Peter keine Gefühle kennt, sind es doch ganz im Gegenteil sehr starke Gefühle, die er ausdrückt, nur eben auf der Haben-Seite, auf der Schuldebene, im Schattenbereich. Darum müssen wir uns hüten, falsche Schlüsse zu ziehen, indem wir z. B. annehmen, daß sich diese Gefühle auf der unerlösten Ebene negativ in Peters Leben auswirken, denn damit polarisieren wir die Werte. Die Werte folgen in ihren Auswirkungen folgerichtig den Ursachen, auf die sie sich beziehen. Wie wir das beurteilen, ist unsere Sache, aber wir müssen auch wissen, daß Menschen in ihrer Geschichte mehr Leid durch die negative Fixierung des Leidens als durch das Leid selber entfacht haben. (Mit anderen Worten, die soziale Gewichtung des Umfeldes bei Arbeitslosigkeit oder Krankheit kann das Individuum mehr belasten als das Problem selbst).

Die Schwierigkeit ist vielfach die, etwas ändern zu wollen, ohne die Zusammenhänge zu erkennen. Peter wird nicht krank, wenn er seine Gefühle auf der unerlösten Ebene ausleben kann, weil dieses Syndrom ja nicht nur Strafe, sondern gleichzeitig auch der

Versuch der Psyche ist, sich durch »Einbeziehung des Schattens« wieder in Harmonie zu bringen. Anders ausgedrückt, Peters negatives Mutterbild zwingt ihn dazu, sich im Leben Frauen zuzuwenden, die ihm keine Liebe geben können – was in sich stimmig ist, denn nur in Frauen, die ihm keine Zuwendung geben können, kann er sein eigenes Mutterbild finden, weil das der logischen Wirkung auf die vorhandenen Ursachen entspricht. Damit ist Peter mit seinen eigenen Problemen auf eine unerlöste Art in Harmonie. Krank wird Peter erst, wenn man ihm beibringt, daß sein Frauenbild nicht stimmt und man eine Änderung herbeiführen will, ohne die Voraussetzungen in seiner Psyche zu berücksichtigen.

Die rückwärts wirkende Kausalität

Um das Problem aber in seinem inneren Zusammenhang zu betrachten, müssen wir das Prinzip von Ursache und Wirkung verlassen. Dieses Prinzip ist nur der Kunstgriff unseres Verstandes, um uns die Strukturen in der Welt einsichtiger zu machen (»... denn die Voraussetzungen unseres Verstandes zwingen uns, die Welt nach dem Prinzip von Ursache und Wirkung zu betrachten!«).

Wir müssen begreifen, daß die Ursachen, aus denen sich die Wirkungen folgern, selber nur Wirkungen davorliegender Ursachen sind, die sich auf immer weiter zurückliegende Voraussetzungen zurückführen lassen. Die Ursache von Peters Frauentrauma, sein Mutterbild, ist lediglich die Wirkung weiter zurückliegender Ursachen, die wiederum Wirkungen noch tieferer Ursachen sind. Peter muß sich zumindest Gedanken über die Gesamtzusammenhänge machen, um sich mit seinem Problem spirituell auseinandersetzen zu können.

Es ist also wichtig zu wissen, daß Peters Probleme eine Folge von Wirkungsprinzipien sind, die auf Ursachen folgen, deren Grundlagen in Peter selbst zu suchen sind. Und ähnlich, wie die Menschheit keinen Frieden finden wird, solange sie ihr Verhalten nicht ändert, weil der Krieg exakt den Auswirkungen menschlicher Verhaltensmuster entspricht, so wird sich Peters Frauenbild nicht ändern, indem er der Mutter jetzt die Schuld gibt. Die Mutter ist nicht nur »Ursache«, sondern auch »Wirkung« eines in Peter schwingenden Verhaltens, das gleichzeitig in die Vergangenheit zurück- und in die Zukunft vorweist.

Versuchen wir einmal, die Ursachen in unserem Beispiel umzustellen. Dann ist Peters Frauenbild nicht mehr gestört, weil er von der Mutter keine Liebe empfing, sondern er benutzte im Gegenteil die Mutter, die ihm keine Liebe geben konnte, um sein eigenes, inneres Frauenbild in der Außenwelt zu gestalten. Oder noch drastischer: Peters Mutter will ihm alle Liebe geben, doch sein inneres Empfinden ist nicht auf diese Frequenz eingestellt, und so erhält er keine Mutterliebe. Er empfängt auf einer Frequenz, auf welcher die Liebe der Mutter nicht durchdringt oder umgekehrt, dort, wo die Muttergefühle fließen, erhält er keine Signale.

Solche Beobachtungen helfen uns zu erkennen, daß unsere »objektive Wirklichkeit« einem Denken entspricht, das sich »aus seinen Beobachtungen selbst ausschließt«, weil es glaubt, außerhalb zu stehen und die Welt getrennt von der eigenen Wahrnehmung zu sehen. In Wirklichkeit gibt es nur die Wechselwirkung zwischen dem Beobachter und dem Beobachteten, wobei der Beobachter das, was er sehen will, in das zu Beobachtende einfließen läßt, um in der Außenwelt die Bestätigung für das zu erhalten, was er sehen will.

Erst wenn er die Mutter »von seinem inneren Bild« abzieht, kann er die »äußere Frau« rehabilitieren, die sonst nur zum »Opfer seiner inneren Vorstellung« wird. Wenn er seine Kindheit durch diese Optik nochmals nachvollzieht, kann er vielleicht den unbewußten Mechanismus erkennen, immer dann Liebe von der Mutter gefordert zu haben, wenn diese durch äußere Umstände verhindert war. Dieses unbewußte Verhalten, in den unpassendsten Momenten Gefühle abzugeben oder zu erwarten, entspricht dem Senden und Empfangen auf verschiedenen Frequenzen, was aber nicht die Schuld der Mutter, sondern eine gewisse Nicht-Übereinstimmung in den Gefühlen von Kind und Mutter ist.

Die solare Perspektive der Psyche

Die individuelle Perspektive (Der Mechanismus der Zuneigung)

Wir haben an Peters Mutterproblemen gesehen, daß die Probleme nicht von der äußeren Erscheinung, sondern vom inneren Bild herrühren, welches über die Mutter nur ausgelöst wird. So können wir erkennen, daß wir eine Sache nicht so sehen, wie sie ist, sondern nur, wie die Bereitschaft, sie zu sehen, in uns selber vorhanden ist. Wenn Disharmonien zur Mutter in der Psyche des Kindes angelegt sind, dann kann sich die Mutter verhalten, wie sie will – immer wird sie vom unbewußten Verhalten des Kindes in eine Lage gezwungen, in der sich die Spannungen auch auslösen!

Immer sind es die Gefühle uns selbst gegenüber, die uns Menschen zwingen, die Welt aus jener Perspektive zu beurteilen, die den Gefühlen entspricht, mit denen wir uns identifizieren. Es sind die Gefühle, die uns anziehen, an die wir uns je nach Anlagen zu binden haben und welche dann über diese Bindungen die Funktionen oder Wirkungen in unserem Leben festlegen, die wir aufgrund unserer Veranlagungen in unser persönliches Schicksal übernehmen.

Die Gefühle sind die individuellen Vorstellungen, sich genau von jenen Vorstellungen in der Welt anziehen zu lassen, welche auf der gleichen Wellenlänge liegen. Hieraus können wir lernen, daß die Schöpfer aller Bilder unsere inneren Gefühle sind, ein System von individuellen Vorstellungen nämlich, die einerseits auf angeborene Charakteranlagen zurückzuführen sind, andererseits aber auch auf anerzogene Verhaltensmuster, welche wiederum das Konglomerat von Erbanlagen sind.

Es ist genau dieses Beziehungsgeflecht, das sich durch die Geschichte der Menschen zieht und gleichsam zu der Straße wird, auf welcher Generationen vererbter Vorstellungen sich bewegen. Dieses Geflecht, das dem Verhalten der menschlichen Psyche entspricht, sich immer auf irgendetwas zu beziehen, ist die Welt, die sich aus dem Bewußtsein dieser Bilder nährt.

Somit kann das Kind seine Eltern für den Mangel an Übereinstimmung nicht mehr verantwortlich machen, weil nur der Mangel an Übereinstimmung in den Alltag übertragen werden kann, der sich im Kind selber befindet. Man kann das Auto auch nicht verurteilen, das einem über die Füße fährt, weil es einem nur dann über den Fuß fahren kann, wenn die Bereitschaft, dies zu erleiden, in einem selber vorhanden ist.

Im Schicksal spiegelt sich immer die Vollstreckung für eine bestimmte Entwicklung. Ist man sich dieser Entwicklung nicht bewußt, so kann man das erlittene Schicksal nur schwer akzeptieren, weil man die Voraussetzung der Schicksalserfüllung nicht in sich selber sieht. Wenn ich aber die Voraussetzungen zur Schicksalserfüllung nicht in mir selber sehe, werde ich keine Verantwortung für das übernehmen können, was mir »passiert«.

Das, was mir begegnet, wird scheinbar ausgelöst von der Umwelt, die mich umgibt. Es sind jedoch die inneren, unerlösten Bilder in mir, die mich zwingen, mich denjenigen Umständen in der Umwelt auszuliefern, welche mich dorthin dirigieren, wo mich mein verdrängtes, unakzeptiertes Schicksal von außen zwangsweise wieder einholt. Wenn ich das, was in mir angelegt ist, nicht selber erfülle, dann wird das Zu-Erfüllende von außen bewirkt, wobei allerdings das, was mir zur Schicksalserfüllung verhilft, vielleicht nicht immer angenehm ist.

Wir können davon ausgehen, daß wir selbst die Verursacher unserer Erlebnisse sind. Aufgrund unserer Vorstellungszwänge, wie wir die Welt wahrzunehmen haben, binden wir uns an das Ereignis »Leben«. Gleichzeitig beschweren wir uns aber über diese Bindung und beklagen sie als böses Schicksal, das uns von den Göttern aufgezwungen wurde, beneiden unsere Nachbarn, eifern fernen Helden nach und streben nach Profit. Damit erschaffen wir eine Welt, in der Kampf, Leistung und Rücksichtslosigkeit vorherrschen. Von der Wiege bis zur Bahre wählt jeder aus dem unerschöpflichen Trog von Perspektiven diejenigen Sichtweisen heraus, die seiner inneren Ausrichtung an die Geschehnisse in der äußeren Welt entsprechen.

Viele sprechen dann von schwerem Schicksal, wo es sich doch um die Kompensationsmechanismen der Seele handelt, um das eigene Schicksal zu erfüllen. Ob das die Pleite ist, die sich abzeichnet oder die Ehefrau, die wegläuft ... ob es das Auto ist, welches einem über die Füße fährt oder der Blumentopf, der einem auf den Kopf fällt: Wichtig ist zu akzeptieren, daß einem auf dem Schicksalsweg nichts anderes begegnen kann als das, was in einem selbst ist. Auch wenn wir uns im Glauben wiegen, unser eigenes Leben zu kontrollieren, weil uns die Verplanung der materiellen Realität dies suggeriert: In Wirklichkeit werden wir von den Wirkungen unserer Handlungen herumgeworfen, in denen die unsichtbaren Keime künftiger Entwicklung schon eingegossen sind!

Der Mechanismus des Sehens

Der erste Schritt zum Sehen ist, uns mit dem Widerspruch zu versöhnen, daß die Welt gleichzeitig das ist, was sie ist, und es andererseits doch nicht ist. Sie ist einerseits nicht so, wie uns unsere bewußte Wahrnehmung dies glauben macht (wie uns die Modelle der Atomphysiker dies zeigen), andererseits entspricht sie aber nur dem, was wir an ihr sehen und was wir wechselwirkend aus unserer Psyche in sie hineinspiegeln können.

Die Welt entspricht demzufolge genau unserem Vorstellungserleben, das wir auf sie übertragen. Da das Bewußtsein des Menschen immer die Absicht hat, sich über die Erlebnisse in der Welt selber zu erfahren, legt es in die Betrachtungen der Welt seine persönlichen Vorstellungen hinein, um aus den Reflektionen der Welt etwas über seine individuellen Vorstellungsmuster zu erfahren. Mit anderen Worten versucht das Denken stets, die Welt in sich hineinzuspiegeln, um darauf reagieren zu können.

Stellen wir uns vor, irgendetwas in der Welt dort draußen bewegt sich. Dies wahrzunehmen, entspricht dem real-materiellen Teil unserer Beobachtung, aber nicht unbedingt der Wirklichkeit. Wir sehen zwar, trotzdem müssen wir uns hinterfragen, warum wir »etwas« sehen und was für eine Rolle unsere Sinnesorgane dabei spielen, nicht nur, weil unsere Sinnesorgane nur so wahrnehmen können, wie ihre innere Beschaffenheit sie zwingt wahrzunehmen, sondern auch, weil ihre Wahrnehmung nur in die Denkvorstellungen geleitet werden können, die wir in unserem Bewußtsein entwickelt haben.

Wir nehmen nämlich nicht einfach wahr. Wir nehmen nur wahr, »wie« wir gelernt haben, wahrzunehmen. Wir nehmen nur wahr, worauf wir unsere Aufmerksamkeit richten und wir richten unsere Aufmerksamkeit nur auf das, von dem wir eine Vorstellung haben, wie wir es wahrnehmen können. Kurz gesagt, das Muster unserer angelernten Vorstellung nimmt sich beständig stärker wahr und klammert die Möglichkeiten anderer Wahrnehmungen immer stärker aus.

Wir können dieses Theorem anhand einer kleinen Übung leicht selber nachvollziehen. Wir drehen uns etwa zehn- bis zwanzigmal blitzschnell um die eigene Achse, bis uns etwas schwindlig wird. Dann halten wir die Bewegungen an und blicken auf den Boden. Nun werden wir mit Erstaunen feststellen, daß sich der Boden weiter um uns dreht, obwohl wir uns jetzt nicht bewegen. Nun müssen wir uns fragen, ob sich der Boden wirklich weiter drehen könnte, wenn er sich tatsächlich dort draußen befände, wo wir ihn vermuten, nämlich in der objektiven Außenwelt. Denn würde er sich wirklich dort draußen befinden, dann könnte er sich nicht drehen, denn wir wissen genau, daß sich der Boden nicht dreht. Was sich dreht, sind unsere Vorstellungsmuster im Kopf, und wenn sich der Boden in unserer Wahrnehmung dreht, dann dreht sich unsere Wahrnehmung vom Boden im Kopf und wir müssen uns nun fragen, was wir mit unseren Augen denn jetzt überhaupt sehen?

Nehmen wir die objektive Außenwelt wahr oder nur unsere subjektiven Vorstellungsmuster, die wir der Außenwelt nachgebildet haben? Ist dies die Wirklichkeit oder haben wir uns selber zum Bestandteil unserer eigenen Bilder gemacht? Holen wir uns die Wirklichkeit herein und formen sie nach unseren eigenen Strukturen oder schauen wir aus der Welt heraus und sehen da draußen unseren eigenen Traum, der uns nur darum nicht verschluckt, weil uns unser subjektives Ich-Gefühl davor bewahrt? Gibt es ein Ziel oder gibt es nie ein Ende für das, was innerhalb der »Innenwelt unserer Außenwelt unserer Innenwelt« nicht weiterführt?

Die mehrdimensionale Perspektive

Mit anderen Worten, die Welt, so wie sie sich uns darstellt, entspricht der Summe unserer Erfahrungen, die wir mit eben dieser Welt gemacht haben. Das entspricht gleichzeitig auch unserem Denken, in das beständig neue Erfahrungen einfließen, was sich in einem immer wieder leicht modifizierten Weltbild niederschlägt. Nun müssen wir aber wissen, daß wir nicht generell Erfahrungen anziehen, sondern uns nur von Erfahrungsmustern anziehen lassen, die zu unserer Weltanschauung irgendwie in Verbindung stehen. Da diese Weltanschauung sich wechselwirkend aus den gemachten Erfahrungen zusammensetzt, ist hier leicht nachvollziehbar, daß das menschliche Bestreben nicht darauf zielt, die »Welt« kennenzulernen, sondern sich immer mehr »in seinen eigenen Erfahrungen« zu bestätigen.

Setzen wir weiter voraus, daß unsere persönlichen Erfahrungen unserem persönlichen Wirken in der Welt entsprechen und dieses Wirken unseren ererbten Anlagen, so können wir vermuten, daß die Schaltzentrale für unsere Taten nicht in unserem Bewußtsein sitzt, sondern in jener vieldimensionalen Persönlichkeit, in die wir uns mit unserer ganzen Ahnenreihe (Inkarnationskette) teilen.

Unsere Persönlichkeit stellt also nur einen Ausschnitt unserer Gesamtwesenheit dar, die wir innerhalb unseres Raum-Zeit-Kontinuums zum Ausdruck bringen. Unsere individuellen Anlagen ziehen dabei die noch fehlenden Erlebnismuster an, um sie über den Filter des bewußten Erlebens in die Gesamtpersonalität zu integrieren.

Wir können nun versuchen, diese Gesamtpersönlichkeit als etwas zu erfassen, das sich durch seine eigenen Teilausschnitte (Fragmente) selbst erfährt. Genauso, wie sich der Mensch über seine Erlebnisse in der Welt (Berührungen mit der Kollektivpsyche) selber zu erkennen sucht, genauso sucht sich die Gesamtwesenheit durch die Erlebnisse seiner Fragmentpersönlichkeiten selber zu erfahren.

Nicht nur die Gesamtpersönlichkeit prägt unser Wesen, sondern auch die Summe unserer Erfahrungen auf allen Realitätsebenen: »Das Ich entspricht dem Geist des Ewigen, sich in die Dualität zu übertragen, und wird deshalb zum verkleinerten Rahmen, in dessen Reflektionen sich der Kosmos erkennt!«

Das Quantenprinzip des Ichs

Dieses Ich entspricht genau der »Entwicklungsabsicht der Schöpfung«, denn nur das Ich kann handeln innerhalb der Dimensionen, die wir Polaritäten nennen. Die Dualitäten sind nichts anderes als die »Projektionen unseres Ichs«, um sich das Universum zu entschlüsseln. Nur an den Dualitäten kann das Ich wachsen, das die Bindung an die Atome und Moleküle verkörpert, um sich über die Erfahrungen innerhalb des Lebens zu erkennen. Wir schaffen unsere Realitätsebenen durch die Wirkungen unserer Handlungen und gleichzeitig erschaffen die Wirkungen unserer Handlungen erst die Identität unseres Ichs.

Da sich alle Wirkungen aus den Handlungen erschaffen, die wiederum nur das Ergebnis vorangegangener Wirkungen sind, müssen wir, um die kollektiven Probleme (Umwelt, Atomkraft, Seuchen) zu verstehen, die Geburt unserer Spezies evozieren und uns bis zur Wiege der Schöpfung zurückbewegen. Das Quantenprinzip zeigt, daß alles, was wir in Zukunft tun werden, auf den Voraussetzungen basiert, was in der Vergangenheit geschah, daß die Wurzeln unserer Probleme, überspitzt gesagt, in die Zeit zurückreichen, als die ersten Hominiden in die Manifestation des Lebens traten und damit auf den Wirkungskreis der Schöpfung Einfluß nahmen.

Das Archaisch-Primitive in uns selbst

Die Ursachen unserer inneren Ängste, die Ungeheuer und Fabelwesen unserer Mythologie, ruhen im eigenen Gehirn. Unser Gehirn wurde im Laufe der Millionen Jahre langen Entwicklung nicht immer wieder neu strukturiert, sondern langsam entwickelt (aber nicht einfach unseren veränderten Bedürfnissen angepaßt, sondern durch eigene Entwicklung selber neue Bedürfnisse evozierend).

Unser psychisches Hirn baut sich aus Schichten auf, wobei erst die äußeren uns zu Menschen machen. In den tieferen Schichten tragen wir die Erinnerung an unsere Säugetier-Entwicklung verborgen, und in den untersten sind wir mit den primitiven Bewußtseinsformen unserer Anfänge (Reptilien) verwoben.

Alle Drachen, Spinnen, Schlangen und die Vorstellung von Ungeheuern und Dämonen sind vergangene Erlebnismuster, die aus den älteren Teilen unseres Gehirnes wieder aufsteigen. Sie sind durch die Erinnerung sozusagen elektromagnetisch mit unserem gegenwärtigen Bewußtsein verbunden und stellen einen Teil unseres psychischen Erbes dar. Die Evolution hat sie nicht ausgelöscht, sondern lediglich unter höheren Formen bewußteren Verhaltens verborgen. Sie sind nicht verschwunden, weil sie psychoenergetisch geladen und tief im Unbewußten immer noch mit uns verbunden sind.

Wir aber, die wir immer so tun, als seien wir das, was der Verstand glaubt, das wir sind, müssen uns damit abfinden, daß es uns nicht gelingen wird, Gewalt und Zerstörung zu verhindern, solange wir jene dunklen, archaischen Kräfte tief im Unbewußten nicht zulassen können. Da jene dunklen Kräfte die Grundlagen unserer eigenen Schöpferkraft und unseres schöpferischen Willens darstellen, müssen wir wissen, daß es in dieser Hinsicht keine Änderung geben kann, solange wir nicht das aufgeben, was wir den Besitz des Egos nennen. In astrologischen Metaphern also: die Sonne!

Das solare Ego

Das Problem ist, daß jedes Prinzip durch Überhöhung nur das Gegenteil anzieht. Weil der Mensch die Dunkelheit am meisten fürchtet, identifiziert er sich am stärksten mit der Sonne, d.h. mit der sonnenhaften Verkörperung des Willens. Da die Verschmelzung mit der Sonne gewissermaßen dem Festhalten an Werten entspricht, auf die er seinen solaren Egostatus übertragen hat, bindet sich der Mensch an diese Bilder bzw. symbolisiert er sich in seinen Sonnenzielen immer selbst.

Das Festhalten an der Sonne entspricht der Angst vor dem Verlust des Lichts (des Ichs!). Man hält an Bildern fest, auf die man seinen Solarstatus übertragen hat, und verteidigt nun mit den Waffen der Finsternis die eigene Vorstellung vom Licht! Damit hat sich der Schatten, den das Ego vor sich selber versteckt und auf die anderen projiziert, zum Teil des eigenen Verhaltens gemacht, indem er stellvertretend für die eigene Finsternis die Finsternis der anderen zerstört. Die eigenen Dämonen haben das Ruder übernommen, die sich durch den Feldzug gegen die »Ungeheuer der anderen« gleichzeitig »loswerden«, und das zu einem Preis, den das in seiner eigenen Falle gefangene Ego als verhältnismäßig betrachtet.

So haben wir den Teufel zum Teil unseres kollektiven Verhaltens gemacht, indem wir alles zerstören, was uns bedrohen könnte, und schließlich zur Bekämpfung der Symptome immer größere Risiken heraufbeschwören. Bevor wir das nicht erkennen und gleichzeitig erkennen, daß sich gerade in diesem Verhalten die menschliche Bestimmung erfüllt, die es bewußt zuzulassen gilt, werden wir Gewalt und Ego niemals loswerden. In jedem Erkennen, im Erkennen des Erkennens und in jeder Therapie wird sich immer auch der eigene Schattenteil mit einschleusen, genauso wie im Anspruch dieses Buches, neue Zusammenhänge zu finden und sie dem Leser zu erklären!

☉

Sonne

Die Sonne ist zuerst einmal ein Symbol des Ichs. Sie ist sozusagen das Vehikel, durch das die Gesamtwesenheit der Psyche sich im sichtbaren Raum manifestiert, d.h. die Sonne entspricht dem Szenarium, in welchem sich alle bewußten und unbewußten Kräfte in den Raum hinaus entfalten können. Sie entspricht der Suche nach dem Weg oder der Reise des Helden zu sich selbst. Die sichtbare Reise spiegelt den bewußten Anteil am unfaßbaren Mysterium des Lebens, welches sich dem Menschen im Laufe der Entwicklung offenbart. Erst in der Gewichtung der ganzen Lebensumstände und der Einsicht in die Ursache-Wirkungsprinzipien kann sich das Ich als das erkennen, was es ist: eine sich stets wandelnde, vitale Größe mit begrenzter Existenzdauer, die sich aus unbewußten Verhaltensmechanismen und kollektiven Urmustern zusammensetzt. Damit haben wir auch den Bezug zur Sonne, die für uns zwar Maßstab aller Dinge ist, in Wirklichkeit aber nur einem winzigen Atom in einem gigantischen Organismus entspricht, eingebettet in die Gesetzmäßigkeiten des Universums.

Die Sonne ist ein Stern, ein glühender Gasball, ursprünglich aus drei Vierteln Wasserstoff und einem Viertel Helium. Die Energieerzeugung verläuft im Zentrum; aus Wasserstoff wurde über einige Kernprozesse seit Milliarden Jahren Helium aufgebaut, wobei ein geringer Bruchteil von Materie in Energie umgewandelt, dann durch Konvektion und Strahlung an die Oberfläche transportiert und von dort in den Weltraum abgestrahlt wird. Damit entspricht sie einem riesigen Kernreaktor und das, was wir als Licht bezeichnen, ist nichts anderes als die elektromagnetische Strahlung, die bei diesem Transformationsprozeß freigesetzt wird. Der Brennstoffvorrat ist nach wissenschaftlichen Vorstellungen dabei etwa knapp zur Hälfte erschöpft, reicht aber zur Energiegewinnung immer noch für etwa 10 Milliarden Jahre.

Die Sonne ist ein mittelgroßer Stern am äußeren Rand der Milchstraßenspirale und wird von verschiedenen Planeten mit ihren Monden umkreist, deren Körper sie durch ihre große Anziehungskraft auf kreisähnlichen Bahnen hält. Sie dreht sich innerhalb von ca. 26 Tagen einmal um die eigene Achse und bestimmt durch den Einfallswinkel ihrer Strahlen auf die Erde (durch die Schiefe der Ekliptik und den Jahresumlauf um die Sonne) die Gezeiten. Auch nimmt sie an der allgemeinen Fliehbewegung (Rotationsprinzip der Milchstraße) mit etwa 270 Sekundenkilometern teil und bewegt sich dazu innerhalb des Sternsystemes mit ca. 20 Sekundenkilometern vom galaktischen Zentrum weg (auf das Sternbild des Herkules zu).

Das, was wir Menschen die Zeit nennen (die Einteilung der Aufeinanderfolge von Tag und Nacht, Sommer und Winter), haben wir anhand der Sonnenzyklen vorgenommen und auch das, was wir als den »Eintritt ins Wassermannzeitalter« bezeichnen (die Wanderung des Frühlingspunktes durch den Tierkreis), bezieht sich auf die Sonne. Die dadurch aufdämmernde Wassermann-Relativierung der löwenhaften Sonne (Wassermann ist der Opponent des Löwen) könnte in den nächsten 2000 Jahren dazu führen, daß der kollektive Mensch seinen Lebenssinn ohne größenwahnsinnige Schöpfungsdarstellungen verwirklicht, daß es ihm gelingen könnte, Selbstausdruck und Selbstverwirklichung ohne Autoritätsverkörperung und Leistungszwänge zu gestalten. Wir müssen uns vorsehen, daß wir die von der Sonne personifizierten Kräfte, nämlich sich im Ganzen zu erkennen, von dem man nur ein Teil ist, nicht mit der Rolle verwechseln, der Umwelt die Verkörperung des Ganzen vorzuspielen (von dem das individuelle Ich nur eine Reflexion darstellt). Andererseits wollen wir die Sonne als Verbindungskanal aller planetarisch angelegten Kräfte auch nicht unterschätzen und hier als Energiezentrum betrachten, in welchem sich der bewußte Ausdruck jenes kleineren Anteils am Spektrum des Uferlosen als persönliche Reflexion aktualisieren kann.

Durch Hinterfragung und Bewußtwerdung dieses Prozesses können wir die Sonne dazu benutzen, uns den höheren inneren Dimensionen zu stellen: den Beweggründen, die uns zwingen, uns so zu verhalten, wie die Sonnenposition im Horoskop dies andeutet. Der spirituelle Sinn ist natürlich, die äußere Sonne auf eine höhere innere Ebene zu heben und uns damit aus den hierarchischen patriarchalischen Strukturen zu lösen, ohne aber die innere Suche nach dem Vater aufzugeben. Anders ausgedrückt: Wir müssen unser ichhaftes Feuer mit den Umrissen jener galaktischen Glut in Verbindung bringen, von der unsere Sonne nur ein Abziehbild ist, und auf den Strömen dieser Verschmelzung ins innere Milchstraßenbewußtsein eindringen, indem wir uns als kleinen Teil eines unendlichen inneren Schöpfungswillens erkennen, von dem unser »vertrautes Ich« nur ein unbedeutender Ausschnitt ist.

Wer aber ist das Ich, dieses »Gefühl von Individualität«, welches eine unterscheidende Wahrnehmung zwischen sich und anderen ermöglicht? Materiell betrachtet ist es eine Illusion. Weder der Leib, die Seele oder der Geist beinhalten ein »Ich«. Da ist nichts – und trotzdem ist es da! Es resultiert aus dem Zusammenspiel des Seins, aus der Freude heraus »zu sein«: aus der Schöpferfreude »an sich selber«, das sich »aus sich selbst gebärt«. Es wird umstrahlt vom eigenen Lebenswillen und stellt sich sofort in den Mittelpunkt.

Das Ego verkörpert sich auf eine Weise, in der die kindlich unschuldige Freude am eigenen Strahlen zur Sucht nach Bewunderung des eigenen Glanzes durch die anderen mutiert. Das unerlöste Ich, das sich gern mit der Sonne identifiziert (*»Ich bin!«*), realisiert nicht, daß es selbst ein Sammelsurium von Trieben und Wünschen, Minderwertigkeitskomplexen und ungelösten Autoritätskonflikten ist, das sich beständig umschichtet und erweitert. Das uns bewußte Ich ist nichts anderes als eine gegenwärtige Momentaufnahme, ein Zeit- und Raumausschnitt des Menschen auf dem Wege zu sich selber. Darum identifizieren wir uns mit den Bildern und Modellen der Außenwelt, die unsere momentane Gegenwartseinstellung widerspiegeln und nicht herausgefordert werden dürfen, weil sonst unsere Realität zusammenfällt.

Mit anderen Worten: Wir projizieren unsere inneren Wünsche und Gedanken in die Außenwelt und erhalten sie von dort in der Verkörperung geeigneter Modelle zurück. Daraus basteln wir dann eine Form von Lebenssinn, ohne zu erkennen, daß die Außenwelt nur das Echo auf unsere Gedanken ist. Dadurch identifizieren wir uns mit der sonnenhaften Verkörperung unseres Willens, was immer dann zu Ich-Krisen führt, wenn die alten Sichtweisen durch neue Perspektiven ersetzt werden müssen. Auch der Umprogrammierungs-Prozeß ist der Wunsch unserer Psyche, den wir durch das Ich in die Welt hinausspiegeln. Genau das aber ist das Dilemma der unentwickelten Sonne: daß sich das Ich in seiner eigensten Entwicklungsabsicht nicht erkennt und Schmerz und Leid nicht als die Wirkungen erfährt, die es zur eigenen Transformierung sucht und findet!

Die Sonne symbolisiert neben Eigenschaften wie Selbstüberschätzung, Angeberei und Arroganz aber auch die innere Mitte, die spirituelle Basis oder den direkten Zugang zur mehrdimensionalen inneren Personalität. Sie ist das erste und wichtigste Urprinzip, die Quelle allen Lebens, Mittler zwischen Himmel und Hölle, und reflektiert uns ein inneres Gefühl von Vollkommenheit. Ihr entspricht das Licht, das man nicht direkt sehen kann, welches aber die ganze Sichtbarkeit in sich birgt (weil es alles sehend macht), in ihr vereinigen sich alle Lebensströme, alle elementaren Bestandteile des Seins. Erst wenn wir alle planetaren Energien im Herzzentrum der Sonne zur Entfaltung gebracht haben, können wir uns mit dem identifizieren, was wir sind und was mehr als ein Schnappschuß unseres Momentanbewußtseins ist. Erst wenn wir uns mit allen Aspekten unseres Seins identisch fühlen, kommt unser Herz mit allen unseren inneren Schöpfungsformen in Berührung. Dann brauchen wir uns auch nicht mehr länger nach innen zu konzentrieren, um uns zu spüren, sondern können uns nach außen entfalten, weil wir dann in jedem anderen immer auch den Teil unserer eigenen Schöpferkraft mitfühlen.

Erst, wenn ich in der Berührung mit den anderen meine eigenen Schöpferkräfte spüre, kann ich eine liebevolle und kollektive Verantwortung für alle Kreaturen übernehmen, die ja immer für die »innere Seite« der Sonne stehen. Ich bin erst dann in der Lage, angstlos aus meiner inneren Mitte zu agieren, wenn Kreis und Punkt, die Symbole der Sonne, eins geworden sind. Erst dann kann sich der Mensch dem Hier und Jetzt hingeben, wenn er mit dem Ganzen, von dem er ein Teil ist, wieder verschmolzen ist.

Die Wirkungen sind abgestuft nach der Reihenfolge der Kräfte, die sich, von den disharmonischen Spannungen ausgehend, deutlich abschwächen.

Die Aspekte unter Stufe I sind also bedeutend stärker zu gewichten als die Stellungen unter Stufe II und diese wiederum viel schwerer in die Gesamtpsyche zu integrieren als Verbindungen unter III bzw. IV.

Spürbar sind sie aber alle. Mehrere Kombinationen erhöhen die Wirkung!

☉ ☽

SONNE – MOND

Wirkungsstufe **I**
a) Konjunktion (-)
b) Sextil (+)
c) Quadrat (-)
d) Trigon (+)
e) Quincunx (-)
f) Opposition (-)

II
a) Sonne in Haus 4
b) Mond in Haus 5
c) Sonne in Krebs
d) Mond in Löwe

III
a) Sonne (bzw. Merkur, Venus, Mars oder Jupiter) in Löwe und Aszendent Krebs
b) Mond (bzw. Merkur, Venus, Mars oder Jupiter) in Krebs und Aszendent Löwe

IV
a) Hausspitze 4 in Löwe
b) Hausspitze 5 in Krebs
c) Herrscher von Haus 4 in Haus 5
d) Herrscher von Haus 5 in Haus 4
e) Herrscher von Haus 4 in Löwe
f) Herrscher von Haus 5 in Krebs

In indischen Märchen werden Sonne und Mond als Rutschbahn umschrieben, auf deren Strahlen die Seelen der Ungeborenen in die Fleischlichkeit hinabgleiten. Draußen im All sind die Seelen ungebunden. Aber wenn sie in den materiellen Körper und damit in die Zweiheit der Geschlechter eintreten, werden sie in die Dualitäten eingezwängt und damit entsprechend den Gestirnsständen polarisiert.

Sie werden in zwei verschiedene energetische Schaltkreise eingeflochten, wobei der eine das aktive, bewußte und männliche, der andere das passive, unbewußte und weibliche Wirkungsprinzip darstellt. Damit ist die Einheit unterbrochen, der Zusammenhalt zerstört. Frauen identifizieren sich mehr mit ihrer lunaren Seite und leben den solaren Teil ihrer Psyche über einen entsprechenden Partner aus. Bei Männern ist es meist umgekehrt. So steht die Sonne für den schöpferischen Willen und die individuelle Note, der Mond signalisiert hingegen Hingabe und Empfängnisbereitschaft, kurz: eine tiefe, innere Verbundenheit mit den Zyklen der mütterlichen Erde.

Wenn die Sonne den Willen verkörpert, sich zu entfalten und damit das zu verwirklichen, was man gemäß seiner inneren Anlage in die äußere Welt mitbringt, dann entspricht der Mond dem Rückzug zu den Ufern des Unbewußten. Der Mond ist das Sinnbild der nährenden Mutter in realer wie symbolischer Gestalt, und jener Teil der Psyche, der sich mit diesem Symbolgehalt verbindet, sehnt sich danach, in die Unschuld und Unverantwortlichkeit des Mutterbauches zurückkehren zu können, denn der erste Schrei ist unausweichlich mit der Geburt aus dem Mutterschoß verbunden, mit dem Entsteigen aus den unergründlichen Wassern oder aus den tiefen Brunnenstuben der Natur.

Das erste, von dem sich das Kleinkind ablösen muß, ist die Mutter, die »Große Mutter«, denn zu allererst ist für das Neugeborene »der Körper der Mutter« die ganze Welt, Mutter und Welt sind völlig eins. Das Ich des Neugeborenen ist noch vollständig mit dem verschmolzen, was man »das innere Bild der Großen Mutter« nennt.

Da die Sonne das Streben symbolisiert, eigenständig zu werden und damit das zu verwirklichen, was man von seiner inneren Anlage her ist, sehen wir hier, wie das von der Sonne symbolisierte Ego einen intensiven Kampf gegen die Mondverkörperung der »Großen Mutter« führt.

Hierin erkennen wir auch das kollektive Problem des Mannes, sich von der Brust der Mutter abzulösen, und es ist nur allzuleicht verständlich, daß er sich dabei seines Selbstverwirklichungsdranges bedient. Es bedarf des maskulinen Prinzips der Sonne, um das instinktive, unstrukturierte und gefühlsmäßige Umfeld der (Großen) Mutter mit materiellen Zielen aufzufüllen. Dadurch gelingt es dem Ich, aus seiner somnambulen Verschmelzung mit der Mutter zu erwachen und sich zu einem abgenabelten, eigenständigen Wesen zu entwickeln. Trotzdem bleibt die unbewußte Sehnsucht, sich zur Einheit mit dem Weiblichen zurückzuentwickeln, und da sich das Männliche dieser Sehnsucht bewußt ist, beginnt es, das Weibliche systematisch zu unterdrücken. So entwickelte sich die Herrschaft der Väter, das Patriarchat.

Die Gesellschaftsform des Patriarchats oder die Unterdrückung der Instinkte entspricht der Angst des bewußten Ichs, in die Schlünde des Überwundenen zurückzusinken und von den Urgründen des Unbewußten wieder verschlungen zu werden *(»Das Ewigweibliche zieht uns hinab!«)*, impliziert dieses doch einen Rückfall in die unkristallisierte, undifferenzierte und verfließende Embryonalität.

Sonne und Mond verkörpern die Erbsünde (oder Spannungsachse), ohne die es im Leben keine Entwicklung gäbe. Sie sind die Pfeiler, auf denen die Vertreibung aus dem Paradies beruht, der Sturz in die Polarität und damit die menschliche Entwicklung. Wenn die Urmutter auch noch dem Pluto-Prinzip entspricht, aus dem sich der Schöpfergeist (Uranus) gebärt, so macht die »Große Mutter« nach und nach den individuellen Eltern Platz (Sonne/Mond-Prinzip), wobei das Kind sich in den geschlechtsungleichen Elternteil verliebt und gegen den gleichgeschlechtlichen Rivalität empfindet. Daher auch sein Versuch, die beiden zu trennen, was ja gerade seinem inneren Zustand entspricht, in seinem seelischen Energiestrom »getrennt zu sein«.

Die Positionen von Mond und Sonne verkörpern je nach Qualität der Beziehung das innere Verhältnis zwischen bewußten Lebenswünschen und instinktgebundener Gefühlsnatur. Die Sonne in einem bestimmten Zeichen verbindet die durch diesen Tierkreis symbolisierten Zielrichtungen mit den durch die Zeichenstellung verkörperten Triebbedürfnissen des Mondes.

Da die Sonne nach Differenzierung strebt und den Drang des Menschen wiederspiegelt, sich in seinem schöpferischen Sosein zu verwirklichen, befindet sie sich entweder in einem Widerspruch (-) oder einer Symbiose (+) mit dem Mond, der die Identität der Umwelt reflektiert und in seine Weltanschauung einzugliedern sucht. Die Sonne entsagt jeder persönlichen Verschmelzung, um die eigene Unabhängigkeit zu gewährleisten; der Mond hingegen verzichtet auf jegliche Eigenständigkeit, um mit dem Kosmos zu verschmelzen und in die Erfahrungen der Schöpfung einzutauchen, ohne persönliche Identität oder Willensbereitschaft zu beweisen.

☉ ☽

Mythologisches Modell

Mythos (psychisches Symptom)

Ödipus ist die Verkörperung des Ichs, das zwischen dem mondhaften Matriarchat der Triebe (Gefühle) und dem Sonnen-Patriarchat der Götter (Verstand) aufgerieben wird. Er rebelliert gegen das Sonnenprinzip des Vaters und sucht die Vereinigung mit der »Großen Mutter«, was der Flucht vor seiner Selbstverwirklichung entspricht. Ödipus wünscht sich (ähnlich wie Tannhäuser im Venusberg) in den Schoß des infantilen Ausgeliefertseins zurück, wo er keine Verantwortung zu übernehmen braucht. Der Mond steht für den Drang, sich mit den Emanationen der inneren Sehnsüchte zu verschmelzen und damit am kollektiven Gefühlsaustausch teilzunehmen, ohne persönliche Eigenart zu zeigen.

Um diesen Rückfall in die embryonale Phase zu vermeiden, müßte er seine innere Männlichkeit erwecken. Da die Selbstverwirklichung aber auch Abgespaltenheit (vom Naturprinzip) verkörpert, sehen wir hier, wie seine innere Weiblichkeit dies nicht zuläßt. Psychologisch läßt das auf eine starke weibliche Tendenz schließen, die das männliche Prinzip absorbiert (die Mutter läßt den Vater nicht!). Da der männliche Durchsetzungstrieb aber damit nicht verschwunden ist, sondern unter dem Diktat des weiblichen Bildes nur umgedreht wird, setzt er sich sozusagen »gegen sich selber durch«, indem er sich gegen seine eigene Verwirklichung durchsetzt und damit selbst kastriert. Mit anderen Worten: Ödipus muß den Vater töten, um sich selber zu verstümmeln!

Wir können hier erkennen, wie sich der weibliche Teil gegen den männlichen Teil behauptet, indem Ödipus gegen das Sonnenprinzip in sich rebelliert und es schließlich zerstört, wodurch er den Instinktkräften seiner inneren Triebe (Inzest mit der »Großen Mutter«) verfällt. Durch seinen Rückfall in die Embryo-Rolle (Sohn-Liebhaber der Mutter) wird er gezwungen, sich der inneren Rolle auch in der äußeren Form anzupassen, und so zersticht er sich die Augen. Blindsein entspricht auf der instinktiven Ebene dem mondhaften Gefühl des Ausgeliefertseins: der Verschmelzung mit den inneren Trieben.

Ödipus kastriert durch die Zerstörung des Vaters seinen eigenen Geist (die Augen symbolisieren Wissen und Verstand), um das Schicksal aller Gefährten der triebhaften Gefühle zu erleiden: Hilflosigkeit und Embryonalität. Dies entspricht dem Preis, welcher der verschlingenden Erdmutter zu zahlen ist: Entäußerung des individuellen Geistes und Auflösung im überpersönlichen Körper-Ich der Mutter Erde.

Psychologisch ist das klar: Ödipus begeht einen (verdrängten) emotionell-sexuellen Inzest. Die Voraussetzung dazu wurzelt in der ebenfalls unwissentlichen Erschlagung seines Vaters. Von außen betrachtet ist Ödipus ein Suchender auf dem Wege zu sich selbst. Da begegnet ihm das Schicksal in der Gestalt des Vaters (als ein ihm unbekannter Teil von sich selber: Er erkennt sich selber nicht!). Dadurch, daß er ihn umbringt, verstümmelt er sich selber, denn er trennt sich ab von der geistigen Entwicklung, sich auch in den tieferen Ebenen seiner Psyche zu erfahren, und fällt durch die Rebellion gegen die väterliche Macht in die Gewalt der verschlingenden, inneren Mutter zurück (vgl. auch Mars/Jupiter, »Spirituelle Perspektive«, S. 291).

Ist der Beischlaf mit der Mutter erst vollzogen (die Verbindung zu seinem dominierend weiblichen Teil), dann ist die Männlichkeit in ihm gestorben. Alles, was ihm zur Schicksalserfüllung noch bleibt, ist der Zerstörungswille der verschlingenden Mutter, die auch das Männliche aus sich gebärt (Animus-Projektion seines inneren Frauenbildes). Dieser hilft ihm, sich zu blenden und damit die innere Absicht zu vollenden, die da heißt: Aufgabe des Ego und Verschmelzung mit den Müttern – Auslieferung an die allumfassende Natur!

Allegorie

»Ich war ein Bruder vieler Brüder und Schwestern. Unser Vater und unsere Mutter waren gut. Ich war allen mit tiefer Liebe zugetan. – Einstmals führte uns der Vater zu einem Lustgelage. Da wurden die Brüder sehr fröhlich. Ich aber war traurig. Da trat mein Vater zu mir und befahl mir, die köstlichen Speisen zu genießen. Ich aber konnte es nicht, worüber mein Vater mich erzürnend aus seinem Angesicht verbannte. Ich wandte meine Schritte, und mit einem Herzen voll unendlicher Liebe für die, welche sie verschmähten, wanderte ich in ferne Gegend. Jahrelang fühlte ich

den größten Schmerz und die größte Liebe mich zerteilen. Da kam mir Kunde von meiner Mutter Tod. Ich eilte sie zu sehen, und mein Vater, von Trauer erweicht, hinderte meinen Eintritt nicht. Da sah ich ihre Leiche. Tränen entflossen meinen Augen. Wie die gute alte Vergangenheit, in der wir uns nach der Verstorbenen Meinung auch bewegen sollten, wie sie sich einst, sah ich sie liegen.

Und wir folgten ihrer Leiche in Trauer, und die Bahre versank. – Von dieser Zeit an blieb ich wieder zu Hause. Da führte mich mein Vater wieder einstmals in seinen Lieblingsgarten. Er fragte mich, ob er mir gefiele. Doch mir war der Garten ganz widrig und ich getraute mir nichts zu sagen. Da fragte er mich zum zweitenmal erglühend: ob mir der Garten gefiele? – Ich verneinte es zitternd. Da schlug mich mein Vater, und ich entfloh. Und zum zweitenmal wandte ich meine Schritte, und mit einem Herzen voll unendlicher Liebe für die, welche sie verschmähten, wanderte ich abermals in ferne Gegend. Lieder sang ich nun lange, lange Jahre. Wollte ich Liebe singen, ward sie mir zum Schmerz. Und wollte ich wieder Schmerz nur singen, ward er mir zur Liebe.

So zerteilte mich die Liebe und der Schmerz.

Und einst bekam ich Kunde von einer frommen Jungfrau, die erst gestorben war. Und ein Kreis sich um ihr Grabmal zog, in dem viele Jünglinge und Greise auf ewig wie in Seligkeiten wandelten. Sie sprachen leise, die Jungfrau nicht zu wecken.

Himmlische Gedanken schienen immerwährend aus der Jungfrau Grabmal auf die Jünglinge wie leichte Funken zu sprühen, welche sanftes Geräusch erregten. Da sehnte ich mich sehr auch da zu wandeln. Doch nur ein Wunder, sagten die Leute, führt in diesen Kreis. Ich aber trat langsamen Schrittes, innen Andacht und fester Glaube, mit gesenktem Blick auf das Grabmal zu, und ehe ich es wähnte, war ich in dem Kreis, der einen wunderlieblichen Ton von sich gab; und ich fühlte die ewige Seligkeit wie in einen Augenblick zusammengedrängt. Auch meinen Vater sah ich versöhnt und liebend. Er schloß mich in seine Arme und weinte. Noch mehr aber ich.«

Franz Schubert, »Erzählung eines Traumes« (1822)

Kind

(+)
Bei einer harmonischen Beziehung stimmt das Bild, das der Mensch in seiner Kommunikation mit der Umwelt reflektiert sieht, mit dem überein, was er sein will oder wenigstens zu sein scheint (jedenfalls mit dem, was er in der Welt vorzeigt). Voraussetzung dazu ist ein gutes Elternhaus, das es dem Kind ermöglicht, sich in seinen inneren Gefühlen zu entwickeln, und zwar in Übereinstimmung mit seinen inneren Zielen.

Wenn das nicht der Fall ist, zeigt dieser Aspekt gleichwohl an, daß es dem Kind durch sein inneres Gleichgewicht zwischen Wollen und Empfinden gelingt, nur auf die harmonischen Seiten der Erwachsenen zu reagieren und dadurch in der Reflexion der Projizierungen gute Rückwirkungen zu erzielen (d.h. das Kind nimmt aus der Gefühlsbeziehung seiner Eltern nur den Teil heraus, der sich in seiner eigenen Perspektive spiegelt).

(-)
Mond und Sonne stellen die beiden Hälften eines Ganzen dar, die darauf warten, wieder vereinigt zu werden. Auf einer anderen Ebene entspricht das einem Prozeß, den Alchimisten als »Chymische Hochzeit« umschreiben. Hier handelt es sich um das psychische Manöver, die innere Ausgeschlossenheit des Kindes zu bewältigen: Mami und Papi vereinigen sich – das Kind »bleibt draußen«!

Das Kind lebt im Spannungsumfeld seiner Eltern. Dadurch entwickelt es seine Anlagen im Störgebiet, das Mond und Sonne miteinander schaffen. Gleichzeitig ist es dafür mitverantwortlich, nicht nur, weil es durch seinen eigenen Selbstausdruck bestimmte Reaktionen bei seinen Eltern auslöst, sondern auch, weil es erbmäßig mit seinen Eltern verbunden ist und sich gerade in seiner eigenen Spannungsanlage die Unvereinbarkeit seiner Eltern ausdrückt. Mit anderen Worten, was es auch immer sei, was sich bei seinen Eltern abspielt, immer ist es die eigene Anlage, welche die Spannungen der Eltern wahrnimmt, denn das Kind kann die Situationen der Außenwelt nur durch die Bewußtseinsmuster erfahren, die in seiner eigenen Psyche angelegt sind.

Frau

(+)
Haben wir aber eine harmonische Verbindung, dann verwandelt sich der Zwang, den anderen anstelle des Vaters besitzen zu müssen, in den Wunsch, sich über einen geeigneten Partner vervollständigen zu können. Der Impuls der harmonischen Sonne/Mond-Erfüllung, nämlich Gefühl und Wollen miteinander zu verbinden und als Verkörperung des emotionalen Willens in die Welt hinauszustrahlen, wird harmonisch auf den Partner übertragen.

Da sie sich positiv mit ihrer Umwelt arrangieren kann, weil sie intuitiv spürt, wie Menschen fühlen, erhält sie in der Erfahrung mit der Umwelt das Gefühl nach Übereinstimmung mit sich selbst zurück: das ihr eigene Gefühl, sich in der Außenwelt wie zu Hause zu fühlen.

(-)
Als Kind wollte sie sich mit dem Vater verbinden, um ihre frühkindliche Sehnsucht (Mond) durch die Verschmelzung mit der Sonne zu krönen. Dazu hätte sie aber zuerst die Mutter vernichten müssen. Daher versuchte sie, die Beziehung ihrer Eltern zu zerstören, um sich selber anstelle der Mutter zu plazieren. Da dies natürlich scheiterte, versuchte sie sich wenigstens mit der Mutter zu identifizieren, um dadurch eine tiefere Bindung zum Vater herzustellen, weil diese den Vater schon »besaß«. Sie war also ohne weiteres bereit, die eigene Identität aufzugeben und sich mit dem rivalisierenden Elternteil zu verbinden, um sich dadurch mit der geschlechtsspezifischen Polarität in Berührungskontakt zu bringen.

Da das Mutterbild der Tochter dunkle Züge aufweist (da es ihr den Vater wegnimmt), sie sich mit diesem Bild aber trotzdem identifizieren muß, um den Vater zu besitzen, sehen wir hier deutlich, wie sich die Tochter einem ambivalenten Frauenbild ausliefert, um die fehlende Hälfte auszugleichen und damit Vollständigkeit zu erreichen!

Durch das ursprüngliche Bild der »Großen Mutter« (aus der das Männliche hervorging) ist ein Teil der Tochter aber auch daran interessiert, die Mutter zu besitzen, und zwar über das »Vorstellungsbild des Vaters«, mit dem sie sich ebenfalls identifiziert.

Also überträgt sie die Perspektive des Vaters auf einen Geschlechtspartner, der das dunkle im Weiblichen (Mutterbild) jetzt sucht, nur um sich diesem zu verweigern. Damit will sie sich (und ihren Partner) für das Verhalten ihrer Eltern bestrafen, die das Kind »draußen ließen«, denn jetzt ist ein Teil von ihr das Kind, »das draußen bleiben will«!

Gibt sie sich aber hin, dann ist es nur die »Vorstellungsrolle des Hingebens«, weil sie sich mit ihrer Weiblichkeit nicht identifiziert, sondern die Rolle nur spielt, um den Partner anstelle des Vaters »besitzen« zu können.

Mann

(+)
Unter positiven Vorzeichen zeigt sich im inneren Gefühlsbild das Bemühen, sich in Übereinstimmung mit dem Weiblichen zu spüren. Es ist ihm ein Anliegen, sich (in Übereinkunft mit den »inneren Eltern«) in harmonischer Verbundenheit zur Außenwelt zu fühlen, denn diese Form von Selbstverwirklichung entspricht seinem Bedürfnis, im Gleichklang mit dem Kosmischen zu sein.

Da eine traumatische Verletzung oder Zurückweisung durch die Eltern nicht stattfand (auch wenn wir uns darüber im Klaren sein sollten, daß dieser Aspekt unsere Sichtweise und nicht notwendigerweise die Objektivität der Situation widerspiegelt), war das Kind in den Gefühlsaustausch seiner Eltern eingebunden, und so fällt es dem erwachsenen Mann entsprechend leicht, das ergänzend Weibliche in seine mentale Ich-Struktur harmonisch einzubringen.

(-)
Die Rolle ist beim Knaben vertauscht, ansonsten gilt für das männliche Kind genau dasselbe. Es möchte seine Mutter besitzen und identifiziert sich mit dem Vater, um wenigstens in übertragenem Sinn an der Sexualität mit der Mutter teilhaben zu können. Es macht das Vaterbild zu einem Teil seines eigenen Verhaltens, von dem aus es sein eigenes, kindliches Verhalten dirigiert. Dadurch identifiziert sich das Kind mit einem Verhaltensmodell, das ihm nur auf bildhafte Weise (in der Identifikation mit dem Vater) Sexualität erlaubt, in wirklichem Sinn (in der Erinnerung als Kind) aber jede Körperlichkeit verweigert.

Die Rolle des »Kleinen Erwachsenen« wird später in die Über-Ich-Position des »Allmächtigen Vaters« übertragen, welcher Sexualität und Körpernähe nur in der Vorstellung zuläßt, in Wahrheit aber nicht erträgt, weil er den »Altar des Weiblichen« unter keinen Umständen beflecken will.

Da er jeder Frau die Züge der Mutter verleiht, die ihm Sexualität »nur über die Identifikation mit dem Vater« erlaubt, muß er sich einerseits mit dem Vater identifizieren, um überhaupt an sein Frauenbild herankommen zu können. Andererseits muß er sich in dieser Vaterrolle gleichzeitig von seinen eigenen (kindlichen) Gefühlen distanzieren, weil es sich für das Kind nicht schickt, mit der Mutter zu »schlafen«. Damit ist er buchstäblich in die Zwickmühle seiner inneren Ureltern-Bilder geraten (wir erkennen darin den Wiederholungszwang der inneren Verhaltensmuster), die ihn auch als Erwachsenen (via Identifizierung mit der eigenen Kindrolle) »draußen lassen«!

☉ ☽

Krankheitsdispositionen

Im Zusammenwirken dieser Gestirne sehen wir die Schwierigkeiten der Geborenen, die Schwingungen der unterschiedlichen »Sender« auf einer gemeinsamen »Frequenz« zu empfangen. Die Symptome von depressiven Verstimmungen (Zielvorstellungen und Realitätserfüllungen gehen nicht zusammen), Wahnvorstellungen (Spaltung von Einbildung und Realität) oder übertriebenen Erwartungshaltungen sind die Auswirkungen eines solar-lunaren Kurzschlusses. Der Mond (der reflektierende Teil im persönlichen Empfinden) kann sich nur schwer im aktiven Sonnenprinzip verwirklichen. Umgekehrt fällt es dem starken Ichgefühl und der großen Selbstliebe der Sonne auch nicht leicht, sich im passiven Reflektieren, der bedingungslosen Öffnung und aufopfernden Hingabe an das Außenstehende zu offenbaren.

Möglicher Auslöser könnte die unklare Machtposition der Eltern gewesen sein, welche sich über die pädagogischen Maßnahmen nicht einig waren. So verhielten sie sich innerhalb der Erziehung recht unberechenbar und gaben ein gutes Spiegelbild für das »innere Elternbild des Kindes« ab: nämlich in einer emotionalen Unentschiedenheit zu verharren und dadurch widersprüchliche Kompensationsmechanismen im Kind zu fördern, die für sein Ich zwar schwierig zu ertragen, für die Entwicklung seiner Anlagen aber folgerichtig waren.

Die emotionelle Verstörung und psychische Desorientierung wirkt sich auf die spätere Sexualität verwirrend aus. Es besteht eine deutliche Veranlagung zu homo- bzw. bisexuellem Verhalten, und da sich das Kind die Aufmerksamkeit des einen Elternteiles sicherte, indem es den anderen kopierte, kommt es im Verhalten des Mannes zu lesbischen Beziehungen (weibliche Hingabe an eine männliche Frau), wenn der »Animus in seinem Frauenbild« durch das Rollenverhalten seiner Mutter (Abwehr der Zuneigung des Vaters) ansprach, oder zu homosexuellen Verbindungen in den Beziehungen einer Frau (männliche Dominanz über einen weiblichen Knaben), wenn der Vater auf die Gefühlsempfindungen der Mutter nicht einging.

Symptome

Allgemein
- Diskrepanz zwischen Fühlen und Wollen
- Hin- und Hergerissensein zwischen passiver Hingabe und schöpferischer Aktivität

Psychisch
- Geschlechtsverwirrung, sexuelle Verunsicherung
- Entwicklungsstörungen, Selbstverwirklichungsblockaden

Physisch
- Bauchspeicheldrüsenerkrankungen
- Störungen im Flüssigkeitshaushalt (Wassereinlagerung in den Geweben)
- Stoffwechselstörungen, Blutunreinheit
- labiler Blutdruck, Durchblutungsstörungen
- leichtere Formen von Herzbeschwerden
- Unregelmäßigkeiten im Menstruationszyklus
- störende Einflüsse im lymphatischen System

Anlage

Dominierender Mond
- tolerant, einfühlsam und offen

– hochentwickelte Intuition
– Verlangen, in den Mutterschoß zurückzukehren

Verdrängte Sonne
– Durchsetzungsschwäche, schwacher Lebenswillen, geringes Selbstvertrauen (wird durch einen starken Partner kompensiert)
– innere Sicherheit und Selbstbestätigung nur durch die Abhängigkeit von anderen
– infantile Selbstbeweihräucherung

Dominierende Sonne
– starkes Durchsetzungsvermögen, klare Zielvorstellungen, Erfolg
– Bestätigungswahn (Bedürfnis nach Bewunderung durch andere)

Verdrängter Mond
– Angst vor emotioneller Nähe (wird hinter einem zielgerichteten Verhalten versteckt)

Tinkturen

Homöopathische Mittel

Verdrängte Sonne	**Aurum metall.** (Gold)	– bei mangelndem Selbstvertrauen oder schwachem Lebenswillen: D200 – bei psychischen Problemen wie Stoffwechselstörungen, niederem Blutdruck etc.: D30 – gegen innere Enge (Herzbeschwerden): D6
Verdrängter Mond	**Argentum metall.** (Silber)	– bei Angst vor emotioneller Nähe, gestörtem Hingabeempfinden, Schwierigkeiten mit der

		inneren oder äußeren Weiblichkeit: D200 – bei Unregelmäßigkeiten im Menstruationszyklus, Wassereinlagerung in den Geweben oder störenden Einflüssen innerhalb des Lymphsystems: D30 – bei akuten Magenerkrankungen (Bauchspeicheldrüse): D6
Übersteigerter Mond/übersteigerte Sonne	**Platinum metallichum** *(Platin)*	– *Ausgelöst durch zusätzliche Pluto-Symptome** – depressive Verstimmungen – Überheblichkeit und Verachtung anderer (Gefühlsblockaden werden überspielt) – übertriebene Erwartungshaltungen an sich und andere
Schüsslersalze		
Mineral	**Magnesium phosphoricum** (Nr. 7)	– bei Entwicklungsstörungen und Selbstverwirklichungsblockaden (Herzenge) – Magenschleimhautentzündungen – Bauchspeicheldrüsenerkrankungen – Unterleibsstörungen (Verkrampfungen im Unterleib)

* Vgl. Akron, Jenseits der Schwelle, S. 301ff. München, Heinrich Hugendubel Verlag [2]1990.

		– Menstruationsbeschwerden (sexuelle Verunsicherung)
Neben-Mineral	**Calcium carbonicum** (Nr. 22)	– gegen Störungen im lymphatischen System (Lymphknotenschwellungen) – bei schwachem Sexualinstinkt (kein Erguß oder große Erschöpfung) – auch beliebt zur Anwendung bei Kindern (z. B. Schlafstörungen aufgrund vorstellungsmäßigen Nacherlebens von Tagesereignissen)
Bachblüten	**Rock Rose** (Gelbes Sonnenröschen)	– bei fehlendem Selbstvertrauen (Festhalten an der inneren Kindrolle) – bzw. schwachem Lebenswillen (Angst vor der eigenen Identität)
	Rock Water (Wasser aus einer Felsenquelle)	– bei Diskrepanz zwischen Fühlen und Wollen (Hin- und Hergerissensein zwischen passiver Hingabe und schöpferischer Aktivität)
	Star of Bethlehem (Doldiger Milchstern)	– bei Angst vor Nähe (Angst vor der eigenen Angst) – auf der Suche nach den »Eltern« (Abgespaltenheit vom inneren Elternbild)

Urtinktur	**Nektar**	– von Nektarien ausgeschiedene, Frucht- und Traubenzucker enthaltende Lösung (Aufbau- und Stärkungsmittel)
Medizin	**Traubensaft**	– *Sonne von innen!*
Therapie	Erlösung des inneren Elternbildes: – Loslassen der (Begegnungs-)Ängste – Überwindung der Ego-Dominanz – Zulassen emotionaler Nähe – Rehabilitierung von Vater und Mutter	

☉ ☽

Gestirnsauslösungen

Direktionen, Transite, Alterspunkte, rhythmische Bewegungen

(+)
Möglicherweise wird man sich darüber klar, daß man nur sich selber liebt und die Umwelt stets auf einen Ausdruck »seines eigenen Sehens« reduziert. Dadurch kann es dem Geborenen gelingen, sein »Wirklichkeitsbild« von der »Wirklichkeit« zu lösen und sich in dieser Perspektive neu zu finden.

Eine harmonische Auslösung von Mond und Sonne unterstützt die Abstimmung zwischen Gefühl und Wille: die Tiefenverbindung zwischen Seele und Geist. Ängste, Blockaden und emotioneller Leidensdruck werden aus den Tiefen des Unbewußten ins Licht der Sonne übertragen und von der geballten Kraft des Willens dort verbrannt.

(-)
Der die dunklen Tiefen seelischer Dimensionen symbolisierende Mond, der das lebensspendende, aber auch dämonisch verschleiernde Urseiend-Weibliche versinnbildlicht, wird durch die strahlende, das Ego in den Mittelpunkt bringende Sonne ganz schön desavouiert. Die ich-zentrierte Sonne, der es vor allem darauf ankommt, ihre Bedürfnisse zu erfüllen und ihre Eigenschaften

darzustellen, harmoniert mit dem die inneren Gefühle und archetypischen Urbilder zelebrierenden Mond nicht gut. Da der Anstoß, der von den tiefen Instinkten herrührt, die ichhaften Sonnenkräfte zu gefühlsmäßigen Überreaktionen verführt, ist es unklug, in dieser Zeit Entscheidungen zu treffen, die mit den inneren Gefühlen oder Leidenschaften in Einklang stehen.

Ein auffallender Lebenshunger ist in dieser Zeit vorhanden, verbunden mit dem Gefühl, im Leben einiges verpaßt zu haben. Das nährt das innere Bedürfnis, neue Wege zu gehen, und so ändert man seine alten Verhaltensmuster, was auch das Risiko verstärkt, sich auf unbekannte Pfade zu verirren. Es ist dies eine Suche nach neuen Ufern, die nicht unbedingt zum Finden führen muß, sondern über den Umweg eines möglichen Scheiterns, über das Betreten schwankender Lebensstege Einsicht in die unentwickelten Dimensionen der Individualpsyche vermitteln kann.

Tiefenpsychologisch zeigt sich hier der Wille zur Konfrontation mit sich selber. Man will sich aus der Ruhe bringen, um mit seinem unbekannten (verdrängten) Teil konfrontiert zu werden. Bis der Weg aber gefunden und dem anderen Teil begegnet werden kann, wird der Geborene seine Selbstdarstellung immer wieder ändern, weil er nicht merkt, daß die »gesuchte Hälfte« ja mit der »suchenden« identisch ist. Er wird eine Unzahl neuer Persönlichkeitsverkörperungen kreieren, um neue Identifikationen auszuprobieren, in denen er sich besser spiegelt, die seinen Drang nach Veränderung zwar besser reflektieren können, aber auf Dauer ebensowenig zu leben sind.

☉ ☽

Archetypen und Symbole

Thema	Am Anfang schuf Gott Himmel und Erde *Vater/Mutter-Beziehung*
Ziel	Es werde! Stirb und Werde! *Vater/Mutter/Kind-Trinität*
Sinn	Leben und Tod (Schöpfungssinn) *... oder ewiges Wachstum!*
Berufung	Eltern

Symbole	Regen und Erde *Alle Polaritäten: Sonne und Mond, Tag und Nacht, Gold und Silber*
Mythen	
Bibel	Adam und Eva
Antike	Ödipus
Sabbat	Wendekreis des Krebses
Gott/Göttin	Hyperion und Theia *Kinder des Uranos, Eltern des Lichtgottes Helios* Allmutter Erde (Gaia) *Mutter des Himmels (Uranos), des Meeres und der Berge*
Geister	Engel (Androgynen)
Tiersymbole	Adler, Löwe, Schwan
Fabelwesen	Pegasus
Archetypen	Vater und Mutter (Ödipus)
Mysterien	Garten der Eumeniden (auf dem Hügel Kolonos bei Athen), Garten Eden, die Gärten der Hesperiden, die Insel der Seligen, die Gärten des Alkinoos, der Olymp, das Asgard der Germanen
Kultstätten	Mont Saint-Michel, Bretagne *»Cheopspyramide des Meeres«* Schloß Neuschwanstein
Kulturepoche	Nach-Renaissance (»Maniera di Michelangelo«) *Deutsch-Hellenismus (der deutsch-hellenistische Stil um die Jahrhundertwende)*
Stimmung	Sonnenuntergang, Abendlicht *Reiten in den Dünen auf schneeweißem Schimmel oder sich lieben im Freien unter sanftem Vollmond-Himmel*
Duft	Lorbeerblätter, Orangenblüten (Neroliöl)
Edelsteine	Marmor, Perlen, Diamant

Farbe	Abendgold *Das Dunkelrot der untergehenden Sonne*
Ritual	Eintauchen ins Licht *Salz-Wasser-Reinigung und Feuer-Meditation*
	Magisch-symbolische Befruchtungsrituale *Regenzauber!*
Musik	»Wassermusik« und »Feuermusik« von Georg Friedrich Händel
	»Die Schöpfung« (Erster Teil) von Joseph Haydn *»Im Anfange schuf Gott Himmel und Erde«*
	»Lohengrin« (Schwanenritter) oder »Tannhäuser«* von Richard Wagner **»Wie dieser Stab in meiner Hand« nie mehr sich schmückt mit frischem Grün, kann aus der Hölle heißem Brand (Venusberg) Erlösung nimmer dir erblühn.«*
Bildende Kunst	»Die Erschaffung Adams« (Deckengewölbe der Sixtinischen Kapelle) von Michelangelo *Adam wird durch eine sanfte Berührung der Fingerspitze mit Gottes Geist zum Leben erweckt*
Alte Schrift	Genesis *Bezeichnung für das 1. Buch Moses, das die Urgeschichte von der Entstehung der Welt und des Menschen erzählt*
Literatur	»Götterhymnen« von Homer
	»Caesar und Cleopatra« von George Bernard Shaw
	»Tod in Venedig« von Thomas Mann
Zitat	»Des Menschen Seele gleicht dem Wasser: Vom Himmel kommt es, zum Himmel steigt es, Und wieder nieder zur Erde muß es, Ewig wechselnd.« (Johann Wolfgang von Goethe)

☉ ☿

SONNE – MERKUR

Wirkungsstufe	**I**	Konjunktion (< als 5 Grad)
	II	a) Sonne in Haus 3 oder 6 b) Merkur in Haus 5 c) Sonne in Zwillinge oder Jungfrau d) Merkur in Löwe
	III	a) Sonne (bzw. Mond, Venus, Mars oder Jupiter) in Löwe und Aszendent Zwillinge oder Jungfrau b) Merkur (bzw. Mond, Venus, Mars oder Jupiter) in Zwillinge oder Jungfrau und Aszendent Löwe
	IV	a) Hausspitze 3 oder 6 in Löwe b) Hausspitze 5 in Zwillinge oder Jungfrau c) Herrscher von Haus 3 oder 6 in Haus 5 d) Herrscher von Haus 5 in Haus 3 oder 6 e) Herrscher von Haus 3 oder 6 in Löwe f) Herrscher von Haus 5 in Zwillinge oder Jungfrau

Wenn Sonne und Mond den Schöpfungsanfang verkörpern, ohne den es keine Entwicklung gäbe (Adam und Eva), dann symbolisieren Sonne und Merkur das »Wirklichkeitsmodell«, über das wir mit der Welt verbunden sind, denn wir verstehen immer nur das, was wir verstehen können. Dieses Verständnis nährt sich aus Modellen, die wir uns selber eingerichtet haben. Deshalb können wir nicht sagen, daß wir verstehen, wenn wir verstehen, weil das, was wir verstehen, immer nur gerade »dem« entspricht, »was« wir verstehen. Innerhalb unseres Verstehens verwirklichen wir nur die uns eingeprägten Denk- und Verhaltensmuster, die mit Wirklichkeit überhaupt nichts, mit den uns eingetrichterten Modellen aber alles zu tun haben.

Es gibt also keine Welt da draußen, die wir zu ergründen haben. Es gibt nur unsere Verhaltensmuster, die uns zwingen, Fragen zu stellen, damit die Antworten uns genau das sagen, was wir zu erfahren gelernt haben. Wir haben die Modelle von unseren Eltern übernommen, und diese übernahmen sie ebenfalls von ihren Ahnen. So läßt sich die Reihe auf der Suche nach dem Ursprung beliebig fortsetzen. Erst wenn wir uns bewußt sind, daß wir ohne diese Modelle nicht einmal wüßten, wie wir den Kaffeelöffel zu halten haben, sehen wir in unserem Verhalten die Muster der kollektiven Wirklichkeitsmodelle durchschimmern.

Gegen die Modelle wäre auch nichts einzuwenden. Das Problem ist nur, daß wir uns an die Muster klammern und stur annehmen, daß sie der Wirklichkeit entsprechen, statt die Verantwortung für die Fragen zu übernehmen, mit denen wir uns nach der Wirklichkeit erkunden. Von ihnen hängt es ab, welche Antworten wir erhalten, und daraus ist der Umfang unseres Weltbildes zu ermessen, das wir auf diesen Antworten errichten. Es ist müßig zu fragen, ob außerhalb der von uns realisierten Perspektive noch weitere Wirklichkeiten existieren. Wir können es nicht wissen, und so dominiert der von Sonne/Merkur verkörperte Gedanke, daß alles Bestehende nur aufgrund der Wahrnehmung des Beobachters existiert, beziehungsweise auf der Voraussetzung des Beobachters, die Dinge so wahrzunehmen, wie er sie wahrzunehmen gelernt hat.

Durch unsere Beobachtungen, die sich auf die erlernten Wirklichkeitsmodelle stützen, stehen wir mit allem Denken in Beziehung. Deshalb sind die von Sonne/Merkur verkörperten Wissenschaften auch nie falsch, weil sie ja immer nur die Voraussetzung der einmal für wahr erkannten Modelle bestätigen. Genauso, wie jede Antwort von der ihr vorangegangenen Frage abhängt, hängt jede Erkenntnis von der ihr vorausgehenden Bereitschaft ab, etwas zu erkennen. Und da wir ein ganzes »System von Erkennen« zu unserem »Wirklichkeitsmodell« gemacht haben, lernen wir Sonne/Merkur als den Mechanismus unserer Wahrnehmung erkennen, die Welt so zu sehen, wie wir sie gelernt haben, wahrzunehmen.

☉ ☿

Mythologisches Modell

Mythos

Zum bildlichen Vergleich wollen wir hier Platos »Höhlengleichnis« heranziehen: Ein paar Gefangene sitzen in einer unterirdischen Höhle so gefesselt, daß sie ihren Kopf nicht drehen können. Hinter ihnen brennt ein großes Feuer, und zwischen ihnen und dem Feuer herrscht ein buntes Treiben. Da die Gefangenen sich nicht bewegen können, können sie die Leute auch nicht sehen; sie sehen nur deren Schatten, die durch das Feuer auf die Wand vor ihnen reflektiert werden. Da sie die Leute aber reden hören, glauben sie, daß die Schatten reden und machen diese Vorstellungen zu ihrem Modell.

Als man einem von ihnen die Fesseln abnimmt und dieser sich umdreht, kann er die hinter ihm liegende Wirklichkeit nicht als Realität erkennen, weil er dafür keine Vorstellung hat. Seine Wirklichkeit ist, daß die Schatten an der Felswand reden. Das, was er im Glanz des Feuers sieht, ist für ihn Illusion. Er ist nicht in der Lage, die Realität zu erkennen, deren Schatten er vorher sah. Er hält die Schatten für die Realität und die Erscheinungen hinter den Schatten für Teufelsspuk und Blendwerk.

Wörtlich heißt es dann: *»Gewaltsam wird er aus der Höhle geschleppt. Er gelangt an das Licht der Sonne, aber er fühlt nur Schmerzen, sträubt sich, kann völlig geblendet im Glanz der Sonne gar nichts erkennen. Er muß sich langsam gewöhnen. Dann sieht er die Dinge oben in einer Stufenfolge: am leichtesten und zuerst die Schatten, dann die im Wasser gespiegelten Abbilder, dann die wirklichen Gegenstände selber, dann in der Nacht die Erscheinungen am Himmel, das Licht der Sterne und des Mondes, dann am Tag das Sonnenlicht und die Sonne selbst. Nun sieht er nicht bloße Abspiegelungen, sondern alles selbst in voller Wirklichkeit, und dann schließt er durch Folgerungen: daß wir der Sonne die Jahreszeiten verdanken, daß sie über allem waltet, daß sie in gewissem Sinn auch die Urheberin jener Erscheinungen sei, die er vorhin in der Höhle sah. Er gelangt in einen Zustand, in dem er sich glückselig preist, bei der Erinnerung an jene erste Wohnstätte.*

Dort gab es Ehren und Auszeichnungen für die, die die Schatten der Reflektionen am schärfsten wahrnehmen, sich am besten erin-

nern und aufgrund dessen am besten das künftig Eintretende erraten konnten. Jetzt aber will er lieber alles ertragen, als wieder im Banne jener Trugmeinung zu stehen und ein Leben jener Art zu führen.

Nun kehrt er in die Höhle zurück, um auch die anderen zu befreien (er will ihnen seine neu erfahrene Wirklichkeit verkünden!). Doch die anderen werden nur böse und entgegnen ihm, sein Aufstieg nach oben sei schuld daran, seine Augen seien verdorben, der Versuch solchen Aufstiegs sei verwerflich, und wenn er für seine Verfehlungen nicht öffentlich Abbitte täte, würden sie ihn umbringen.«

(aus Plato, »Der Staat«, VII)

☉ ☿

Karmische Struktur

Mensch

Beim Sehen spielt sich ähnliches ab: Die Lichtstrahlen der Sonne werden von den Objekten der Außenwelt auf die Netzhaut des Auges projiziert und dadurch vom Hirn wahrgenommen. Das Sehen entspricht also der Sonne. Wie das Hirn das, was es sieht, aber wahrnimmt und in Kategorien schubladisiert, ist den Wirkungen Merkurs zuzuschreiben. Als Vermittler symbolisiert Merkur die »Angleichung des Sehens« an die »Strukturen der Ich-Wahrnehmung«. Dabei geht es aber nicht darum, ob das, was wir erkennen, Wahrheit ist oder nicht (das ist es ohnehin nie!), sondern darum, unsere Erkenntnisse in eine denkerische Übereinstimmung mit der Welt zu bringen.

Merkur gilt astrologisch als der Planet des Kommunikationsaustausches und Verstandes. Wenn wir diese beiden Umschreibungen verbinden, sehen wir, daß nur der Kommunikations- und Wissensdrang es ist, der den Geist dazu bewegt, über sich selber nachzudenken (sich über sich selbst »ein Bild zu machen«), auch wenn er dies natürlich nur in den Kanälen seiner eigenen »Denkvorstellung« tut. Dadurch ist er in der Lage, sich in seine eigene Entwicklung miteinzubeziehen und somit Modelle zu entwickeln, die ihn mit seinem eigenen Wirken in Berührung bringen.

Hintergrund

Wenn wir das sonnenhafte *»Ich bin«* mit dem merkurischen *»Ich denke«* verbinden, dann erhalten wir die kombinierte Aussage, die unserem intellektuell-materiellen Weltbild entspricht: *»Ich bin, weil ich denke«* oder *»Ich denke, weil ich bin!«*

Das ist verständlich, wenn wir davon ausgehen, daß sich Merkur nicht allzuweit von der Sonne entfernen kann (Sonne und Merkur sind eins). Der Verstand kann sich nicht allzuweit von seinem Schöpferego entfernen, weil er ein Teil des Egos und das Ego das »Herz« des Verstandes ist. Der Verstand ist der abgespaltene Teil des Egos, der sich aus dem Körper »herauszukristallisieren« begann, als es für den Frühmenschen entwicklungsgeschichtlich Zeit wurde, sich von den reinen Triebbedürfnissen zu distanzieren.

Damit spaltete sich ein Teil der Psyche vom archaisch-dunklen Urbewußten ab und wurde zum separaten, hell-schlanken »Ich bin«. Merkur suchte die Ausweitung des Bewußtseins über die eigenen Bedürfnisse hinaus und entwickelte dafür eine mit Zeitformen durchwobene Kommunikationsform, die Sprache, welche die verschiedenen, auseinanderklaffenden »Ichs« wiederum miteinander verband. Gleichzeitig begann er an diesem Austausch zu partizipieren und verknüpfte ihn in den Köpfen der Menschen zu einem komplizierten Bezugssystem, das sich seine Realität aus den laufenden Reaktionen auf die bestehenden Vorstellungsinhalte selber schuf.

Umgekehrt ist unsere Realität aber auch ein Teil der Kraft, die wir auf unsere Vorstellungen übertragen, und wenn wir z.B. an den Teufel glauben, erschaffen wir diesen, so daß er allen, die an diesen Energien partizipieren, leibhaftig erscheinen kann. Er kann von unserer Vorstellung aber nur Besitz nehmen, weil er ein urrudimentärer Bestandteil unverwirklichter Tiefenängste ist, die wir mit Hilfe unseres Denkens in mehr oder weniger einfältige Bilder übertragen. Trotzdem wird er keinerlei Macht über diejenigen haben, die nicht an seine Existenz glauben, weil die Skeptiker ihre Glaubensanlagen mit realistischeren Inhalten ausfüllen, die aber für sie ebenso zum Meinungscredo werden können.

☉ ☿

Krankheitsdispositionen

Wenn Merkur eine enge Verbindung mit der Sonne bildet (< als 5 Grad), werden die Kommunikationskanäle mit Sonnenenergie überladen, und es kommt immer wieder zu verstandesmäßigen Kurzschlüssen. Man identifiziert sich dabei so stark mit dem Produkt seiner eigenen Gedanken, daß man von den Bildern seines Geistes fortgerissen wird. Statt sich seines Denkprozesses bewußt zu werden und zu den eigenen Vorstellungen Abstand zu gewinnen, identifiziert sich der Geborene so heftig mit seinen Bildern, daß er selbst zum »Inventar seiner inneren Vorstellung« wird.

Infolge eines Überschusses an solarer Elektrizität brennen die Sicherungen in seinem logischen Verhalten durch und er fällt in ein kindliches Verhalten zurück, indem er sich durch geistigen Exhibitionismus rücksichtslos zu entblößen sucht. Der Wille wird zum aggressiven Werkzeug der eigenen Selbstdarstellung. Mit anderen Worten: Sonne und Merkur verbrennen sich!

Dadurch gelingt es dem Betroffenen nicht, sich aus seinen eingetrichterten Denkweisen und Verhaltensmechanismen zu befreien und neue Paradigmen zuzulassen. Der Prozeß, sein subjektives Denken in die Erwartungen der Umwelt einfließen zu lassen, wird blockiert. Das kann zum Zusammenbruch des gesamten Kommunikationsverhaltens führen, wenn das Denken infolge der Zwänge des überpeitschten Willens »kurzschließt«.

Diese Unfähigkeit, sich objektiv zu erkennen, da Verstand und Schöpferwille zusammenfallen, wirkt sich oft in einer Störung der Kommunikationskanäle aus: also der Sprach-, Seh- und Hörorgane. Wahrnehmungsstörungen im Bereich des Sehens oder Hörens entsprechen nämlich exakt der Unfähigkeit, sich selber objektiv zu sehen. Sie versinnbildlichen die Diskrepanz, die zwischen den eigenen Vorstellungen und den Vorstellungen der Umwelt liegt.

Symptome

Psychisch

- Schwindel und Wahrnehmungsstörungen (Schwäche der Seh- und Hörorgane)
- Sprach- und Kommunikationsschwierigkeiten (Unsachlichkeit)

- Perfektionsideale
- daraus entstehend: Schuld- und Unzulänglichkeitsgefühle (Kritiklust, Nörgelei, Intoleranz)
- nervöse Erschöpfungszustände (Schlafstörungen, Energiezersplitterung, Allergien)

Physisch

- Lungenerkrankungen; schwache Bronchien
- Kopfschmerzen
- Schwäche des Solarplexus und des sympathischen Nervensystems

Tinkturen

Homöopathische Mittel		
Metall	**Mercurius** (Quecksilber)	– gegen chronisch nervöse Störungen wie Erschöpfungszustände, Energiezersplitterung (Neurosen, Psychosen, Lebensunlust): D200 – bei Schwäche des Solarplexus und des sympathischen Nervensystems: D30 – gegen Sprach- und Wahrnehmungsstörungen (Austauschschwierigkeiten aus Unzulänglichkeitsgefühlen): D20 – bei akuten Kopfschmerzen, Atembeschwerden, Husten (Bronchien): D6
Pflanzen	**Mercurialis perennis** (Waldbingelkraut)	– bei Schwindelanfällen – großer Benommenheit und Erschöpfung

		– Kopf- und Halsschmerzen (Kehlkopfentzündung): D6
	Pulmonaria (Lungenkraut)	– gegen Bronchitis, Verspannungen, Lungenerkrankungen: Pflanzenauszüge – bei Kritiksucht, Nörgelei und Intoleranz aus inneren Unzulänglichkeitsgefühlen: höhere Potenzen
Schüsslersalze Minerale	**Calcium phosphoricum** (Nr. 2)	– bei Blutarmut, Erschöpfung, Rekonvaleszenz (Schwäche des sympathischen Nervensystems)
	Kalium chloratum oder **Kalium sulfuricum** (Nrn. 4 und 6)	– gegen Bindehautentzündung (Auge) – Katarrhe der Schleimhäute in Nase, Mund und Ohren – Bronchialkatarrh – allgemein bei zähfließenden Auswürfen (Raucherkatarrh)
Neben-Mineral	**Zincum chloratum** (Nr. 21)	– gegen Nervenreizungen und Energiezersplitterungen (innere Erschöpfung aus mangelndem Gesprächsaustausch)
Bachblüten	**Mimulus** (Gefleckte Gauklerblume)	– gegen Kommunikationsenge – Versagensängste (Unzulänglichkeitsgefühle) – allgemein gegen Angst, von der Umwelt nicht akzeptiert zu werden

	Wild Oat (Waldtrespe)	– bei geistiger Überlastung (Erschöpfungszustände aus Unentschlossenheit)
	Crab Apple (Holzapfel) oder	– gegen nervliche Überreizung, schnelle Verärgerung und Neid
	Heather (Heidekraut) oder	– Ich-Besessenheit, Eigennützigkeit und übertriebenes Mittelpunkt-Interesse
	White Chesnut (Roßkastanie)	– Überbeanspruchung des Hirns (Gedanken drehen sich im Kreis), Kopfschmerzen, Schlafstörungen
Urtinkturen	**Thymus serpyllum** (Feldthymian)	– gegen Hals- und Kopfweh (Klingeln in den Ohren) – Heiserkeit und Husten
	Trifolium pratense (Wiesenklee)	– gegen Schlaflosigkeit – Kommunikationsangst – Gedächtnisverlust (Konzentrationsschwäche)
Medizin	**Süßholz** (Lakritz)	– gegen Verspannungen, Bronchialkatarrh und zähe Auswürfe – als Nikotinersatz für Kettenraucher
Therapie	– Psychosynthese, Transaktionsanalyse – Gesprächs- und Psychotherapie *... alle Formen von Gedankenaustausch!*	

☉ ☿

Gestirnsauslösungen

Direktionen, Transite, Alterspunkte, rhythmische Bewegungen

In der Antike wird Merkur nicht nur als Gott der Diebe und der Händler dargestellt, sondern auch als Mittler zwischen der olympischen und irdischen Welt. Seine Aufgabe ist es, Informationen zu sammeln und an die zuständigen Gremien weiterzuleiten. Unauffällig und zielstrebig leistet er seine Mittlerdienste. Seine Heimat ist das schnelle Denken, das blitzschnelle Erfassen kausal-logischer Zusammenhänge. Innerhalb von Widersprüchen fühlt er sich wohl, weil jegliche Realität für ihn sowieso immer das Resultat gedanklicher Vorstellung ist (und niemand besser als er weiß, daß die Widersprüche nur in unseren Köpfen existieren). Moral kennt er nicht, sein Bereich ist das zweidimensionale Denken, und wenn man ihn festlegen will, weicht er aus, denn nur ein emotionsfreier und denkunabhängiger Charakter ist in der Lage, zwischen Gott und Menschen zu vermitteln, also zwischen oben und unten, hell und dunkel, Realität und Traum, Leben und Tod.

Bei einer Verbrennung durch die Sonne (Konjunktion < als 5 Grad) ist dieses Gleichgewicht gestört. Verständnis und Toleranz werden nicht mehr entwickelt, die inneren Ängste nicht abgebaut. Die merkurischen Energien sind nicht mehr in der Lage, zwischen den Widersprüchen der aus den unerlösten Persönlichkeitsschichten aufdämmernden Sonnenkräfte zu vermitteln. Das führt auf der materiellen Ebene zu Fehlurteilen, weil die Umwelt ja immer zum Sündenbock des eigenen, unerlösten Wollens wird. Mißverständnisse, Lügen und Irrtümer sind an der Tagesordnung, Zukunftspläne zerschlagen sich, Kontaktbemühungen scheitern, denn der Betreffende kann das Störungsfeld nicht loslassen, weil es ein Teil seiner eigenen Ich-Betrachtung ist.

Auf der spirituellen Ebene ist der Austausch ähnlich. Esoterisch interessierte Leser wissen, daß sich das menschliche Erleben aus einem Wechselspiel zwischen der inneren und der äußeren Realität gebärt. Unterhalb unserer Bewußtseinsschwelle kreieren sich laufend neue Verhaltensmuster, die von Merkur beständig in den Alltag übertragen werden müssen. Diese Bilder haben ihre Existenz in den unverarbeiteten Prozessen unserer Psyche, können in ihrem Symbolgehalt aber auch als Fenster menschlicher Entwicklung betrachtet werden, in denen sich die Evolution darstellt.

Wollen wir die äußere Welt verändern, so müssen wir zuerst die innere erkennen. Da sowohl alle gegenständlichen Verwirklichungen unseres Verstandes wie auch die mehr archetypischen Modelle unserer Gefühle zuerst in den inneren Schichten des Menschen auftauchen, bevor sie sich in der äußeren Welt bemerkbar machen, können wir ermessen, was es bedeutet, wenn der Kontakt »zwischen den Welten« unterbrochen ist. Da hat man sich sozusagen im »Gang verschaltet« und sich während des Wachzustandes plötzlich in die Sequenzen unverarbeiteter Bewußtseinsmuster eingebunden (in die halbbewußten Bilder unverarbeiteter Probleme). Das führt zu Verwirrungen und Krisen, wenn der Psyche für die Durchschreitung ihrer subjektiven Realität die nötige Kraft abgeht. Zwar weiß der Mensch, daß sich ihm der größte Teil seiner Erfahrungen beständig entzieht, doch wenn er mit den anderen Seiten seiner vieldimensionalen Existenz wirklich konfrontiert wird, kann ihm das Gefühl für eine gesunde Ich-Perspektive verlorengehen.

☉ ☿

Archetypen und Symbole

Thema	Selbsterkenntnis
Ziel	Hinterfragung des Weltbildes
Sinn	Erkennen der Zusammenhänge
Berufung	Lehrer
Symbol	Geflügelter Helm *Inspiriertes Gedächtnis!*
Mythen	
Antike	Platos Höhlengleichnis (Der Staat VII)
Bibel	Die klugen und die törichten Jungfrauen (Matthäus 25,1-13)
Sabbat	Erster Schultag (Stellenantritt)
Raum/Zeit	Kopernikanisches (heliozentrisches) Weltsystem; Julianischer Kalender

Gott/Göttin	Athene, Hermes, Loge, Lug
Tiersymbole	Schakal, Zwillingsschlangen
Archetypen	Sokrates, Plato, Aristoteles, Pythagoras, Thales (»Die sieben Weisen«) *»Menschen wissen grundsätzlich nichts – und sie sollten sich dessen klarwerden!«*
Mysterium	Alexandrinische Bibliothek
Kultstätten	Iráklion auf Kreta (archäologisches Museum); Stiftsbibliothek in der ehemaligen Benediktinerabtei St. Gallen
	Höhle von Lascaux bei Montignac *Die 1949 entdeckte Höhle mit gut erhaltenen Felsbildern der jüngeren Altsteinzeit*
	Altamira-Bilderhöhle bei Santillana del Mar *»Sixtinische Kapelle der Vorzeit«*
Kraftort	»Schiefer Turm« von Pisa *Schon Galilei benutzte das Bauwerk für Experimente zu den Fallgesetzen*
Baustil	Bauhaus
Stimmung	»Studierzimmeratmosphäre«
Duft	Storax
Edelstein	Bernstein *(»Die Tränen der Heliaden«)*
Farben	Sandfarben, Beige, Grau, Honiggelb
Ritual	»Gnothi seauten« *(Erkenne dich selbst!)*
Musik	»Das wohltemperierte Klavier« von J. S. Bach *48 Präludien & Fugen durch alle Tonarten*
	»Orchestervariationen« von Arnold Schönberg *Zwölftontechnik*
	»Missa Papae Marcelli« von Giovanni Pierluigi Palestrina *Beispiel des reinen, linearen, strengen kirchenmusikalischen Stils des 16. Jahrhunderts*

»Psalmen-Sinfonie« von Igor Strawinsky
Schlichter Klassizismus

»Die Geschichte vom Soldaten« von Strawinsky
Überspitzt-trockenes, betont aufmüpfiges Musizieren

»Oedipus Rex« von Strawinsky
Neoklassizismus mit listigen Zitaten aus anderen Stilrichtungen

Bildende Kunst

»Gartenrestaurant« (Gäste beim Zeitunglesen) von August Macke
... oder »Spitzweg'sche Überzeichnungen« als Ausdruck der Situationskomik des kleinbürgerlichen Biedermeier!

Literatur

»Nathan der Weise« von Gotthold Ephraim Lessing

Philosophie

»Der Staat II-X« von Plato;
»Physik« und »Metaphysik« von Aristoteles;
»Epistulae« (Stellungnahmen zu philosophischen Lebensfragen) von Horaz

»Logischer Atomismus«
U.a. von Bertrand Russell vertretene Theorie von der Zerlegbarkeit aller Aussagen in einfache, »atomare« Sätze

Zitat

»Ich denke, also bin ich!«

(Descartes)

☉ ♀
SONNE – VENUS

Wirkungsstufe **I** Konjunktion

II
a) Sonne in Haus 7
b) Venus in Haus 5
c) Sonne in Waage
d) Venus in Löwe
e) Sonne in Haus 2 (bedingt)
f) Sonne in Stier (bedingt)

III
a) Sonne (bzw. Mond, Merkur, Mars oder Jupiter) in Löwe und Aszendent Waage (oder Stier)
b) Venus (bzw. Mond, Merkur, Mars oder Jupiter) in Waage (oder Stier) und Aszendent Löwe

IV
a) Hausspitze 7 (oder 2) in Löwe
b) Hausspitze 5 in Waage (oder Stier)
c) Herrscher von Haus 7 (oder 2) in Haus 5
d) Herrscher von Haus 5 in Haus 7 (oder 2)
e) Herrscher von Haus 7 (oder 2) in Löwe
f) Herrscher von Haus 5 in Waage (oder Stier)

Sonne und Venus verkörpern in ihrem Zusammenspiel keinesfalls die bloße Freude und den Optimismus, wie es in vielen astrologischen Rezeptbüchern geschrieben steht. Hinter der Fassade von Höflichkeit und Harmonie klafft ein Gefühl tiefster Sinnlosigkeit und Leere, weil der Geborene ahnt, daß er die Schönheitsideale, denen er in der äußeren Welt nachjagt, in der Tiefe seines Herzens nie wird finden können. Unter diesen Zeichen verbirgt sich neben dem Streben nach äußerem Glanz auch eine Annäherung an das Tiefenselbst, an die Seele als Ganzes oder an Gott. Die völlige Abhängigkeit der Venus von der äußeren Begegnung (von der Kommunikation mit der Umwelt, von den Schönheitsidealen und dem Prestige-Gebahren der Gesellschaft usw.) symbolisiert nämlich die nicht zu erfüllende Vereinigungssehnsucht mit dem Ewig-Göttlichen oder den Wunsch nach Wiedervereinigung der Polaritäten, deren Trennung durch den Sündenfall mythologisch gut bebildert ist.

Trotz sympathischster Ansprechbarkeit und überpräsenter Kontaktbereitschaft zeigt sich der Sonne/Venus-Mensch von einer inneren Zerrissenheit, welche geradezu diametral zu seinem äußeren Harmonieempfinden steht. Er hat sich sozusagen hinter dem Betragen verschanzt, der Umwelt mit stoischer, gleichbleibender und unverbindlicher Freundlichkeit entgegenzutreten. In Wirklichkeit leidet er sehr an seiner inneren Diskrepanz, und im idealistischen wie naiven Wunsch nach harmonischer Verschmelzung schwankt er zwischen Ernüchterung und Euphorie, Realität und Einbildung. Gleichzeitig versucht er, einen eigenen Zugang zu den inneren Schöpfungskräften der Seele zu finden und den Wunsch nach allumfassender Liebe, Frieden, Schönheit und Vollkommenheit auf eine Ebene zu heben, wo die Realität dem nicht entgegenwirken kann.

Unter welchen inneren Voraussetzungen haben wir uns also diese Gestirnsverbindung vorzustellen? Dazu müssen wir uns klarwerden, daß die vordringlichste Aufgabe der Venus-Komponente ist, die Gegensätze auszugleichen (wenigstens in ihrem äußeren Anschein nach). Da durch den Sonneneinfluß dieses Verhalten sozusagen in den Brennpunkt des Geschehens rückt, Venus aber weder die nötige Kraft noch Tiefe aufweist, die Polaritäten auszugleichen, sondern höchstens ein hübsches Arrangement von Harmonie darstellt, zeigt sich unter dieser Konstellation das frustrierende Unbehagen, das innere Problem nicht in den Griff zu kriegen. Gleichzeitig lenkt Sonne/Venus vom Unbehagen ab, weil das Unbehagen ja selber eine ungelöste Polarität darstellt, die der Sonne/Venus-Mensch weder wahrhaben will noch kann. So wird er das Problem in einem Lösungsmodell verstecken und in seiner eigenen Inszenierung auftreten, in der er alles Problematische bewältigt hat. Um sich die eigenen Verdrängungen zu erhalten, vollführt er wahre Zauberkunststücke, um die Wirklichkeit darin verschwinden zu lassen.

Das zeigt sich auch an einem anderen Symptom, sich nämlich nicht entscheiden zu können, denn jede Entscheidung legt fest, und in jedem Festlegen spiegelt sich die Wahrheit, die Gegensätze nicht verbinden zu können. Doch der Sonne/Venus-Mensch will das nicht wahrhaben. Also wird er sich nicht für eine der beiden Polaritäten entscheiden, sondern sich über die Gegensätze erheben und eine Verschmelzung aus der Vogelperspektive vornehmen, wo die Gegensätze aus der räumlichen Entfernung im gleichen kleinen Fleck verschwinden. Er kann und will seinen Anspruch, nach höheren Maßstäben zu messen und irdisches Handeln durch göttliches Sosein zu ersetzen, nicht loslassen. Und so betäubt er sich eher mit den verstiegendsten Wahrnehmungen und Einsichten, als daß er eine spontane, unreflektierte Entscheidung zu treffen wagt.

Hinter dem Verhalten, jeder Auseinandersetzung und Entscheidung auszuweichen, verbirgt sich das lebensfeindliche Prinzip, das körperliche Leben in seinen Auswirkungen gar nicht annehmen zu wollen. Hier findet sich der Wunsch, den Folgewirkungen kollektiven Tuns ein ästhetisch-verlogenes Mäntelchen überzuziehen, um das nicht wahrhaben zu müssen, was menschliches Verhalten eben mit sich bringt. Das ganze äußere Bestreben ist darauf ausgerichtet, Harmonie herzustellen, um von der inneren Unerfülltheit abzulenken, und man muß attestieren, daß dies unter diesen Zeichen hervorragend gelingt. Sonne/Venus-Typen sind die geborenen Vermittler, wenn es darum geht, zu schlichten. Geht es darum, die Mitte in irgendeiner Form zu finden, sind sie sogar bereit, kurzfristig gegenteilige Ansichten zu übernehmen und, um von der Augenblicksituation abzulenken, für einen kurzen Moment das Muster eines zeitloseren, überräumlichen Verstehens durchschimmern zu lassen.

☉ ♀
Mythologisches Modell

Mythos

Als auf dem Olymp zwischen Hera, Athene und Aphrodite ein Streit ausbrach, wer die Schönste sei, wurde Paris die zweifelhafte Ehre zuteil, diesen zu schlichten. Vor die Wahl gestellt, zwischen Hera (die ihm die Weltherrschaft bot), Athene (die ihm Weisheit, Tapferkeit und Gerechtigkeit antrug) und Aphrodite zu wählen, entschied er sich schließlich für die Liebesfürstin, die ihm dafür das schönste Weib der Welt versprach. Die Tatsache, daß die schönste Frau schon die Gattin König Menelaos von Kreta war und dieser nie und nimmer bereit sein würde, den Ehebruch ungestraft hinzunehmen, schien weder Aphrodite noch Paris zu berühren.

Helena, die Schönste unter den Sterblichen, symbolisiert das nie zu erreichende Traumbild, das den optisch Besessenen in seiner tiefsten Seele betört. Sie wird uns geschildert als eine zwielichtig-schillernde Gestalt: Zeugnis der Liebe zwischen Leda und Zeus. Zeus soll sich dem Ziel seiner Begierde in der Gestalt eines Schwanes genähert haben, da er offenbar nicht hoffen konnte, in seiner ursprünglichen Gestalt vor den Augen der schönen Frau Gnade zu finden.

Wir sehen hier auf eine anschauliche Weise die Unbekümmertheit des Sonne/Venus-Prinzips. Da Zeus nicht glaubt, von Leda auf die übliche Weise erhört zu werden, nähert er sich ihr aus der Vogelperspektive (Schwan), wo die Gegensätze in einem übertragenen Sinn durch die große räumliche Entfernung ineinander verschmelzen. Das Symbol des Schwanes zeigt nichts anderes, als den Versuch, die Wirklichkeit hinter den eigenen Zauberkunststücken verschwinden zu lassen, um sich die eigenen Bilder zu erhalten.

Da die Frucht aus der Verbindung mit einem Schwan nicht leiblich ausgetragen werden kann, spricht die Mythologie von einem befruchteten Ei, aus dem Helena hervorging. In diesem Sinn ist Helena eine leibliche Übertragung der archetypischen Venus (Aphrodite), die ja auch nicht aus einem Mutterleib geboren wurde, sondern direkt dem Samen des Vaters im Kontakt mit dem mütterlichen Ozean entsprang (siehe Venus-Archetyp, S. 246).

Helena repräsentiert die auf die Fleischlichkeit des Leibes reduzierte, im Prinzip aber unstillbare Liebeslust. Damit entspricht sie der menschlichen Verkleinerung der mythologischen Venus, die nicht aus dem Gefühl kosmischer Verschmelzungssehnsucht heraus, sondern aus der drängenden Gewalt sexueller Selbstdarstellung handelt. Als sie ihrem männlichen Ebenbild in der Gestalt des Paris begegnet, ist es um die beiden geschehen.

Genauso, wie Helena nicht aus einem spirituellen Liebesbedürfnis heraus handelte, sondern dem Ruf ihrer inneren Triebe folgte, genauso entsprach das »Urteil des Paris« (vgl. Venus/Mars) nicht der Weisheit eines reifen Liebesverständnisses, sondern der jugendlichen Spontanität sexuellen Übermuts. Was sich daraus entwickelte, ist bekannt: Die Auslösung des trojanischen Krieges.

Mensch

Sonne/Venus steht für die unschuldig-naive Triebbefriedigung, welche die Folgen der eigenen Handlungen weder erkennen noch absehen kann. Umgekehrt liegt in dieser emotionalen Unbeschwertheit auch das Glück, durch eine gewisse kindliche Spontanität sogar noch die zu betören, die man schon belogen und an der Nase herumgeführt hat.

Unter diesen Zeichen kennt man kein böses Zerstörenwollen oder Schlechtsein, sondern es ist einfach ein gewisser Leichtsinn, der sich nicht um die seelischen Verknüpfungen und die moralischen Eingrenzungen der anderen kümmert. (Menelaos brachte es nach der Eroberung von Troja trotz ihrer Untreue nicht fertig, Helena zu töten. Er verzieh ihr und nahm sie als seine Gattin wieder zurück nach Sparta: vgl. »Kollektive Psyche« unter Venus/Mars, S. 250)

Symbol

Es bedarf keiner psychoanalytischen Klimmzüge und Hirnverrenkungen, um dem Sonne/Venus-Prinzip das Symbol der Rose zuzuordnen, denn Sonne/Venus steht für das Prinzip der Liebe. Gleichzeitig fordert die äußere Entsprechung zwischen den Schamlippen der Frau und den Blütenblättern der Rose einen Vergleich geradezu heraus. Die Rose wurde schon immer als ein Symbol verwendet, um die weiblichen Genitalien darzustellen, wobei das Spektrum von der knospenhaft verschlossenen Jungblüte (Zurückhaltung des Mädchens) bis zur voll erblühten Rose (Hingabe und Liebeslust der Frau) reicht.

Vor diesem sozial-geschichtlichen Hintergrund scheint es klar, daß die Rose der Liebesgöttin zugeordnet wurde, die Dornen am Stengel aber dem Schatten der Rose, der beständig im Hintergrund lauert: der Trauer um die verlorene oder unerreichbare Liebe.

Dieser Aspekt spiegelt sich in der tragischen Liebe zwischen Adonis und Aphrodite wider. Die Liebesgöttin, die ihren Geliebten mit ihrer eigenen Nachtseite teilte (mit Persephone: vgl. Mond/Venus, S. 130), mußte mitansehen, wie Adonis vom eifersüchtigen Ares tödlich verletzt wurde (Venus/Mars/Pluto). Als sie ihm zu Hilfe eilen wollte, trat sie mit dem Fuß in einen Dorn, ein symbolisches Zeichen dafür, daß sie ihre Liebe verlieren mußte, wenn sie sie nicht transformieren konnte. Es gelang ihr aber, sie alchimistisch zu verwandeln, denn aus ihren Tränen sprossen Anemonen und aus dem Blut des Sterbenden wuchsen Rosen.

Durch die von der Kirche zu den Wundmalen und dem Blut des Erlösers nachvollzogenen Verbindung (es wird überliefert, die Tränen der trauernden Maria Magdalena hätten die roten Rosen entfärbt, weshalb die weißen seither auf den Namen »Magdalenenrosen« hören) wurde die Rose zugleich auch ein Symbol der Hoffnung und ein Zeichen christlicher Wiedergeburt. Damit wurde aus dem Symbol der Liebesgöttin das Zeichen der neuen Eva, der Muttergottes oder Heiligen Maria. So verwandelte sich das Attribut der Huren (rote Rose) in ein Attribut der Jungfrauen (weiße Rose) und damit in ein Symbol der keuschen Liebe, was innerlich auf die Beweglichkeit (oder Verlogenheit) des Sonne/Venus-Prinzips hinweist.

Die christliche Weltauffassung hatte die mythologisierten Vorzüge der alten Venus bereits vorbildlich ins neue Marienbild übernommen: Aus Venus, Isis, Kybele, Diana, Isis oder Ceres wurde die Himmlische Jungfrau, Göttermutter oder Himmelskönigin. Das Jesuskindlein wurde an die Stelle des Eros, Amor oder Cupido gesetzt (des leiblichen Knaben der Aphrodite mit dem Kriegsgott Mars), von dem die Überlieferung erzählt, daß er Tränen statt Milch aus der Mutterbrust saugte. Er gab sie ihr später wieder zurück, damit sie um ihren Adonis weiter weinen konnte (hier wird der Schmerz und das Leiden dargestellt, die jeden überfallen, der vom Pfeil Amors getroffen wird). Auch wurde eine Darstellung des heranwachsenden Amors gefunden, der, an eine Myrthe gekreuzigt, mit Rosengerten gezüchtigt wurde.

So wuchs aus dem wilden Rosenbusch der Liebesgöttin die sanfte Rose »Maria« hervor, und so lag es nahe, in den christlichen Glaubensbekenntnissen die neue Jungfrau die Sünden der früheren Huren sühnen und abbüßen zu lassen, was in einem übertragenen Sinn dem Sündenfall Evas entsprach: »Ein verschlossener Garten bist du, Jungfrau, bewahre deine Früchte!« (Maria im Rosenhag).

Man schrieb ihr die Rose ohne Dornen zu, da die Dornen ein Auswuchs der Erbsünde (Schlange) waren, die von der Jungfrau besiegt wurde. Basilius (4. Jhd.): »Wir sollten der Sünden gedenken, derentwegen die Erde dazu verurteilt wurde, uns Dornen und Disteln zu tragen.«

Dadurch beraubte man die Liebe zwar ihrer instinktiven Triebe, aber da man letztere doch nie besiegen konnte, bastelte man daraus ein (Glaubens-)Modell von Sünde. Da man aber auch die Sünde nicht verhindern konnte, stellte man den Wunsch nach Sühne in den Mittelpunkt: »Wenn man schon Sünde nicht verhindern kann, soll man zumindest dafür büßen müssen.« – Treffenderes zum Stichwort »Paradoxie« ist nur sehr schwer zu formulieren!

Rose, oh reiner Widerspruch, Lust,
Niemandes Schlaf zu sein unter soviel Lidern.

(Rainer Maria Rilkes Grabinschrift)

☉ ♀

Karmische Struktur

Frau

Frauen unter diesem Gestirn neigen zu einem festlich-schönen Rahmen, in dem sie sich gut präsentieren können. Schönheit muß sich vorteilhaft zur Geltung bringen, denn das Äußere wird betont hervorgekehrt. Geschliffenes Auftreten und charismatischer Charme verbinden sich mit einer Tendenz zu Oberflächlichkeit und Leichtsinn, wobei der äußere Aufzug eines Menschen viel wichtiger erscheint als die inneren Werte. Man liebt das Heitere und Unbeschwerte und versucht, durch sexuelle Freuden dem Schönen in der Umwelt beizukommen. Weil die Sexualität aber selten ohne Besitzdenken und frei von Zwängen ist, mutiert der Austausch körperlicher Gefühle zu lustdurchtränkten Wunschvorstellungen, welche die Geborenen projizieren und als (Alp-)Träume dann zurückerhalten, denen sie im Leben hinterherrennen.

Mann

Hier finden wir den Unterhalter/Diplomaten, dem es gelingt, alle Kanten in Verhandlungen und Gesprächen abzuschleifen und dem Partner das Gefühl zu geben, sich als Mittelpunkt zu wähnen, um den sich das Geschehen dreht. Er verfügt über das innere Gespür, über alle Verschiedenheiten hinaus Brücken zu bauen und das gemeinsam Verbindliche herauszustreichen. Dadurch fällt es ihm leicht, gesellschaftliche Beachtung zu finden und in der Außenwelt zu glänzen.

☉ ♀

Krankheitsdispositionen

Die Erkenntnis im Wirkungsbereich dieser Verbindung ist das Eingeständnis, daß das Außen und das Innen, also das Suchen und das Finden, immer eins geblieben sind. So wie das Auge, das sieht, einen Spiegel braucht, um sich selber zu sehen, so braucht der Mann eine Frau, um sich selber erkennen zu können (und umgekehrt). Der Mann braucht für die Erkennung seines weiblichen Seelenanteils einen Spiegel, in dem er seine innere, unausgelebte Weiblichkeit zurückreflektiert erhält, und dieser ist die äußere, ihm im Leben begegnende Frau: »Das, was ich am andern liebe oder hasse, liebe oder hasse ich immer an mir selbst!«

So wie jeder die Welt als Spiegel für seine verdrängten Persönlichkeitsanteile benutzt, genauso benutzt der Sonne/Venus-Typ seine äußeren Ansprüche als selektives Abwehrprinzip, die Wahrheit (innere Leere) zu verdrängen und Harmonie und Schönheit in den Mittelpunkt seines Suchens zu stellen. Daran können wir erkennen, wie auch ein im Prinzip sehr freundlicher Aspekt sich von einer objektiven Warte aus recht hinderlich auswirken kann. Im Bestreben, die innere Leere zu verdecken, hüllt sich der Mensch in Harmonie, was der verdrängten Wirklichkeit entspricht und der Zementierung stilisierter Seifenblasen. (Das entspricht beim Mann der psychischen Auslieferung an das venusische Schönheitsprinzip, denn die Angebetete muß an Glanz und Schönheit in die Beziehung all das mit einbringen, was ihm selber darzustellen nicht vergönnt ist). Vgl. Sonne/Merkur, »Mensch«, S. 52.

Statt also seinen geschwächten inneren Selbstwert zu stärken, damit die Abhängigkeit von Außenwerten abnimmt, sucht er sich an die Werte zu klammern, die er auf andere projiziert. So wird er im Umweg über die Umwelt (ohne es zu merken) von seinen eigenen Ansprüchen abhängig, die er aber selbst nicht ausleben, sondern nur über die Begegnungen mit anderen erfahren kann.

Symptome

Psychisch
- zwanghafte Lustansprüche, die bei Nichterfüllung in Sinnlosigkeits- und Unlustgefühle umschlagen
- Unausgeglichenheit, Unzufriedenheit, Launenhaftigkeit und Leichtsinn
- Unentschiedenheit, Bequemlichkeit (geht Schwierigkeiten aus dem Weg)

Physisch
- Nierenprobleme
- Blasenleiden
- Drüsenstörungen
- Stoffwechselschwierigkeiten
- Allergien
- unreine Haut (Pickel, Mitesser)
- Geschlechtskrankheiten
- Gefäßerkrankungen (Krampfadern, Venenleiden)
- venöse Blutstauung in den Nieren infolge nachlassender Herzleistung (führt zur Schädigung des Nierengewebes)

Tinkturen

Homöopathische Mittel

Metall

Cuprum metallicum (Kupfer)
- bei inneren Sinnlosigkeitsgefühlen: D200
- bei chronischen Nieren- und Drüsenstörungen, Stoffwechselschwierigkeiten, Allergien und Hauterkrankungen: D30

		– bei Unausgeglichenheit und Unzufriedenheit durch äußere Symptome (Partnerschaftsprobleme, Kontaktschwierigkeiten): D20
Pflanzen	**Oleander**	– bei Gedächtnisschwäche und Melancholie: D60 – bei Handlungs- und Entscheidungsschwäche (Verhaftung in unentschiedenen Schwebezuständen): D20 – bei Herz- und Niereninsuffizienz (Stauungsniere): D12 – gegen Hautkrankheiten: D6
	Rosa canina (Wilde Rose)	– bei Kontaktschwierigkeiten (Nierenschwäche) – oder Angst vor der Umwelt (unreine Haut): niedere Potenzen
Schüsslersalze		
Mineral	**Silicea** (Nr. 11)	– bei allgemeiner Schwäche – schwachem Bindegewebe – Gefäßerkrankungen – Drüsenstörungen
Neben-Minerale	**Cuprum arsenicosum** (Nr. 19)	– bei unerfüllten Lustansprüchen (Nierenschwäche) – Sinnlosigkeits- und Unlustgefühlen – Handlungsschwächen (Bequemlichkeit, Passivität)

	Natrium bicarbonicum (Nr. 23)	– gegen Stoffwechselstörungen (ungenügende Entschlackung)
Bachblüten	**Larch** (Lärche)	– bei Unausgeglichenheit (Unzufriedenheit, Launenhaftigkeit und Selbstzweifel)
	Scleranthus (Einjähriger Knäuel)	– Entschlußlosigkeit
	Wild Rose (Heckenrose)	... oder Unentschiedenheit und Apathie (Ohnmachtsgefühle gegenüber den eigenen Schicksalsmechanismen)
Urtinkturen	**Orchidaceae** (Orchidee)	– bei Verstrickungen in körperlichem Liebeszauber (unersättliche Lustansprüche)
	Prunus amygdalus (Traubenkirsche)	– Festklammern am Partner *(Das aus der Mandel gewonnene Öl galt bei den Griechen als Same des Zeus!)*
	Prunus padus (Traubenkirsche)	– oder Liebeskummer (Sehnsucht nach seinem andersgeschlechtlichen, unerlösten Teil)
Medizin	**Rosenblüten**	– *Symbole der Vollkommenheit und Schönheit!*
Therapie	**Liebe**	

☉ ♀

Gestirnsauslösungen

Direktionen, Transite, Alterspunkte, rhythmische Bewegungen

Da die Venus im Geburtsbild außer dem unbedeutenden Halbquadrat keinen Spannungswinkel zur Sonne bilden kann, resultieren die unangenehmen Auswirkungen vor allem durch die Einstrahlung der »dirigierten« Gestirne (bzw. des transitierenden Saturns oder der transsaturnischen Planeten). Allein für sich gestellt steht die Konjunktion für die vollendete menschliche Vorstellung von Liebe: Sonne/Venus symbolisiert die in Gott verschmolzene und in seiner Absicht sich erfüllende Morgenröte.

Das Problem dieser Stellung liegt einzig in ihrer materiellen Unerfüllbarkeit, denn Sonne/Venus symbolisiert Erlösung durch spirituelle Liebe, was die Triebe grausam überfordert, denn was soll die egogeprägte Körperlichkeit mit soviel Abgehobenheit auch anfangen? Daher werden diese mythischen Verschwebungen auf unser materielles Weltbild übertragen, was sich dann am Modellcharakter der erstrebten Ziele sichtbar macht: aus dem Ewigen wird die Lust nach kosmischer Verschmelzung, aus unserer Sehnsucht nach dem Ewigen die Sucht nach körperlichem Sex.

Damit sitzen wir schon in der Falle: Ewiges will erspürt und dann von der Begrifflichkeit unserer Gefühle vereinnahmt werden. Gleichzeitig sehnen wir uns nach Liebe, um den materiellen Zwängen zu entgehen (die wir aber gerade mittels »Zementierung durch Gefühle« miternähren) und merken nicht, daß wir, indem wir nach Erfüllung streben, unsere Vorstellung von Glück bewegen, die stets gesucht, aber nie gefunden (festgehalten) werden darf, damit die menschliche Entwicklung nicht stillhält.

Die Sonne/Venus-Menschen machen das »Spirituell zu Erstrebende« zu einem »Modell ihrer eigenen Paradiesvorstellung« und wollen es sich gleichzeitig einverleiben. Da das Paradies aber außerhalb unserer Raum- und Zeitvorstellung liegt, in einem allegorischen Sinn vielleicht als der Augenblick umschrieben werden kann, in dem das Ego »sich erkennend aufgibt«, ist der »Große Rosengarten« ein Abstraktum, für das es im menschlichen Leben keine Entsprechung gibt. Glück und Liebe sind ewige Bewegungen und halten nie ein; alles befindet sich in einer »ewig fließen den Offenbarung der Absicht Gottes«, und Evas Versuch, die Absicht anzuhalten (Sündenfall) und das Ewige in sich hineinzuessen (Paradiesapfel), mutet im Angesicht des Unerbittlichen bisweilen naiv und kindlich an.

☉ ♀

Archetypen und Symbole

Thema	Suche nach Liebe, Unbekümmertheit
Ziel	Äußeres Glück und heile Welt
Sinn	Liebe und Freude (Vollständigkeit)
Berufung	Heilige, Hure
Symbole	Rose; Paradiesapfel
Mythen	
Antike	Geburt der Venus
Bibel	Marias unbeflecktes Empfängnis
Sabbat	Rosenkranzfest (7. Oktober)
Gott/Göttin	Adonis, Cernunnos, Eros
	Aphrodite, Asherah, Astarte, Beltis, Diana, Eos, Freyja, Isis, Kybele, Lakshmi, Muttergottes
Tiersymbol	Lamm und Schlange *Feindschaft zwischen der Jungfrau und der mit der Schlange verbundenen Venus*
Archetypen	Helena und Maria
Mysterien	»Großer Rosengarten« zu Worms; Semiramis' hängende Gärten in Babylon
Kultstätte	Kythera (Kithira), griech. Insel zwischen dem Peloponnes und Kreta *In der Antike Mittelpunkt des Aphroditekultes*
	Florenz *Dom, San Maria Novella, Baptisterium, Palazzo Vecchio, San Lorenzo mit Medicigrabstätte, Uffizien u.v.a.*

Kulturepoche	Rennaissance
Stimmung	In den Gefilden Auroras (der Morgenröte)
Duft	Rose, Mandelöl
Edelstein	Rosenquarz
Farbe	Morgenrot (helles Rosa)
Ritual	Verführerischer Liebeszauber
Musik	Claude Debussys betörende musikalische Stimmungen *»Prélude à l'après-midi d'un faune«* »Ist ein Traum, kann nicht wirklich sein«, Terzett der Frauenstimmen (Schlußensemble) aus dem »Rosenkavalier« von Richard Strauss *Die überirdische Schönheit der hohen Frauenstimmen kann uns den berückenden Sonne/Venus-Zauber besonders eindrücklich umschreiben* »La vie en rose« von Edith Piaf
Bildende Kunst	Tizians tiefleuchtende, blühende Farbenpracht *»Die himmlische und die irdische Liebe«, »Venusfest«, »Venus von Urbino«* »Aurora« von Philipp Otto Runge; »Die himmlische Rose« (die Seligen sitzen auf Rosenblättern) von William Blake
Literatur	»Sonette und Kanzonen an Laura« von Francesco Petrarca (14. Jh.); »Liebesgedichte« von Pablo Neruda »Roman de la rose« (altfranzösischer Versroman des 13. Jhrs.) von Guillaume de Lorris *Schilderung der Suche nach einer Rose als Symbol für den Gegenstand der Liebe*
Zitat	»Blühen ist mehr als Glut« (Henry Benrath)

☉ ♂
SONNE – MARS

Wirkungsstufe I
a) Konjunktion (+)
b) Sextil (+)
c) Quadrat (-)
d) Trigon (+)
e) Quincunx (-)
f) Opposition (-)

II
a) Sonne in Haus 1
b) Mars in Haus 5
c) Sonne in Widder
d) Mars in Löwe

III
a) Sonne (bzw. Mond, Merkur, Venus oder Jupiter) in Löwe und Aszendent Widder
b) Mars (bzw. Mond, Merkur, Venus oder Jupiter) in Widder und Aszendent Löwe

IV
a) Aszendent Löwe
b) Hausspitze 5 in Widder
c) Geburtsherrscher in Haus 5
d) Herrscher von Haus 5 in Haus 1
e) Geburtsherrscher in Löwe
f) Herrscher von Haus 5 in Widder

Mars repräsentiert das dynamische Prinzip innerhalb der Götterhierarchie. Dadurch fungiert er sozusagen als »Geburtshelfer« oder »Steigbügelhalter« der Sonne, der das in der Außenwelt durchzusetzen pflegt, was dem Geborenen als Ich-Anlage (Sonnenprinzip) zur Verfügung steht. Er ist der unbekümmerte Gott des Zwistes, der das Machtprinzip der Sonne ohne Rücksicht auf Verluste durch sein aggressiv-handelndes Verhalten zum Ausdruck bringt. Nichts ist ihm dringender als das Vorhandensein spielerischer Freiräume, wo er seine kindliche Zerstörungslust loswerden kann. Auch braucht er äußere Widerstände, um sich mit der ganzen Wucht seiner impulsiven Spontanität dagegenzuwerfen.

Das kann bei Liebesabenteuern zu großen Komplikationen führen. Die starke Sinnlichkeit und das überall hervorschimmernde Bedürfnis nach Bestätigung läßt Bereiche aufdämmern, in denen die männliche Jagd nach Eroberung und Abenteuer über alles geht und das normale Leben langweilig erscheint. Unter diesem Zeichen findet man den geborenen Chauvinisten, der zwar viel Initiative besitzt, jedoch große Schwierigkeiten hat, seine sexuelle Energie wirkungsvoll zu bündeln und auf den Liebespartner auszurichten (weil es ja nicht um den Partner, sondern um die Bestätigung als Ganzes geht).

Er hält sich für unwiderstehlich, weil ihm alles Erreichbare klein und lächerlich erscheint; da er aber keinen »Drachen« mehr erschlagen kann, zerschlägt er halt seinen »eigenen Rahmen«. Es fällt ihm ausgesprochen schwer, seine Energien zu zentrieren und auf Ziele auszurichten, die seinem innersten Streben angemessen sind. Wird er in seiner Aggression gehindert, führt dies zu großer Frustration und Zorn. Dies wiederum stachelt ihn an, seine Aktivitäten auf Biegen und Brechen durchzusetzen, worauf er die Empörung der Umwelt zu spüren bekommt, die sein Vorgehen als unverschämt empfindet und ihn in der Realisierung spontanen Wollens durch ihre Norm-Strukturen hemmt (Saturn-Komponente).

Unter dieser Konstellation muß man lernen, mit seinen Aggressionen umzugehen, denn sie sind für die individuelle Entwicklung wichtig. Man muß lernen, für die Folgen seiner Handlungen einzustehen und sich mit seinen kriegerischen Trieben in der Psyche auszusöhnen, denn wie stark man der göttlichen Hingabe oder der spirituellen Vereinigung auch immer wieder erliegt – die aggressiven Triebe schlafen nie!

Wir sollten uns mit ihnen arrangieren, denn wenn wir sie verdrängen und in den Keller abschieben, treten sie als Reaktionen (Aggressionen, Verletzungen, Infektionen) von außen wieder auf. Nehmen wir sie aber an, dann könnten wir zu einem Kurier jener ansteckenden Begeisterung werden, die durch einen zielgerichteten, sprühenden Tatendrang besticht und nicht nur durch den Zwang, beständig gegen die Umwelt anrennen zu müssen!

☉ ♂

Mythologisches Modell

Mythos

Kadmos war der Bruder der von Zeus entführten Europa. Als er von seinem Vater losgeschickt wurde, um die verschwundene Schwester zu suchen, wandte er sich an das Delphische Orakel, das ihm statt dessen den Rat gab, einer Kuh zu folgen und an deren Rastplatz eine Stadt zu bauen. Als er dort auf einen von Ares (Mars) bestellten Drachen traf, besiegte er ihn und streute auf Athenes Geheiß seine Zähne aus (Drachensaat), aus denen bewaffnete Krieger hervorwuchsen, die sofort aufeinander einschlugen, als Kadmos einen Stein unter sie warf.

Auf der gleichen Ebene bewegt sich auch die Sage von den Argonauten und dem Goldenen Vlies. Nach vielen Abenteuern auf der Insel Kolchis angekommen, mußte ihr Anführer Iason zuerst den Drachen erschlagen, der das Vlies bewachte, danach mit ehernen Stieren dessen Zähne aussäen, die Saat umpflügen und sich zusammen mit seinen Helden schließlich der Gepanzerten erwehren, die der Drachensaat entsprangen und vom geprellten König Aiëtes hinter ihnen hergeschickt wurden.

Beide Beispiele zeigen uns eindrücklich, daß es nicht genügt, den Drachen einfach zu erschlagen. Zwar symbolisiert er einerseits den Widerstand der Umwelt, den es zu vernichten gilt, andererseits ist er aber nur der Spiegel unserer inneren Kraft, die uns so von außen ständig Angst macht. Immer wenn wir glauben, die Widerstände der anderen gebrochen zu haben, dann spüren wir schon wieder neue Widerstände aus der Umwelt nachwachsen. Wir fühlen uns stets aufs Neue in die gleichen Auseinandersetzungen verstrickt, solange wir nicht erkennen, daß die Voraussetzungen dazu in uns selber sind.

Deshalb steht Sonne/Mars auch für den Übermut, der als verdrängte Angst wiederum ein Teil des Drachens ist. Dieser Teil ist es, der immer wieder nachwächst, weil es ja der unerlöste Teil in uns selber ist, den wir nicht besiegen, sondern akzeptieren und zurücknehmen müssen, wie es in der Sage so einsichtig umschrieben ist. Die Überlebenden der Krieger, die aus der Drachensaat hervorwuchsen, versöhnten sich mit Kadmos. Zusammen gründeten sie die Stadt Theben, und zur Krönung (und Versöhnung der Gegensätze) heiratete der Held die sanftmütig-schöne Harmonia, Tochter des Ares und der Aphrodite.

Sinn

Sonne und Mars verkörpern die Kraft, die uns das erfahrbare Universum durch die Einwirkung unseres Schöpferwillens sichtbar macht. Da sich hinter diesen Eingebungen Visionen verbergen, die auf dem Sprung sind, sich zur Begrifflichkeit konkreter Realitätsvorstellungen zu gestalten, erkennen wir den schöpferischen Antrieb, der sich hinter diesem Gestirn verbirgt: Sonne und Mars sind die Voraussetzung dafür, daß überhaupt etwas passiert!

Es sind die inneren Handlungsabsichten, welche die zukünftigen Potentiale erahnen und die Türen zu neuen Inhalten aufschließen, ganz egal, ob es sich um die Anschaffung eines neuen Wagens oder die Durchführung einer Nordpol-Expedition handelt. Mars/Sonne symbolisiert den Anstoß zu jeder Veränderung und Entwicklung, in der die alten Grenzen herausgefordert und bezwungen werden wollen: Der Geborene schickt sich an, etwas in Gang zu setzen, von dem er selber keine Ahnung hat, wohin es führt.

Deshalb verkörpern Mars und Sonne die Kraft zur Durchführung, die am Anfang allen Wollens steht, auch wenn die Ziele noch nicht klar sind. Die unergründliche Imaginationskraft wird stets beginnen, sich in einer Idee zu verdichten und diese mit der nächsten zu einem Schöpferimpuls zu verknüpfen, der sein exoterisches Ebenbild in der Zeugung, sein allegorisches aber in der Paradiesvertreibung hat.

☉ ♂
Karmische Struktur

Kind

Tiefenpsychologisch manifestieren sich in der Knabenseele die zarten Anfänge kreativer Veränderungen, die sich später zu den Dimensionen großer Zukunftsperspektiven auswachsen können. Das vom Knaben zum Ausdruck gebrachte Verhalten entbehrt natürlich der Reife und ist angefüllt von trotzigem Widerstand, trotzdem bringt es die individuelle Männlichkeit in Gang, ohne die sich im Bereich der Schöpfungsabsicht nie etwas bewegen würde. (Es wäre also wichtig, wenn es den Eltern gelänge, das Kind in der Annahme dieser Anlage zu unterstützen, damit nicht die Gefahr besteht, daß der Heranwachsende in einer Kompensierung seiner verhinderten Triebe später das in der Welt zu zerstören sucht, was ihn in der Kindheit behindert hat: die Strukturen und Normen der Erziehenden!)

Bei Mädchen kann man vielfach die Erfahrung machen, daß die knabenhafte Wildheit unterdrückt und von der Umwelt strikt verhindert wurde. So ist das Kind gezwungen, sich an die Normstrukturen anzupassen, was in Umkehrung der Inhalte dazu führt, daß es in Verhinderung der eigenen Triebe die Modelle der Erwachsenen zum Vorbild nimmt, die es dann gegenüber seiner Umwelt durchzusetzen sucht.

Mit anderen Worten, es wird versuchen, das, was ihm selber nicht erlaubt ist, auch bei anderen zu verhindern, weil es die Verhinderung, die ihm selber aufoktroyiert wurde, nun stellvertretend bei den anderen »durchsetzt«. So kommt es, daß das Mädchen schließlich Modelle in der Umwelt durchzusetzen pflegt, die seinem innersten Verhalten widersprechen. (Später wird es versuchen, seine impulsive Seite in der Auseinandersetzung mit einem marsischen Partner zurückzuerobern, der das zum Ausdruck bringen kann, was es verdrängen mußte: vgl. »Frau«.)

Frau

(+)
Unter diesem Einfluß sind Frauen sehr begeisterungsfähig und phantasievoll. Man könnte sie als immer »up to date« bezeichnen, denn sie sind die ersten, die sich für neue Trends begeistern, bevor die anderen überhaupt reagieren. Gleichzeitig können sie aber auch sehr überheblich sein, und wenn es ihnen nicht gelingt, sich in den Mittelpunkt zu stellen, fühlen sie sich schnell frustriert.

Frauen mit Mars/Sonne sind nicht nur ihres spontanen Übermuts wegen sehr reizend, sondern auch durch ihre echte Freude und ihr überschäumendes Temperament. Sie rennen zwar gerne gegen Widerstände an (und sei es nur um der Aufregung willen), aber da sich hinter ihrer Neigung zum Prahlen und Aufschneiden die kindlich-naive Erwartungshaltung verbirgt, daß ihnen im Leben alles gelingt, kann das ihre Anziehungskraft kaum mindern.

(-)
Die Erziehung, die das Mädchen am Annehmen seiner Aggression hinderte (vgl. »Kind«), wirkt sich später dadurch aus, daß die Heranwachsende die flammende Dimension ihres Feuer-Elements zumindest anfangs bei sich selber ablehnt. Da sie gelernt hat, es nicht zu mögen, von den inneren Marskräften berührt zu werden, lebt sie ihre Anlage durch einen Partner aus, dem es besser gelingt, seine Hitze und Impulsivität zum Ausdruck zu bringen. Durch Reibereien wird sie im Laufe der Zeit jedoch mit ihren eigenen Aggressionen konfrontiert, und indem sie sich innerhalb der Beziehung zu wehren beginnt, lernt sie, mit ihren inneren Behinderungen umzugehen.

Mann

(+)
Diesem Aspekt entspringt nicht nur ein strahlender Geist, der neue Ziele spürt, sondern auch ein flammendes Herz, das zu den Gipfelzielen führt. Er trifft einen Mann, dem die Jagd nach Freiheit, die Lust nach Abenteuer und das Aufstoßen neuer Türen über alles geht, der diesen Drang durch eine einnehmende, mitreißende Persönlichkeit umzusetzen pflegt, was ihm trotz Ungeduld und Hektik die Gefühle seiner Umwelt sichert. Innerhalb der aktiven, spirituellen Dimension seines Feuergeistes ist er unbesiegbar, denn er verkörpert nicht nur das spontane Vordrängen, sondern er vermittelt auch die große Vision, für die sich jedes Kämpfen lohnt.

Da Mars den äußeren Punkt anpeilt, die Sonne aber das innere Ziel darstellt, sehen wir hier, wie gut die Verbindung funktioniert, wenn sich das Zentrum des Wollens direkt in der Vision des Geborenen befindet, denn es wird immer Dinge geben, für die man kämpfen muß. Sind diese Ziele aber nicht nur auf die Durchsetzung des persönlichen Egos ausgerichtet, sondern auch auf Inhalte, die in den Verwirklichungsabsichten schöpferischen Handelns liegen, dann kann Mars glänzend als verlängerter Arm des Sonnenprinzips funktionieren.

(-)
Die Kunst, die impulsiven Visionen dieses Gestirns in starre Alltagsmodelle einzupassen, ist eine große Herausforderung für jeden »Krieger«, der sein Ego kreativ zum Ausdruck bringen will. Auf den ersten Blick ist das Ego zwar ein Interessenverband von falschen Angleichungen an die Umwelt (übertriebene Selbstdurchsetzung aus ungelösten Autoritätskonflikten), doch auf den zweiten hilft es uns, durch Reibereien mit der Umwelt die äußere Schale abzuschleifen und zum inneren Kern vorzudringen, den man als »makelloses Tun« bezeichnen könnte.

Der Sonne/Mars-Geborene muß wahrnehmen, daß das, was er als Ich-Gefühl erspürt, nur der Einschätzung entspricht, wie die Umwelt auf ihn einwirkt. Je stärker er sein Ich einschätzt, desto blasser wird die Umwelt, und je stärker die Umwelt wirkt, desto kleiner wird sein Ego. Die Ich-Einschätzung ist keine feste Größe, sondern stellt das momentane Ergebnis eines dynamischen Austausches mit der Umwelt dar.

Nun mag er lernen, die Bilder, die Ausdruck einer vorübergehenden Momentaufnahme sind, anzunehmen und zu leben. Mars und Sonne unterstützen nur spontanes Handeln, und sobald der Held nach Sinn und Zweck von Taten fragt, überfallen ihn Erschöpfung und Melancholie. Der lodernde Ruf des Abenteuers läßt sich eben nicht auf materielle Sinnwerte anwenden, denn während der Kampf immer neue Kräfte freisetzt, wird das Ende stets von Sinnlosigkeit und Depression begleitet.

Kollektiv

Die Generation der »Beatniks« könnte man in gewisser Hinsicht als marsbetont und sonnenhaft umschreiben, da sie ihre Bedürfnisse direkt und ungeschminkt ausdrückten. Als Vorläufer der »Hippie-« (Ve-Ju), »Freak-« (Me/Ma) und »Underground-Bewegung« waren sie die ersten, die eine gesunde Portion Aggression und Selbstverkörperung in die späten Fünfziger einbrachten und damit aus dem Geist des Rock'n'Roll mehr als nur ein schickes, akzeptiertes Freizeitvergnügen machten.

Sie waren die ersten, die sich wieder zu sagen getrauten: »Ich will!« Dabei scheuten sie keine Risiken, diese Worte auch unter Beweis zu stellen. In einer exzellenten Weise waren sie naiv und absichtslos. Sie trampten kreuz und quer durch die Staaten, lebten ohne festen Wohnsitz, predigten freie Liebe und taten dies aus dem einzigen Grund, sich und ihre Ideale auszudrücken. Auch wenn sie gegen die bürgerlichen Ideale protestierten, feste Partnerbindungen und Jobs ablehnten, so ging es ihnen doch nie nur um den Protest, sondern vor allem darum, ihre persönliche Philosophie zu leben und ihre Überzeugung auszudrücken. Das taten sie in einer eigenen Kultur, in der sie die Suche nach neuen Erlebnissen musikalisch und literarisch umsetzten.

☉ ♂
Krankheitsdispositionen

Hier begegnet uns der Kriegsgott »Mars«, der in Begleitung seiner beiden Knappen (Monde) »Phobos« und »Deimos« seit jeher Furcht und Schrecken unter die Menschen streute. Mars charakterisiert sich durch das Erstürmen seiner Ziele mittels der Tollkühnheit einer gebündelten und in den Brennpunkt der Aggression gebrachten »Handlungsabsicht«.

Vom Wunsch nach Überwindung irdischer Bindungen beseelt, ist er bestrebt, alles Behindernde zu vernichten, ohne zu bemerken, daß er dadurch gerade das, was er zu verhindern sucht, in seinen Wirkungen noch mehr bestärkt. Man kann es aber auch so sehen, daß die von Mars beherrschten Kräfte die Aufgabe haben, das noch mehr voranzutreiben, was sie eigentlich verhindern wollten, damit sich das Schicksal im Scheitern der erstrebten Ziele auch erfüllen kann.

Von seinen aggressiven, inneren Instinkten getrieben, stürzt er sich in Handlungen, ohne zu sehen, daß er den »Ursache-Wirkungs-Mechanismus« gerade dadurch zum Ausdruck bringt. Das Erkennen größerer Zusammenhänge ist nicht seine Sache. Seine Sache ist, den Handlungsaktionen die nötige Energie zur Verfügung zu stellen (in Notsituationen durch die Ausschüttung von Adrenalin). Sehnen und Muskeln unterstehen ihm ebenso wie die Galle oder die männlichen Geschlechtsorgane, und als Dirigent der Energie steuert er den Wärmehaushalt. Er lenkt also das ebenfalls seinem Symbolbereich zugeordnete Blut zu den Organen, mittels deren er seine Handlungsabsichten vollzieht: zu den Muskeln für Angriff der Flucht, ins Sexualorgan für Potenz und in den Kopf für Scham bzw. Wut.

Sonne/Mars-Geborene leiden oft an Kopfweh, da sie sich energetisch immer »auf dem Sprung« befinden. Ihr Gehirn ist also weniger durch übermäßiges Denken beansprucht als durch die beständige Aufmerksamkeit, die sie der Umwelt zollen. So zeichnen sie sich durch schnelles Reagieren aus, was häufig auch zu Überreaktionen im Bereich des Handelns führt. Diese können sich dadurch auswirken, indem die Betroffenen auf Anfeindungen der Außenwelt übermäßig und unverhältnismäßig reagieren, also bildlich gesehen »mit Kanonen auf Spatzen schießen«. Entziehen sie sich den Konflikten aber umgekehrt durch Flucht, dann ziehen sie die Probleme ungelöst in sich hinein und müssen dem Konflikt auf der inneren Körper-Ebene begegnen. Dann findet die Auseinandersetzung einfach innerhalb des Körpers statt, indem die eingedrungenen Erreger besiegt und wieder ausgeschieden werden müssen.

Symptome

Psychisch
- Überreaktionen (Reizbarkeit, Wutausbrüche)
- nervöse Depressionen (verschluckter Ärger, verdrängte Wut)
- Mutlosigkeit, Schwäche, Umweltängste

Physisch
- Infektionen (Überreaktionen im körperlichen Bereich, z. B. gegen Eindringlinge, was zu fiebrigen Zuständen führt)
- Kopfschmerzen, Migräne, Sehstörungen
- Verletzungen (Zerrungen, Verrenkungen, Verbrennungen, Sonnenstich)
- erhöhter Blutdruck (Herzmuskelüberfunktion, Herzbeutelentzündung)
- Herzschwäche (infolge von Infektionskrankheiten)
- Harnbeschwerden

Homöopathische Mittel	**Tinkturen**	
Verdrängter Mars	**Ferrum metallicum** (Eisen)	– bei Mutlosigkeit und Durchsetzungsängsten: D200 – Blutarmut, Energieverlust und Schwäche: D30 – oder akuter Angst (verschluckter Ärger resp. verdrängte Wut): D6-D12
Übersteigerter Mars	**Staphisagria** (Stephanskraut-Samen)	– bei heftigen, gewaltsamen Wutausbrüchen (Anlageverhalten): D60 – erhöhtem Blutdruck: D30 – Migräne, Sehstörungen: D12 – oder Harnbeschwerden: D6
*Überreaktionen**	**Aconitum anthora** (Giftheileisenhut) **Anagallis** (Roter Gauchheil)	Beide: – gegen Überreaktionen, Autoaggressionssymptome, nervöse Überempfindlichkeit, übersteigerte Reflexe, heftige Gewebsreaktionen
*Infektionen***	**Psorinum** (Krätzebläschen) **Pyrogenium** (Faules Fleisch)	Beide: – gegen Aggressionen von außen (Infektionen), erschöpfte Vitalität, mangelnde Reaktionen, Hoffnungslosigkeit, Verzweiflung

* Vgl. auch »Uranus/Mars«, a.a.O., S. 179ff.
** Vgl. auch »Neptun/Mars«, a.a.O., S. 217ff.

Schüsslersalze Minerale	**Ferrum phosphoricum** (Nr. 3) oder – stärker – **Kalium phosphoricum** (Nr. 5)	– gegen Infektionen (Fieber) – Herzmuskelschwäche – immer wiederkehrende Störungen von Nervenschwäche – Verletzungen (Zerrungen, Verrenkungen) – Kopfschmerzen
Neben-Mineral *Sonne/Mars-Saturn-Komponente*	**Lithium chloratum** (Nr. 16)	– gegen Einengungsgefühle (Gelenkversteifungen, rheumatische Affektionen) – Depressionen (Mutlosigkeit, Schwäche, Umweltangst) – Migräne, Harnbeschwerden
Bachblüten	**Beech** (Rotbuche)	– gegen Reizbarkeit, Unzufriedenheit (verdrängte Durchsetzung, gehemmte Wut)
	Vervain (Eisenkraut)	– . . . verspannte Ich-Besessenheit (übertriebene Willensstärke)
Sonne/Mars/Pluto-Komponente	**Chicory** (Wegwarte)	– bei Einengung anderer (übersteigerter Besitz- und Machtanspruch)
Sonne/Mars/Uranus-Komponente	**Willow** (Gelbe Weide)	– gegen Verbitterung aus gescheiterter Selbstdurchsetzung (Ich-Manie)
Urtinkturen	**Uva ursi** (Bärentraube)	Harnsymptome: – bei chronischer Blasenreizung – schmerzhaftem Harnlassen

	Verbena officinalis (Eisenkraut)	– gegen nervöse Depressionen (verschluckter Ärger, verdrängte Wutausbrüche)
Medizin	**Eisen**	Zellkatalysator im Hämoglobin: – bei Mutlosigkeit, Blutarmut und Schwäche (in Form von Tabletten, Injektionen, Trinkkuren und Bädern mit eisenhaltigem Wasser)
	Ginseng	»Pflanze des ewigen Lebens«: – von chinesischen Ärzten wird sie den Sterbenden als letzte wunderwirkende Arznei gereicht (auch als Aphrodisiakum im Gebrauch)
Therapie	– Sex – Boxen, Fechten (Zweikämpfe) *... oder der in der Samurai-Tradition bzw. in der Überlieferung der Tolteken kultivierte »Weg des Kriegers«!*	

☉ ♂

Gestirnsauslösungen

Direktionen, Transite, Alterspunkte, rhythmische Bewegungen

(+)
Unter positiven Einflüssen läßt man sich nicht so leicht einschüchtern, und damit verwandeln sich die Angriffe der anderen in Stimuli für die eigene Individualität. Besonders die Konjunktion zeigt eine Fülle von Energie, die sich aus Schwierigkeiten nährt, an Hindernissen »explodiert« und sich durch Überwindung großer Widerstände krönt.

Die Brandungswellen des täglichen Überlebenskampfes wirken sich dadurch fördernd auf den Energiehaushalt des Menschen aus. Das Selbstvertrauen wächst und alle Hürden werden restlos überwunden. Marstransite steigern die Vitalität, lassen die Bremsen wie von selbst wegfallen und führen zu einem Verhalten, in dem der Horoskopeigner den Ton angibt und seinen inneren Helden nach außen kehrt! Solchen Erscheinungen begegnen wir oft im Sport, wo ein unbekannter Wettkämpfer plötzlich die Aufmerksamkeit der Medien auf sich zieht.

(-)
Die Schwierigkeiten unter dieser Konstellation haben ihre Wurzeln in einer inneren Versagensangst, die immer dann zum Vorschein kommt, wenn man sich durchzusetzen sucht. Die Voraussetzung zur Verarbeitung eines solchen Konfliktes ist aber oftmals die Erkenntnis, daß die Schwierigkeiten in den verfehlten Zielansprüchen selber liegen. D. h., die Durchsetzungsabsicht bleibt erhalten, nur sind es unter Spannungswinkeln oft die andern, die sich »gegen die überhöhten eigenen Ziele« durchsetzen!

Archetypen und Symbole

Thema	Ego *»Ich ...«*
Ziel	Durchsetzung *»... will ...«*

Sinn	Selbstfindung *»... mich!«*
Berufung	Krieger (Held)
Symbol	Phallus (Schwert) *»Der Streit ist der Vater aller Dinge!«*
Mythen	
Antike	Iason und das Goldene Vlies
Bibel	Die Vertreibung aus dem Paradies
Sabbat	Drachensaat *(Aufkeimen der ersten Saat)*
Gott	Nergal *Babylonischer Gott der Unterwelt, als Gott der Sonnenhitze verursacht er Brände; Überbringer von Fieber, Pest und Tod*
Tiersymbole	Wolf, (feuerspeiender) Drache
Archetypen	Heroisch-kriegerische Helden oder Götter *Allen voran natürlich Mars!*
Kultstätte	Baureste des mykenischen Königspalastes auf der »Kadmeia« in Theben
Kraftort	Puy de Dôme, erloschener Vulkan im nördl. Zentralmassiv (westl. von Clermond-Ferrand) *Reste gallorömischer Heiligtümer*
	Waterloo (Belle-Alliance)
Baustil	Archaisch (mykenische Kultur)
Stimmung (Szenen)	... unter roter Sonne! *Schießerei im Wilden Westen, Bandenkriege in der Bronx oder Vergewaltigungsszenen in männlich-aggressiven Filmen*
Duft	Zypresse, Pinie *... oder Tabak, Leder und Pulverdampf!*
Edelstein	Rotbrauner Jaspis mit Hämatiteinschlüssen (Blutstein)
Farbe	Rot (Blutrot, Zinnoberrot)

Ritual	Zweikampf *(Sex!)*
Musik	»Ouvertüre 1812« von Peter Tschaikowsky oder »Wellingtons Sieg« von Ludwig van Beethoven *Schlachtenmusik für großes Orchester*
	Erste Symphonie von Antonin Dvořák *Ihr Untertitel »Die Glocken von Zlonice« bezieht sich auf das thematisch verwertete Geläut des Städtchens, wo Dvôrák als Metzgerlehrling (!) arbeitete*
	»Wozzeck« von Alban Berg *»Lieber ein Messer in den Leib* *als eine Hand auf mich!«* *(Maria, 2. Akt, 3. Szene)*
Bildende Kunst	Zypressenlandschaften von Vincent van Gogh *Lodernde Intensität durch die züngelnde und kreiselnde Pinselführung*
	»Les Fauves« *Matisse, Derain, Delaunay, Vlaminck*
	»Die Brücke« *Kreis um Ernst Ludwig Kirchner, Erich Heckel, Karl Schmidt-Rottluff, Max Pechstein und Emil Nolde*
	»Die Wilden« *Bewegung anfang der 80er aus Berlin*
Literatur	»Die Weber« von Gerhard Hauptmann *Naturalismus*
	»Trommeln in der Nacht« von Bertold Brecht *Neorealismus*
	»Nachts schlafen die Ratten doch«, Erzählung von Wolfgang Borchert
	»Die Blechtrommel« von Günter Grass *Expressionismus*
	»On the road« von Jack Kerouac *Beat-Generation*

Philosophie	»Be here now« von Richard Alpert
Zitat	»We want the world and we want it NOWWWWW!« (Jim Morrison)

☉ ♃
SONNE – JUPITER

Wirkungsstufe	**I**	a) Konjunktion (+) b) Sextil (+) c) Quadrat (-) d) Trigon (+) e) Quincunx (-) f) Opposition (-)
	II	a) Sonne in Haus 9 b) Jupiter in Haus 5 c) Sonne in Schütze d) Jupiter in Löwe
	III	a) Sonne (bzw. Mond, Merkur, Venus oder Mars) in Löwe und Aszendent Schütze b) Jupiter (bzw. Mond, Merkur, Venus oder Mars) in Schütze und Aszendent Löwe
	IV	a) Hausspitze 9 in Löwe b) Hausspitze 5 in Schütze c) Herrscher von Haus 9 in Haus 5 d) Herrscher von Haus 5 in Haus 9 e) Herrscher von Haus 9 in Löwe f) Herrscher von Haus 5 in Schütze

Esoterisch verkörpert Sonne/Jupiter die innere Berührung mit den Schöpferkräften spiritueller Vaterschaft. Voller Optimismus und einem tiefen Glauben an das Gute symbolisieren Menschen unter dieser Konstellation einen sprudelnden Quell geistiger Einsichten, der sich im Glauben an eine göttliche Wahrheit inkarniert. Mit dem Eifer der Begeisterung versuchen sie auf ihre Umwelt einzuwirken, was oft gefährlich sein kann, weil dem äußeren Wunsch nach Überzeugung ein spirituell-kreativer Inhalt gegenübersteht, der in den Imaginationen der Geborenen wurzelt und nicht in der faßbaren Wirkichkeit.

Sonne/Jupiter-Typen möchten alle geistigen Inhalte zur Entfaltung bringen. Dabei spielen sie gerne den Guru und entzünden ein geistiges Höhenfeuer, das dem Lodern der Flammen im Olymp alle Ehre macht. Es ist ihr Streben, die göttlich-intensive Dimension des Feuerelementes im Menschen zu entflammen und diese mit der innersten Sinnsuche in Verbindung zu bringen oder gleichermaßen auf den Wogen ihrer eigenen Begeisterung zu schwimmen und erst im Zusammenprall mit Saturn (kritische Selbsthinterfragung) wieder auf dem Boden der Realität (reale Ich-Beziehung) zu landen. Wenn überhaupt.

(+)
Wir finden im Sonne/Jupiter-Menschen einen Repräsentanten von angeborenem Adel und wahrer Menschlichkeit. Großzügigkeit und Hilfsbereitschaft sind für ihn keine leeren Worte: Auch wenn sich in seinem Wesen bisweilen Merkmale von Selbstüberschätzung zeigen, so ist er doch immer von einem Streben nach besseren Lösungen beseelt. Seine Neigung zur Übertreibung (zur pathetischen Geste, um dadurch den persönlichen Anliegen mehr emotionales Gewicht zu verleihen) macht ihn ganz im Gegenteil zu einer unwiderstehlichen Persönlichkeit, die ihre Umwelt zu begeistern weiß. Auch ist er bestrebt, über die enge Welt hinauszuwachsen und sich seinen Visionen in Form von großen Reisen oder Abenteuern (Entdeckerfreuden) hinzugeben. Energetisch ist er ein wahrer König, der die Welt zu seinen Füßen förmlich hinreißt!

(-)
Tiefenpsychologisch spiegelt sich dieser Widerspruch in Jupiters Janusgesicht, das unbewußt die »Vater-Angst« ausdrückt (Kronos wurde von Zeus in die Unterwelt geschickt: vgl. Jupiter-Archetyp, S. 313). Der unerlöste Sonne/Jupiter-Typ (mit dem verdrängten Saturn im Genick) birgt die Gefahr des Größenwahns in

sich, weil er die unliebsamen Zweifel aus der Tiefe übertönen muß. Das tut er, indem er seine äußeren Einsichten in gewaltigen Quadern bildhaften Verstehens zu Tiefenperspektiven aufeinanderschichtet, um die unbequeme Stimme aus der Finsternis zu überstrahlen.

Problematisch kann sich Jupiter aber auch in einem anderen Sinn auswirken, wenn die Sonne schwach gestellt ist, denn das Selbstvertrauen (Sonne) ist die Grundlage, auf welcher Jupiter sich anschickt, die Barrieren der Wahrnehmung zu durchbrechen und in die transzendenten Räume entgrenzter Bewußtseinsebenen hineinzuwachsen. Ist die Sonne schwach, dann ist die Gefahr noch größer, von der Realität getrennt zu werden, denn das Bedürfnis nach Größe und Freiheit wächst kompensativ mit dem eigenen Unvermögen, Größe zu erreichen. Das kann zu Größenwahn und totalem Wirklichkeitsverlust führen, denn sobald er in die von ihm selber imaginierte Wunschwelt eintritt, ist er von der Welt durch eben diese Wunschvorstellung getrennt, die er, da er sie für wirklich hält, ja nicht erkennt!

☉ ♃
Mythologisches Modell

Parabel

(1. Akt)
Der Tau steigt.

Als ich erwachte, ging draußen schon die Sonne auf. Blendend, wie sich ihr Licht an meiner Zimmerdecke fiel. Ein Schatten fiel durchs Fenster.

Ein Greis in langem Mantel stand am Fenster. Er zeigte auf die Sonne. Dabei zog er meinen Blick durchs Glas nach draußen in das Licht und sprach: »Der Tau steigt. Das Denken sinkt. Ein Körnchen Staub ist in den Teich gefallen. Vorsichtig fangen es die Tränen auf. Visionen steigen in Dir auf, die Deine ganze Seele erfüllen wie die Tautropfen das Licht der Morgensonne. *Siehst Du den Raben? Genau in der Sonne fliegt er auf Dich zu! Das ist der Blick, der Dir ins Auge fliegt, wenn Du Dich selber siehst, eines Tages ...«*

Während sich mein Auge in die Sonne senkte, sah ich von der Zimmerdecke ein Staubkörnchen herabsinken. Gleichzeitig flog ein Rabe vor dem Fenster auf mich zu. Dann fühlte ich mich von der Erde abgehoben und, hoch emporgehoben, hörte ich eine Geisterstimme wie aus der Sonne über mir: »Gott ist das Sehen, das sich aus der Sonne hört. Der Rabe ist das Wissen, das sich selber denkt. Du selber siehst, wie Dir ein Sonnenstaub ins Auge fliegt. Ich aber bin der Blick, der sich ins Auge sieht: – Willst Du zu Gott?«

»Ich suche das Absolute!« – Mit geschlossenen Augen sah ich mich an der Hand des Vaters nach Hause gehn. Sanft strich er mir übers Haar: »Gott ist nicht das Absolute, Gott ist nur alles, was Du Dir nicht vorzustellen vermagst! Er ist ein Bild in Deinem Denken, in dem Du das, was Du Dir nicht vorstellen kannst, hinwegräumst. Umgekehrt ist das, was Du Dir nicht vorstellen kannst, auch nur ein Bild aus Deinem Unbewußten: Gott ist die Vorstellung der Vorstellung, was Du Dir nicht vorzustellen vermagst! Weil sich der Mensch über alles Bilder machen muß, macht er sich auch über das Leben selbst ein Bild und über den Schöpfer dieses Lebens, und nennt es Gott. Nun kehrt er das Ganze um: Er setzt Gott voraus und beweist ihn sich, weil sonst das Leben keinen Sinn hätte. Sucht also, was er finden will und findet, was er sucht: das Bild seiner eigenen Vorstellung!«

»Warum kann alles, was bebildert werden kann, denn nicht das Absolute sein? Ist der Geist vielleicht das Absolute?«

»Der Geist? Vielleicht könnte der Geist das Absolute sein, wenn er sich nicht zu kennen schien und, ha! vorgab, daß er sich nie genügen kann. Also schafft er Gott, den Vater, der ihn der Unvollständigkeit bestraft und so erst richtig motiviert, nach jener Ewigkeit zu suchen, anstatt zu merken, daß dieses Suchen doch aus der Vorstellung des Unvollkommenen kommt und ihn gleichzeitig daran hindert, vollkommen zu werden. Gut oder Böse? Gott oder Satan? Statt nach den Gründen des Gefühls der Unvollständigkeit zu suchen, beugt er sich diesem Dualismus und versucht nur, auf die bessere Seite zu gelangen!«

»So ist mein eigenes Finden das, was mich gleichzeitig wieder hindert, in Vollkommenheit zu sein?«

»Ich sage Dir, was Dich dran hindert, in Vollständigkeit zu kommen, ist der Wunsch, das Absolute suchen zu wollen! Wie kann eine Antwort in einem absoluten Sinne richtig sein, wenn die Antwort auf die Wünsche, die ja nur aus falschen Bildern resultieren, sich auch nur auf den Wunsch beziehen kann? Weil sie jetzt aber in sich richtig ist, zeigt sie die Anmaßung der Wünsche! Das Absolute finden zu wollen, ist absurd. Man bewegt sich nur in einer Vorstellung des eignen Absoluten. Und in dieser Deiner Vorstellung ist das, was Du Dich fragst, jetzt das Äußerste, was Du Dir vorstellen kannst ... – wie aber kommst Du zu der Vorstellung?«

»Weil ich vor mir nicht weglaufen kann!«

»Vor der Perspektive Deines eignen Sehens? Aber bist nicht Du Dir weggerannt? Durch die Tür, die sich dem Blick entzieht, weil dieser Blick sie selber wäre ... ins Auge, worin Du Dich selber fängst!«

Ich blickte mir ins Angesicht: doch statt des Auges war ein See ... – und die Kerze war beinahe heruntergebrannt, als ich am Schreibtisch wieder zu mir fand. Ein Knabe zuckte in der Flamme und schlug mit Fäusten wie gegen eine unsichtbare Wand: »Dich zu finden, suche ich sogar im Feuer, aber ich brenne nur aufs Ende zu! Vater, Vater, wer bist Du? Nicht kann ich Dich erschauen!«

Ich saß am Schreibtisch mit einem Spiegel in der Hand und betrachtete mein Antlitz: *»Das Ungesehene, das sich jetzt selber sieht, das sich im eignen Blick verliert und im Verlieren wiedersieht ...«*

Mein Blick war in den Teich gefallen: *»... bin ich: im Spiegelbild von Dir!«*

Gott aber lächelte und sprach: »In Wahrheit gibt es gar kein Spiegelbild. Entzünde Dich und erfahre Deinen Gott: in Dir! Der Grund des Suchens liegt in Dir: Die Ursache des Feuers bist Du selbst!«

Der Tau steigt.

Die Sonne stieg von innen her. Behutsam dehnte sich ihr Glühen aus und bildete einen Strahlenkranz. Sie brannte durch mich durch wie durch ein Flammenmeer und meine eigne Stimme schallte aus dem Spiegelglas: *»Ich bin das aus dem Urbild kommende, prägende, durch Geisteskraft Formen schaffende Denken, das sich dem Denken entzieht, weil es das Denken selber ist, und das sich im Blick des Menschen versteckt, weil der Gott überall entdeckt, wo er nicht ist, nur da nicht, wo er steckt: im Staub der Straße, der Dir ins Auge fliegt, wenn Du nach Hause gehst, eines Tages ...«*

Sinn

(+)
Beim spirituell orientierten Menschen spielt sich dieses Verhalten von »Gottsuche« und »Ich-Findung« in noch viel raffinierteren Selbstvernebelungs-Mechanismen ab. Er braucht sein innerstes Ausdehnungsprinzip gar nicht zu tarnen, weil ein psychischer Widerstand nicht existiert. Dadurch braucht er sich auch kein Erklärungsmäntelchen mehr umzuhängen, um sein inneres Streben in der Außenwelt zu rechtfertigen, sondern er kann ganz im Gegenteil seinen Ausdehnungswahn zum absoluten Ziel erklären, in welchem die Erleuchtung sitzt. Aus der »Sehnsucht zu sich selber« macht er ein erstrebenswertes Ziel. Um dieses selbst kreierte, aus den eignen Träumen stilisierte Suchen formt er ein wahres »Disneyland von Himmel«, in das er alle Wünsche und Sehnsüchte in Form von Luftschlössern »hineinbeabsichtigt«. Dadurch findet er in allen Zielen die eigenen Bilder, weil er in allem Sehen stets die eigne Sehnsucht sieht.

(-)
Unter dieser Konstellation finden wir ein überragendes Bedürfnis nach Ausdehnung und Weite, das in engen Räumen gar nicht existieren kann. Dadurch ist der Betreffende offen für esoterische Erfahrungen, die sein Bewußtsein erweitern und die er deshalb in den Alltag zu integrieren sucht. Für den verwurzelteren, transzendenter Entrückung weniger verpflichteten Menschen zeigt sich dieses Bedürfnis in einem inneren Streben nach Würde (im verschwommenen Gefühl von Würde spiegelt sich irgendwo diffus der Gottesbegriff!). Im Kompensieren der verdrängten Suche, die sich die »Vereinigung mit Gott« zum Inhalt macht, versucht er dieses Defizit durch »aktives Vaterrollenspiel« zu korrigieren. In überhöhter Selbstbezogenheit spielt er vor der Welt »Gott Vater«, den er zu einem »Teil seines inneren Bildes« gemacht hat.

☉ ♃
Karmische Struktur

Frau

(+)
In der harmonischen Fülle dieses Zeichens finden wir die einzentrierte Frau, die ihre Persönlichkeit aus der Mitte ihres Bauches lebt, ohne sich in den Nebeln überhöhter Identifikationsgelüste aufzulösen. Sie besteht auf ihrer Rolle als Mittelpunkt, aber sie weiß sie auch mit durchaus irdischen Mitteln zu vertreten: Ihr ist die weibliche Kraft zu eigen, die sich nicht nur nach körperlicher Erfüllung sehnt, sondern die im Austausch mit der Umwelt sowohl Würde wie auch Macht anstrebt. Sie lebt keine abgehobenen Ideale, sondern verwirklicht sie, indem sie sie bodenständig macht. Eine vollständige Transzendierung ihres Ichs ist ihr nicht möglich, denn sie lebt nach dem Motto, daß auch der erleuchtetste Geist in einem irdischen Körper wohnt. Sie verwechselt Hingabe nicht mit Selbstlosigkeit, und daher kann man in ihr auch eine Repräsentantin der sich hingebenden Liebe sehen, die ihr Territorium aber durchaus abzugrenzen weiß. Trotz totaler Hingabe an den Partner liefert sie sich niemals aus; das läßt eine starke Weiblichkeit durchblicken, die ihrem Selbstwertgefühl verschwenderische Pflege angedeihen läßt.

(-)
Hier unterstehen Frauen einem starken Zwang, auffallen und mit hohen Zielvorstellungen glänzen zu wollen. Sie peilen olympische Gipfel an, und dazu bedarf es entweder viel Kraft oder eines reichen Sonnenprinzen, in dessen Licht sie strahlen können. Irgendwann jedoch brechen diese Bilder zusammen, und die Psychologen und Therapeuten haben dann alle Hände voll zu tun, die aus Fehlfixierungen abblätternden Ich-Inhalte mit neuen Identifikationen zu ummänteln. Das erfordert aber zuallererst eine vollständige Relativierung der illusionären Wünsche: ein schwieriges Unterfangen bei Sonne/Jupiter-Damen, deren spiritueller Regenbogen in der Mittelpunktsorientierung an eine übertriebene, transzendente Selbstdarstellung schillert.

Mann

(+)
Männer lieben den Erfolg, und ihre Offenheit kennt keine Scheuklappen, aber gleichzeitig maßen sie sich an, den Rahmen zu diktieren, an dem sich die andern auszurichten haben. Die von ihnen aufgestellten Gesetze sind zwar nicht hart und einschränkend, aber nichtsdestoweniger bleiben sie Gesetze, und die Geborenen sind nicht in der Lage, ihr widersprüchliches Verhalten zu durchschauen. Sie glauben, die ihrer Umwelt zugebilligte Freiheit sei Freiheit und merken nicht, daß sie sich im eignen Vaterbild verstrickt haben, das sich so geschickt hinter einem großzügigen Verhalten versteckt, daß es kaum noch zu eruieren ist. Indem sie aber allem Neuen gegenüber tolerant und offen sind, sind sie auch ein Kurier des Zeitgeists, den sie durch ihre zukunftsorientierten Taten beständig in aktuelle Handlungsgegenwart (Realität) übertragen.

(-)
Fehlen Gelassenheit und Selbstvertrauen, besteht die Gefahr, daß sie an das Erreichen ihrer Ziele gar nicht glauben können. Das unterstützt ein Verhalten, sich nicht mit der Realität, sondern mit den Zerrbildern irrealer Wünsche zu identifizieren. Sie kappen die Verbindung zwischen Traum und Wirklichkeit und liefern sich der eigenen Fehlvorstellung aus. Werden sie durch Ich-Krisen aus dieser Verlogenheit herausgerissen, können Illusionen zusammenbrechen. Das wiederum ist ihre Chance, den aufgeplusterten Idealen ins Auge zu blicken und sie als das zu erkennen, was sie sind: verträumte Manifeste als Gegengewicht zur inneren Angst, reale Ziele nicht erreichen zu können.

Man kommt nicht umhin, den Glauben an den Sinn des Lebens in sich selber zu finden, wenn man sich mit seinen unerfüllten Träumen nicht in den Irrgärten der Sehnsucht verlieren will. Der höhere Sinn dieser Konstellation zielt darauf, die kleinliche Welt zu ertragen, die vielleicht durch einen schwachen oder ängstlichen Vater inszeniert worden ist, ohne seine inneren Ideale aber weder aufzugeben noch in irreale Dimensionen abzuschieben. Gerade im Betragen, die äußere Welt so zu nehmen, wie sie ist, liegt Erlösung, weil die eigene Sehnsucht dann in ein gesundes Verhältnis zur Realität gesetzt werden kann (erst durch die Widerstände im

Leben bekommt man ein reales Auge für die Verwirklichungsmöglichkeiten der inneren Visionen).

Kollektiv

Diesem Gestirn könnte man den »geistigen Weg« zuordnen, also alle Formen und Systeme von Religionen und esoterischen Leitbildern, deren Absicht weniger darin liegt, das eigene Ego zu entlarven als vielmehr die nicht befriedigenden Ziele mit immer neuen Inhalten zu bebildern, damit das hinter immer raffinierteren Masken getarnte Ego sich nicht selber in die Augen zu schauen braucht: *»Ein System ist dazu da, Vertrauen zu erzeugen. Wenn alles klar ist, wird sich das Vertrauen leichter einstellen. Wenn all deine Fragen mit mathematischer Genauigkeit beantwortet worden sind, dann hast du keine Zweifel mehr, und du kannst weitergehen. Das heißt aber nicht, daß das System wahr ist. Kein System kann wahr sein. Es ist nur ein Kunstgriff. Aber es hilft, denn deine ganze Persönlichkeit ist so falsch, daß sogar faule Tricks dir helfen. Dein Leben besteht aus Lügen, und du kannst die Wahrheit nicht verstehen. Ein Systsem verringert die Lügen mehr und mehr, so daß du der Wahrheit nach und nach immer näher kommst. Wenn dir die Wahrheit offenbart worden ist, wird das System bedeutungslos, es wird dann einfach verschwinden.«*

(Bhagwan)

☉ ♃

Krankheitsdispositionen

Im Gleichnis *vom reichen König Midas* begegnen wir dem veräußerlichten oder materialisierten Wunsch nach Liebe. Midas steht für das persönliche Streben nach Ausdehnung und Weite, um damit ein genügendes »Sicherheitspolster« zwischen sich und die anderen zu legen (Wohlstand ist ein Sicherheitspflaster auf die Wunde des Ungeliebtseins). Das entspricht dem gescheiterten Wunsch nach Liebe, was sich im Drang nach Reichtum niederschlägt, um von der Umwelt, wenn schon nicht um seiner selbst, so doch um seiner Schätze willen (des »Zwischenraums« wegen!) geliebt zu werden.

Midas Jovialität und Nachsicht gegenüber dem betrunkenen und bespotteten Silenos, dem Lehrer und Gefährten Dionysos, trug ihm einen Wunsch nach eigenem Ermessen ein, welchen ihm der exzentrische Gott gewährte. Diesen löste Midas ohne Zögern ein: »Was je ich berühre, zur Lippe ich führe, hold oder unhold, es werde zu Gold!« – Damit hatte er den Bogen jedoch überspannt, denn er war ein reicher Mann, hatte mehr als genug, aber da er der Versuchung nicht widerstehen konnte, auch das Unerschöpfliche zu materialisieren, um es in Besitz nehmen zu können, wäre er jetzt jämmerlich verendet, wenn der launische Gott nicht Mitleid gezeigt hätte mit dem ansonst sympathischen König. Nicht nur wertloser Tand, billiges Geschmeide, Holz und Stein verwandelte sich in Gold, sondern auch das Brot, das er zu sich nahm, die Menschen, die er berührte oder das Wasser, das er trank.

Symptome

Psychisch
- materielle Gier
- Drang nach Macht und Anerkennung (Gold)
- Hochmut, Größenwahn und Standesdünkel (aufgeblähtes Ich-Empfinden)

Physisch
- Tendenz zur Fülle (Leberbeschwerden)
- Genußsucht, Überfütterung

Übertreibungen im Bereich der Nahrungsaufnahme, vgl. auch Mond/Jupiter bzw. Venus/Jupiter

Tinkturen

Homöopathische Mittel

Metalle	**Aurum metallicum** (Gold)	– Drang nach Gold (innere Auswirkungen mangelnden Selbstvertrauens) oder bei übertriebenem, kompensierenden Ich-Empfinden (Drang nach Macht und Anerkennung): D200

		– gegen Hochmut, Größenwahn und Standesdünkel: D30
	Stannum metallicum (Zinn)	– bei Ungeborgenheit in Zeit und Raum (»Suche nach den Vätern«) – Schwermut aus Mangel an Lebensmut: beide D200 – gegen Leberbeschwerden (aus dionysischem Verhalten): D30
Schüsslersalze Mineral	**Natrium sulfuricum** (Nr. 10)	– bei Negativismus, Lebensüberdruß und körperlicher Schwäche – Melancholie aus Überfülle (Leberstörungen)
Neben-Minerale	**Kalium aluminium sulf.** (Nr. 20) oder – stärker – **Natrium bicarbonicum** (Nr. 23)	– gegen Stoffwechselstörungen (ungenügende Entschlackung) – Tendenz zur Fülle (Genußsucht, Überfütterung)
Bachblüten	**Agrimony** (Odermennig)	– bei aufgeblähtem Ich-Empfinden (auf »Jet-Set« gestylte oder in Alkohol ertränkte Lebensängste) – Leberschwäche
	Vine (Weinrebe)	– gegen bacchantische Völlerei (übertriebenes Essen und Saufen als Herrschaftsanspruch!) – oder »sanfte Tyrannei« (Machtstreben, Besserwisserei, Unterdrückung)

Sonne/Jupiter/ Saturn-Komponente	**Oak** (Eiche)	– gegen Ausschweifungen (bei falsch gelenktem Wunsch nach Fülle) – bzw. Unbeweglichkeit und Trägheit (Raffgier)
Urtinktur	**Hypericum** (Johanniskraut)	– bei Melancholie aus religiöser Depression (Sinnsuche) – Suchtverhalten – Launenhaftigkeit – schmerzhafter Leber – oder Mangel an Mut und Lebenskraft
Medizin	**Wein**	– *In vino veritas!*
Therapie	– Kanalisieren von Lichtenergie (Einstimmung auf »spirituelles Wachstum)« – Alle Therapien, die Bezüge zu den Modellen kosmischer Verschmelzung herstellen *Auch Monopoly oder Geldseminar!*	

☉ ♃
Gestirnsauslösungen

Direktionen, Transite, Alterspunkte, rhythmische Bewegungen

(+)
Unter guten Einstrahlungen sollten alle Dinge in Angriff genommen werden, die der Vervollständigung der eigenen Persönlichkeit dienen, weil in dieser Zeitspanne ein großes Plus an innerer Kraft anfällt. Intuitives Schöpfertum ist angesagt, in den persönlichen Unternehmungen erfahren die Geborenen Ausweitung und Anerkennung, trotzdem wachsen sie nicht so schnell, als daß sie die jupiterhaften Ausgrenzungen in die eigene Personalität nicht integrieren könnten. Sie bringen den alten Göttervater durchaus in neuen Perspektiven unter, der es den Ereignissen mit großer Überzeugung dankt und nicht nur Begeisterung und tiefes Feuer, sondern auch Heiterkeit und innere Freude beisteuert.

(-)
Wenn wir die Sonne als ein Symbol der kreativen Urkraft begreifen und Jupiter als das Sinnbild, dieses Schöpfertum auf sich selber zu vereinen, dann erkennen wir, wie tief sich Menschen unter diesem Zeichen in ihr Gottesbild verstricken können. In schlechten Zeiten neigen sie zu Selbstüberschätzung und falschem Stolz, weil sie Wissen und Erkenntnis nur in den intuitiven Inspirationen auserwählter Gottmenschen sehen, zu denen sie sich selber zählen!

Sonne und Jupiter sind wie nahe Blutsverwandte, deren innere Impulse auf der gleichen Wellenlänge liegen. Jupiter ist die »kleine Sonne«, welche die Schöpferkraft der »großen« in geistige Modelle überträgt. Während die Sonne unter den ägyptischen Pharaonen die oberste Gottheit repräsentierte, wurde sie von den Griechen zurückgestuft. Ihre Nachfolge wurde von Jupiter (Zeus) angetreten, der zum Herrscher des Olymps avancierte. Hier zeigt sich die Verlagerung in der menschlichen Psyche, die sich mit den Naturkräften zu identifizieren begann. Damit wurde aus dem »unfaßbaren Gott« ein »göttlicher Mensch« gemacht. Das entsprach der Verkleinerung des »Unvorstellbaren« auf eine »Modellvorstellung des Unfaßbaren«, was sich mythologisch besser handhaben ließ. Man kann sagen, daß sich der Mensch in Jupiter einen Gott nach seinem eigenen Bilde schuf. Und da er von einer patriarchalischen Gesellschaft hervorgebracht wurde, spiegelte er deren Vater- oder Übervater-Züge (was sich als weißhaariger und bärtiger »Großvater« bis ins Christentum auswirkte).

☉ ♃
Archetypen und Symbole

Thema	Patriarchat *Motto: Vater sorgt für seine Kinder!*
Ziel	Ausdehnung und Weite *Gottsuche und Ich-Findung*
Sinn	Spirituelle Vaterschaft *Verschmelzung der inneren und äußeren Welt*
Berufung	König

Symbol	Gold (Krone)
Mythos	König Midas
Sabbat	Sonnenwenden *Die Scheitelpunkte der ewigen Zyklen*
Gott	Jupiter/Odin/Wotan/Zeus *Vater, Gottvater oder Großvater!*
	Indra *Gewittergott, Bekämpfer der Dämonen, Hauptgott und Götterkönig der wedischen Zeit*
Tiersymbol	Goldener Drache (radschlagender Pfau)
Archetypen	Zeus und Bacchus
Landschaften	Himalaya, Grand Canyon (Vogelperspektive) *... oder der Planet Erde aus dem All.*
Mysterienort	Olymp *Gebirgsmassiv an der Grenze zwischen Thessalien und Makedonien mit dem höchsten Gipfel Griechenlands: mythologisch Sitz der Götter*
Historische Stätten	Akropolis Forum Romanum und Colosseum
Kultstätten	Angkor *Ruinen der Hauptstadt des alten Khmerreiches*
	Vijayanagar *Ruinenstadt am Tungabhadra in Indien*
	Bhutan (»Königreich des Donnerdrachens«) *Das Königreich Buthan ist das geheimnisvollste und paradiesischste der kleinen und abgeschiedenen Länder des Himalaya*
	Spiegelsaal im Schloß Versailles (Kraftort); Schloß Linderhof
Baustil 17. Jh.	Hochbarock *Francesco Borrominis »S. Carlo alle quattro fontane« in Rom*

19. Jh.	Gründerstil *(Stadtvilla mit Park)*
Stimmung	Festspielatmosphäre (Bayreuth, Salzburg), Opernpremiere in der Scala *... oder »Pink Floyd« im Amphitheater!*
Szene	Entzündung der »Olympischen Flamme«
Duft	Neroli-Mandarinen-Mischung *Bei festlichen Anlässen Weihrauch*
Edelstein	Amethyst (Rubin, Diamant)
Farben	Königsblau, Kardinalsrot, funkelndes Gold
Ritual	Repräsentation *Öffentliche Empfänge, Einladungen, alle Arten von repräsentativer Funktion*
Musik	»Kaiser-Walzer« von Johann Strauss (Erstes) Klavierkonzert von Peter Tschaikowsky *»Andante non troppe e molto maestoso!«* »Fontane di Roma«, »Pini di Roma« und »Feste di Roma« von Ottorino Resphighi »Jupiter-Sinfonie« oder »Krönungsmesse« von Wolfgang Amadeus Mozart »Aida« von Giuseppe Verdi *Triumphmarsch: Der siegreiche Radames zieht mit den erbeuteten Schätzen am König vorbei* »Die Liebe der Danae« von Richard Strauss *»Was je ich berühre, zur Lippe ich führe, hold oder unhold, es werde zu Gold!«*
Bildende Kunst	Großflächige Wand- und Deckenmalereien *»Sixtinische Kapelle« von Michelangelo, die Ausschmückung des päpstlichen Gemaches (»Stanza della Segnatura«) von Raffael oder die neun Bilder, die Rubens für das »Royal Banqueting House« in Schloß Whitehall malte*

Porträts oder Selbstporträts der Meister

Skulpturen und Brunnen von Gian Lorenzo Bernini
Bildete mit Cortona und Borromini »das« Dreiergestirn des Hochbarocks

Literatur

»Amphitryon«
Titel dreier Komödien von Plautus, Molière und Heinrich von Kleist

»Nibelungen«-Trilogie von Friedrich Hebbel
»Der gehörnte Siegfried«, »Siegfrieds Tod« und »Kriemhilds Rache« – eine epische Folge szenischer Fresken

»Buddenbrooks« – Familiensaga von Thomas Mann;
»Der Hauptmann von Köpenick« – Bühnenstück von Carl Zuckmayr;
»Der Graf von Monte Christo« von Alexander Dumas;
»In 80 Tagen um die Erde« von Jules Verne

Zitat

»Nimmer, das glaubt mir, erscheinen die Götter,
Nimmer allein.
Kaum, daß ich Bacchus den lustigen habe,
Kommt auch schon Amor, der lächelnde Knabe,
Phöbus der herrliche findet sich ein.
Sie nahen, sie kommen, die Himmlischen alle,
Mit Göttern erfüllt sich die irdische Halle.
Sagt, wie bewirt ich, der Erdegeborne,
Himmlischen Chor?
Schenket mir euer unsterbliches Leben,
Götter! Was kann euch der Sterbliche geben?
Hebet zu eurem Olymp mich empor!
Die Freude, sie wohnt nur in Jupiters Saale,
O füllet mit Nektar, o reicht mir die Schale!«

»Reich ihm die Schale! O schenke dem Dichter,
Hebe, nur ein.
Netz ihm die Augen mit himmlischem Taue,
Daß er den Styx, den verhaßten, nicht schaue,

Einer der Unsern sich dünke zu sein.
Sie rauschet, sie perlet, die himmlische Quelle,
Der Busen wird ruhig, das Auge wird helle.«

(Friedrich von Schiller, »Dithyrambe«)

Mond

Der Mond ist das der Erde nächste Gestirn und symbolisiert mit seinen vielen Gesichtern das Sammelbecken für die bleichen, geheimnisvollen Tiefen des Unbewußten. In archetypischem Sinn selber formlos, kann er aber die Tiefenräume der Träumer auspolstern; damit assoziiert er sich mit jener illusionsschaffenden Energie (Maya – Neptun), welche über die innere Gestaltungskraft verfügt, um sich in allen Bildvorstellungen zu inkarnieren. Wenn die Sonne als Symbol jenes Prinzips betrachtet werden kann, das in den sichtbaren Auswirkungen menschlichen Verhaltens seinen Ausdruck findet, dann symbolisiert der Mond den Drang, der auf das Unbewußte ausgerichtet ist: auf den »Urbronnen« der Mütter, in den »Faust« hinabgestiegen ist, um den Monstern zu begegnen: um in den Kröten, Würmern und Spinnen die Schattenanteile des verdrängten Weiblichen zu erkennen, das gleichzeitig die Basis allen Lebens ist. Der Mond ist ein Symbol der Mutter, im hellen wie im dunklen Sinn, und die lunarische Seite in jedem Menschen strebt danach, sich mit dem Prinzip der »Großen Mutter« zu verbinden, um wieder einen Zugang zu den Urwurzeln zu finden.

Während die Sonne nach Gestaltung und Ausformung des Willens strebt, geht das Streben des Mondes umgekehrt in Richtung Auflösung der Identität. Das hat weniger mit Realität zu tun als mit den Formen der Materie, deren Erscheinungen er widerspiegelt. Er symbolisiert die »gespiegelte Erscheinungsform der Welt«, was nur innerhalb des Denkens einen Widerspruch bedeutet. Jenseits polarer Denkvorstellungen versinnbildlicht er jene tiefe Einsicht in die Abläufe des Ewigen, aus dem sich unsere Träume nähren und die dadurch zum Rahmen werden, in dem sich uns die Wahrheit darstellt.

Jenseits solarer Denkvorstellungen symbolisiert der Mond die Urbilder, die sich über Traumerinnerung in unser Bewußtsein übertragen. Das entspricht dem Rahmen, in dem sich uns das Chaos zeigt, das teilweise zu erahnen ist, weil es einem übergeordneten Ganzen entspricht, von dem unsere Träume wiederum ein Ausschnitt sind. Er verkörpert die Urwasser des Lebens, aus denen sich alles Leben zeugt, was gleichermaßen göttlich wie dämonisch ist, wenn man den Zyklus von innen her begreift. All unser äußeres Streben dient im Prinzip nur dem Versuch, das Innere zu erhellen und es in seinen sphinxhaften Verschleierungen dem Vorstellungsbild des analysierenden Denkens einzuverleiben, was sich in einem großen Angebot von Wegen zum Verständnis innerseelischer Prozesse niederschlägt (Tiefenpsychologie, Esoterik, Astrologie).

Esoterisch gesehen erschließt die Mondstellung jenen Bereich, wo sich der Mensch gern seinen triebhaften Reaktionsstrukturen ausliefert, wo er sich nicht mehr als vernünftiges, zielorientiertes Wesen, sondern als instinktgebundene Wunschnatur begreift, in der sich die innersten Urbilder nach Entfaltung sehnen, denn in der Begegnung mit der Mondgöttin entziehen sich ihm die rationalen Bilder. Sie versinken in lunaren Perspektiven, wo sich jede Wirklichkeit als Maya, nämlich als »materielle Verdichtung bloßer Denkvorstellung« zeigt. Der Mond symbolisiert das unerschöpfliche Kraftpotential der Psyche, das die inneren Urbilder und Archetypen zur Verfügung stellt, aus denen Menschen ihre Sehnsucht schöpfen. In dieser Sehnsucht verbrennen alle Grenzen, und Realität und Träume verschmelzen zu jener unbewußten Absicht, loszulassen und mit dem Ewigen wieder eins zu sein.

In der Begegnung mit der »Mondin« spiegelt sich das »Urseiend-Weibliche«, in deren Formen alles fließend erscheint. Es ist, als ob wir untergetaucht wären in den Ozeanen des Unbewußten, und das entspricht auf der exoterischen Ebene dem Fötus im Mutterschoß, der noch wachsen muß, um ins Licht des Bewußtseins geboren zu werden. Es handelt sich um eine dunkle und dämonische Welt, die keinerlei Klarheit und Orientierung besitzt und die sich in Verwirrung und Gefühlsschwankungen ausdrückt. Es ist eine Ebene, die sich mit den Werkzeugen unserer Sinne nicht erfassen läßt und die sich in allen Wesenheiten spiegelt, so daß sie den Anschein erweckt, selbst rational zu existieren. Dabei existiert sie gar nicht wirklich, sondern umkreist in einer unbeschreiblichen Gebärde *Alles-was-da-ist*, von dem unsere begriffliche Welt nur ein Teil und unsere Suche nach uns selbst wiederum ein noch kleinerer Ausschnitt ist. Der einzige Halt ist die innere Ahnung, die uns auf dem Pfad nach innen mit dem tiefen Wissen verbindet, daß alle Wege menschlichen Strebens innerhalb des Ewigen nur ein unbedeutender Bruchteil jenes Numinosen sind, das Anfang und Ende miteinander verbindet und das ewig gültig, aber auch ewig verschwommen und unserem Denken unergründlich bleiben muß:

Durch lange Askese und fromme Selbstentäußerungen hatte Nārada Vishnus Gnade gewonnen. Der Gott war dem Heiligen in seiner Einsiedelei erschienen und hatte ihm die Erfüllung eines Wunsches gewährt. »Zeige mir die magische Macht Deiner Māyā«, hatte Nārada gebeten, und der Gott hatte erwidert: »Ich will es gewähren. Komm mit mir«; doch wieder mit dem rätselhaften Lächeln auf seinen schön geschwungen Lippen.

Aus dem freundlichen Schatten der Einsiedlerhütte führte Vishnu Nārada über einen öden Streifen Landes, der wie Metall unter der erbarmungslosen Glut einer versengenden Sonne brannte. Die beiden hatten bald großen Durst. In dem gleißenden Licht gewahrten sie in einiger Entfernung die Strohdächer eines winzigen Weilers. Vishnu fragte: »Willst Du gehen und mir etwas Wasser holen?«

»Gewiß, Herr«, erwiderte der Heilige und begab sich zu den Hütten in der Ferne, während der Gott sich im Schatten eines Felsens niederließ, um seine Rückkehr zu erwarten.

Als Nārada den Weiler erreichte, klopfte er an der ersten Tür. Ein wunderschönes Mädchen öffnete ihm, und der heilige Mann erfuhr etwas, wovon er bisher nicht einmal geträumt hatte: ihre Augen bezauberten ihn. Sie glichen denen seines göttlichen Herrn und Freundes. Er stand staunend und vergaß schlechthin, weswegen er gekommen war. Das freundliche Mädchen bot ihm sanft den Willkommen, und ihre Stimme war wie eine goldene Schlange um seinen Hals. Wie im Traum trat er ein.

Die Bewohner des Hauses waren voller Höflichkeit gegen ihn, aber nicht im geringsten verlegen. Er wurde ehrenvoll empfangen als ein heiliger Mann, aber irgendwie nicht wie ein Fremder, sondern eher wie ein alter verehrter Bekannter, der lange fort war. Nārada blieb bei ihnen, beeindruckt von ihrer Fröhlichkeit und ihrem Anstand, und fühlte sich ganz zu Hause. Niemand fragte ihn, warum er gekommen sei; es war, als ob er seit unvordenkli-

chen Zeiten zur Familie gehört hätte. Und als er nach einer gewissen Zeit den Vater um die Hand des Mädchens bat, war dies nicht mehr, als was jedermann erwartet zu haben schien. Er wurde ein Mitglied der Familie und teilte mit ihr die altehrwürdigen Mühen und einfachen Freuden des Bauernlebens.

Zwölf Jahre vergingen; sie hatten drei Kinder bekommen. Als sein Schwiegervater starb, wurde er das Haupt der Familie, erbte das Land und verwaltete es. Er züchtete Vieh und bebaute den Boden. Im zwölften Jahr war die Regenzeit außerordentlich heftig: die Ströme schwollen an, Sturzbäche ergossen sich von den Himmeln, und das kleine Dorf wurde von einer plötzlichen Flut überschwemmt. In der Nacht wurden die Strohhütten und das Vieh fortgerissen, und jedermann floh.

Mit der einen Hand sein Weib stützend, mit der anderen zwei seiner Kinder führend, das kleinste auf der Schulter, schritt Nārada eilends fort. Durch die pechschwarze Dunkelheit vorwärtshastend, vom Regen gepeitscht, watete er durch schlüpfrigen Schlamm, wankte er durch wirbelnde Wasser. Die Last war mehr als er in den schwer an seinen Beinen ziehenden Strudeln bewältigen konnte. Er stolperte, das Kind glitt von seiner Schulter und verschwand in der tosenden Dunkelheit. Mit einem verzweifelten Schrei ließ Nārada die anderen Kinder los, um nach dem Kleinsten zu greifen, aber es war schon zu spät. Inzwischen hatte die Flut die beiden anderen fortgenommen, und noch bevor er das Unglück fassen konnte, sein Weib von seiner Seite gerissen, ihm selbst die Füße unter dem Leib fortgezogen und ihn kopfüber wie einen Klotz in den Sturzbach geschleudert. Bewußtlos wurde Nārada schließlich an einen kleinen Felsen angetrieben. Als er aus seiner Ohnmacht erwachte, sahen seine Augen auf eine weite Fläche schmutzigen Wassers, und er konnte nichts mehr tun als weinen.

»Kind!« Er hörte eine vertraute Stimme, die sein Herz fast zum Stillstehen brachte. »Wo ist das Wasser, das Du für mich holen wolltest? Ich warte schon länger als eine halbe Stunde.«

Nārada wandte sich um. Anstelle des Wassers sah er die strahlende Wüste in der Mittagssonne. Neben ihm stand der Gott. Die grausamen Linien des schönen Mundes, auf dem noch das Lächeln schwebte, teilten sich zu der sanften Frage: »Begreifst Du jetzt das Geheimnis meiner Māyā?«

(Populäres Hindu-Märchen aus dem 4. Jh. n. Chr., ursprünglich in der Matsya Purāna überliefert)

☽ ☿
MOND - MERKUR

Wirkungsstufe	**I**	a) Konjunktion (-)
		b) Sextil (+)
		c) Quadrat (-)
		d) Trigon (+)
		e) Quincunx (-)
		f) Opposition (-)
	II	a) Mond in Haus 3 oder 6
		b) Merkur in Haus 4
		c) Mond in Zwillinge oder Jungfrau
		d) Merkur in Krebs
	III	a) Sonne (bzw. Mond, Venus, Mars oder Jupiter) in Krebs und Aszendent Zwillinge oder Jungfrau
		b) Sonne (bzw. Merkur, Venus, Mars oder Jupiter) in Zwillinge oder Jungfrau und Aszendent Krebs
	IV	a) Hausspitze 3 oder 6 in Krebs
		b) Hausspitze 4 in Zwillinge oder Jungfrau
		c) Herrscher von Haus 3 oder 6 in Haus 4
		d) Herrscher von Haus 4 in Haus 3 oder 6
		e) Herrscher von Haus 3 oder 6 in Krebs
		f) Herrscher von Haus 4 in Zwillinge oder Jungfrau

Wenn Sonne/Merkur dem Verhalten entspricht, die Welt so zu beurteilen, wie man sie sieht, dann ist unter Mond/Merkur das Prinzip dominierend, die Welt so zu sehen, wie man sie fühlt. In Abänderung des Sonne/Merkur-Zitates »Der Mensch soll streben, zu werden, was er ist« (Goethe) könnte man Mond/Merkur mit der Zeile postulieren: »Der Mensch soll endlich aufhören, zu fühlen, was er denkt!« Der Zustand unter dieser Konstellation wird von einem starken Mißverständnis geprägt zwischen dem, was man fühlt und dem, was man zu fühlen »denkt«.

Nach Gurdjieff könnte man das Gefühl (Mond) mit einem Droschkenpferd vergleichen, den Verstand (Merkur) aber mit dem Kutscher, der das Gefährt für jeden antreibt, der bezahlt. Der Fahrgast schließlich, unser Ego, wechselt ständig. Und so wie die Motivationen und Ziele im Leben ständig wechseln, so wechseln auch Ziel und Richtung der Fahrt. Gurdjieff schreibt: *»Der Mensch ist nichts als eine, wenn auch komplizierte Maschine. All seine Taten, Gedanken, Gefühle Handlungen, Überzeugungen, Meinungen und Gewohnheiten sind das Ergebnis äußerer Einflüsse. Von sich aus kann er keinen einzigen Gedanken hervorbringen, keine einzige Handlung vollziehen ...«*

Oder mit mehr Poesie: *»Der Mond am Himmel ist das Symbol für Mitgefühl und Sehnsucht, dessen Bild sich in hundert mit Wassern gefüllten Schüsseln spiegelt.« (Tschögyam Trungpa)*

Der Mond ist jenseits polarer Denkinterpretationen mit einem geruchlosen und unsichtbaren Gas zu vergleichen, das jede Bildvorstellung wie einen Luftballon aufbläst. Seine polaritätsauflösende, Raum und Zeit transzendierende Energie ist unerklärt und läßt sich vielleicht am ehesten mit jenem inneren Gefühl umschreiben, das sich nach etwas Unbestimmten sehnt ...; nach der Dimension des Unbewußten vielleicht, was den diffusen Schmerz mit einer numinosen Sehnsucht stillt. Eine Kraft also, die vermittelt, selbst zu scheinen, wobei sie aber nur die Sehnsucht reflektiert; eine Kraft aber auch, die die Bilder unserer Seele zeugt, indem sie sie mit unseren unbewußten Energien anreichert und dadurch erst sicht- und spürbar macht.

In diesem Spiegelspiel (»dem Spiel der Schöpfung mit sich selber«) wird der Mond durch die verstandesorientierten Merkurkräfte natürlich hinterfragt und strukturiert. Ohne die bezugsetzenden Kräfte des Denkens würden sich die unergründlichen Gefühlskräfte des Mondes zu einem kolossalen Ballon aufpumpen, weil es nichts mehr gäbe, was dieses Hochschaukeln am eigenen Empfinden unterbinden würde. Der Mensch verlöre jeden Halt, weil sich die Urgefühle in ihm überschlügen; alle Emotionen lösten wahre Kettenreaktionen aus, was auf der Gefühlsebene dem historischen »Urknall« gleichkäme. In der Schöpfung ist dieser

Urakt denn auch nie vollendet, er setzt sich immer weiter fort. Das entspricht der Auseinandersprengung der Gefühle, die sich gleichzeitig zusammenziehen und deren Diskrepanz der Stoff ist, aus dem sich unser Weltgeschehen formt. Alle äußeren Umstände sind das Resultat der inneren Spannungen, und in allen Kriegen spiegelt sich das Inferno des universalen Knalles wider, der im Rahmen individueller Machtgefühle nur verkleinert in der Außenwelt erscheint.

Der merkurische Intellekt hält diesem Chaos aber jene überlebenswichtige Verlogenheit entgegen, die diese infernalen Abgründe in verstandesmäßige Strukturen zu »verpacken« weiß. Auch dies ein Aspekt unserer verkehrten Perspektive, indem wir die Pole umgedreht haben, denn nicht der Mond entspricht den »Vernebelungen des Geistes«, sondern es ist im Gegenteil Merkur, der die »Wahrheit in Denkmustern verschleiert«, denen wir dann einfach das Etikett »Realität« umhängen. Wenn wir uns aber fragen, was das ist, das uns die »Wirklichkeit« kreiert, dann müssen wir erkennen, daß es das verstandesmäßige Denken selber ist, das sich zur Wahrheit kürt. In Wirklichkeit symbolisiert jedoch der Mond die Wahrheit, auch wenn uns dies durch die Brille kollektiven Denkens unfaßbar erscheint. Die Wahrheit braucht keinen Halt, kein Zentrum, alles geschieht unmittelbar aus sich selbst heraus. Dagegen sind alle unsere Gedanken »Fata Morganen«, um die Wahrheit zu verschleiern und der Tatsache nicht ins Auge blicken zu müssen, daß alles zu Erfassende unseren eingeübten Denkmustern entspringt.

Wir haben nicht die Wahrheit zum Denken, sondern das Denken zur Wahrheit gemacht, und das entspricht gleichzeitig dem evolutionären Schritt, der uns zu Menschen macht. Darum dürfen wir weder das Denken verteufeln (das uns im Durcheinander der Gefühle einen Rahmen setzt) noch die Wahrheit verleugnen (die dem infernalen, immer noch krachenden »Bums« des Urknalls entspricht), sondern wir müssen versuchen, in einer verstandesmäßigen Annäherung an das innere Fühlen die eigenen Spiegelbilder zu erkennen, hinter denen die verdrängten Ängste und Instinkte lauern. Erst an den Überschneidungen zwischen den »inneren Ängsten« und den »äußeren Bildern« dämmert dann so etwas wie ein individueller Seeleninhalt auf.

☽ ☿

Mythologisches Modell

Mythos

Im Mythos verkörpern die drei Moiren (auch Parzen oder Nornen) die Schwelle zwischen »Diesseits« und »Jenseits«. Sie stellen das Unergründliche oder den symbolischen Schoß der Urmutter dar, aus dem das Leben entspringt und in den es nach Ablauf seiner Zeit wieder zurückkehrt (Mondsphäre). Sie drücken aber auch das bewußtseinsmäßige Erkennen aus, daß sich alles wandeln muß, um das Gleiche zu bleiben, und daß das stets sich Verändernde das einzig Beständige im Universum ist (Merkurebene). Wenn sich beide Sphären durchdringen, kann der Geborene in den Mustern des Gewebes (Erbmasse) die treibende Schicksalskraft erkennen, die jedes Individuum in sich birgt. Die gegenseitige Überschneidung ist die Schwelle, wo sich die bewußten und die unbewußten Kräfte begegnen. Das bedeutet einen Denkeinbruch in die Welt des Visionären, oder kurz: Erkenntnis!

Unter dieser Konstellation können wir einen Ausschnitt unseres Verhaltens erkennen, in dem uns das Ewige entgegentritt. Hier begegnen uns die drei Moiren, die bei Dichtern wie Homer und Hesiod als Göttinnen beschrieben sind, die den Lebensfaden knüpfen und damit das Tun der Menschen zu einem Gewebe vernetzen, in deren Maschen sich die Zukunft spinnt. Die Fäden, die die dunklen Frauen weben, entsprechen den Zyklen von Geburt und Tod, in deren Rahmen wir sowohl unser individuelles wie auch unser kollektives Schicksal erleben, das wir aber nicht nur von außen erleiden, sondern auch von innen her durch unser eigenes Erbgut mitbestimmen.

Die Wurzeln liegen im Unbewußten, und die Fäden repräsentieren unsere Handlungen und deren Auswirkungen, deren Anfänge in unserer Tiefe gründen. Die Frauen verkörpern die geheimnisvollen Gestalten, die in unserer Psyche wirken, auch wenn sie nicht Teil unserer bewußten Persönlichkeit sind (Klotho hält den Spinnrocken, Lachesis spinnt den Faden und Atropos schneidet ihn ab). Sie sind ein Symbol der zyklischen Abläufe, die im Laufe der Zeit alle ungenützten Persönlichkeitsteile auslösen, indem sie sie in die »Maschen der Verwirklichung« einweben und dadurch in das sichtbare Leben hochheben. Das Spinnrad aber verkörpert den »Raum«, in dem sich die Zeit »dreht«, und damit das äußere Schicksal, das jeder von uns solange unbewußt in sich trägt, bis sich seine »Fäden« durch die »Bewegung des Rades« in die »Geschehnisse von Raum und Zeit« eingeflochten haben.

Hintergrund

Mond und Merkur symbolisieren in ihrem Zusammenspiel die Wechselwirkung von Gefühl und Denken (die rechte bzw. linke Hälfte des Großhirns). Der Native möchte wissen, wie Gefühle entstehen, und er möchte sie mittels seines Intellekts ausloten, damit er sie besser beherrschen kann. Die meisten gefühlsmäßigen Reaktionen (Ängste, Abwehrverhalten) sind noch Relikte aus der Steinzeit der Entwicklung, was sie ihren Wirkungen aber keineswegs beraubt, denn die Steinzeit entspricht tiefenpsychologisch dem bewahrenden Matriarchat, das sich nach der Einbindung in die ursprünglichen Zyklen der Naturkräfte zurücksehnt. Wissen wir das, verstehen wir auch die großen Ängste, die plötzlich ausbrechen, wenn dieses innere Verlangen mit den Errungenschaften moderner Technologien in Berührung kommt.

Neuere Forschungsergebnisse scheinen jetzt allerdings zu belegen, daß Gefühle von beiden Hemisphären unseres Gehirns gesteuert werden – also nicht nur von der rechten, wie bisher angenommen. Die rechte vordere Hemisphäre spricht mehr auf negative Emotionen an, die linke vordere auf positive. Man ist also versucht, zu glauben, daß die beiden Gehirnhälften nicht streng voneinander getrennt operieren, sondern kommunizieren, wobei sie sich gegenseitig zu kontrollieren versuchen, um ein inneres Gleichgewicht herzustellen.

In der Entwicklungsgeschichte des Individuums zeigen sich die durch Mond und Merkur repräsentierten Reflexe in ihrer Entstehung besonders deutlich. Direkt nach der Geburt schälen sich die mondhaften Saug- und Schluckreflexe heraus, unbewußte Gesten nach den Quellen innerer Heimat, die sich in der Berührung mit der Mutterbrust erfüllen. Später gesellen sich dann die merkurhaften Greif- und Haltungsreflexe dazu, indem sich der Säugling an der Mutterbrust festhält. Damit ist aus dem Sehnen ein Streben geworden und man sieht, wie aus dem hilflosen Sehnen (Mond) ein kontrolliertes Streben (Merkur) wird, das nach dem Objekt seiner ich-betonten Wahl verlangt.

Langsam beginnt sich ein persönliches Erleben herauszubilden, denn um das Ende des dritten Lebensjahres formuliert sich das Ego, das der dominierenden Umwelt ein eigenes Ich entgegenzustellen beginnt. Damit steht den »Reaktionen der Objekte« ein »erlebendes Subjekt« gegenüber, welches die Signale der Umwelt auswertet und auflistet. Die Realität erwacht und wird in immer deutlicheren Bildern wahrgenommen. So sprießen Gedächtnisinhalte (Merkur) aus dem unbewußten Reflexverhalten (Mond) und lassen das menschliche Verhalten aufblühen, das sich nach seinen eigenen Mustern ausrichtet.

Neugier und Nachahmungstrieb im Kind wachsen sich über ein ständig wachsendes Wissen schließlich zu den Erfahrungsmechanismen (Weltbildern) der Erwachsenen aus, nämlich die Welt so zu spüren, wie sie sie wahrzunehmen gelernt haben. In der reifenden Ausgestaltung seines Intellekts übernimmt es diese frühen Muster automatisch in sein Weltbild, ohne sich deren »Ausrichtung nach anderen« (Fremd-Eintrichterungen durch die Eltern) aber bewußt zu sein.

☽ ☿

Karmische Struktur

Kindheit

Ein Geburtsschock (der Fötus wurde bedrängt, als der Gebärmutterkanal noch nicht offen war; vgl. »Krankheitsdispositionen«) könnte der Grund gewesen sein, der die mentalen Ängste in den ersten Kinderjahren anheizte und das Vertrauen in die eigenen Gefühle untergrub. Das wirkte sich dann aus, indem sich keine emotionale Bindung zu den Eltern ergab, weil das Kind die elterlichen Bemühungen abwehrte und unterband. Es bestanden keine gefühlsmäßigen Beziehungen zu den Eltern, die Nähe wurde bestenfalls »gespielt«, alle Kontakte hatten eine zweckbestimmte Färbung.

Durch diese schon früh auftretende Gefühlsabwehr entstand natürlich auch keine Beziehung zum eigenen Körper. Da das Kind sich selbst nicht spürte, wurde das fehlende Gespür durch ein Gefühlsmuster ersetzt. Das innere Gefühl, ins Bodenlose zu fallen, wurde durch einen »begrifflichen« Rahmen aufgefangen, der die Leere »ausfüllte«. Alles wurde definiert, jede Unklarheit in den Gefühlen unterdrückt und nach speziell dafür erarbeiteten Kriterien katalogisiert. Der Körper wurde abgelehnt, alle körperlichen Funktionen abgewehrt und die Absonderungen und Ausscheidungen als ekelerregend empfunden. Im spontanen Entfalten gehindert, wurde das Kind aber nicht von den Eltern unterdrückt, sondern es unterdrückte sich selber, indem es den Machtapparat der Eltern für die eigene Unterdrückung benutzte. Das Kind wurde also nicht gedrillt, sondern drillte sich, indem es sich von den Eltern drillen ließ!

Frau

Die innere Entfernung zu den eigenen Empfindungen, die man in der Kindheit über die Eltern reflektierte, wird später stellvertretend über die Vernunftskanäle ausgelebt. Die Geborenen sind mit Argumenten schnell zur Hand, wenn es gilt, über Gefühle zu reden. Sie versuchten sich die Gefühle, die sie durch ihr Abwehrverhalten nicht spüren können, einzureden, bis sie sie zu spüren glauben. Damit haben sie die Gefühle zum Teil jenes »Vorstellungsrahmens« gemacht, mit dem sie die Gefühle gleichzeitig »kontrollieren«.

Konflikte auf der Gefühlsebene lassen sie nicht zu, indem sie die Ratio entweder vernebeln oder die Vernebelung anderer versachlichen (»esoterisieren«). Dazu trinken sie viel schwarzen Kaffee und schreiben Tagebücher oder Briefe, weil das Koffein die allgemeine Sauerstoffzufuhr durch Erhöhung des Blutdrucks steigert (mehr »Durchblick«) und Tagebücher, weil sie über den Intellekt versuchen wollen, die Ängste vor dem Fühlen abzubauen und das Vertrauen in sich selbst zu finden. Es ist ein durchaus ernstzunehmender Versuch, den aufwühlenden Emotionen durch die Übersetzung in Sprache sozusagen den Stachel zu nehmen, die bedrohlichen Gefühle (Mond) also gewissermaßen zu neutralisieren und auf eine Ebene zu heben, auf welcher ihnen verstandesmäßig (oder merkurhaft) begegnet werden kann.

Mann

Die Beziehung zur Mutter ist stark gefühlsorientiert und von gegenseitiger Sympathie geprägt, was aber in unbewußter Übereinstimmung verdeckt wird. Das führt zu einem partnerschaftlichen

Verhalten, das trotz gegenseitiger Resonanz von einem Gefühl des Unverstandenseins begleitet wird, weil der Geborene nicht gelernt hat, seine Gefühle anzunehmen. Gelingt es ihm nicht, dieses Verhaltensmuster abzulegen, so können diese Sublimierungen in den somatischen Bereich abgleiten, wo sich »gefühlsmäßige Sprachlosigkeit« z. B. in Form von Asthma und Erstickungsanfällen zeigt.

In weniger akuten Fällen können diese angestauten Gefühlsblockaden aber auch zu unkontrollierten Redekrämpfen ausufern, die vom bewußten Willen kaum zu bremsen sind. Der Betroffene wird durch den Strom seiner überfließenden Gedankenmuster gezogen und hört sich selber reden, ohne in der Lage zu sein, auf sein eigenes Mundwerk Einfluß zu nehmen.

Beziehung

(+)
Geborene im harmonischen Brennpunkt dieser Wirkungskräfte verfügen über eine geistige Beweglichkeit, die es ihnen erlaubt, sich mit den verborgeneren Dingen in ihrer Psyche auseinanderzusetzen. Es wird ihnen nach und nach gelingen, mit dem reinen Intellekt Annäherungen an den ungreifbaren Gefühlsbereich zu finden, wo sich Fühlen und Denken nicht mehr so stark gegenseitig behindern. Sie haben die Fähigkeit, seelische Tiefen zu ergründen und sie mit einer allegorischen und gleichnisreichen Sprache in symbolische Bilder zu hüllen, die das rationale Denken übersteigen und über begriffliche Erklärungen hinausreichen.

Die Grundmerkmale dieser Erfahrung sind das Überschreiten der Grenzen von Zeit und Raum, bei einem religiösen Hintergrund der Aufstieg in die himmlischen Gefilde. Die Bilder stammen aus dem kollektiven Unbewußten, und über einen harmonischen Merkur können sie unbeschadet ihrer Schönheit direkt in die Bildvorstellungen des Denkens übertragen werden, einzig und allein abhängig vom persönlichen Bildungsniveau.

Im Begegnungsbereich könnte man von einer Flucht in die idealisierte Partnerschaftsbeziehung reden, wo die Gefühle nicht mehr gelebt, sondern durch die »Vorstellung des Erlebens« ersetzt werden. Eine gefühlsmäßige Öffnung gegenüber dem anderen ist nicht möglich, aber man kann intellektuelle oder soziale Ziele verfolgen, die eine gemeinsame Basis auf der denkerischen

Ebene haben. Aber auch wenn keine intellektuellen Beziehungen vorliegen, ist man immerhin bestrebt, eine gute Ehe wenigstens nach außen hin zu führen, um zumindest selber an die Ehe oder an die »eigene Vorstellung des Zusammenlebens« glauben zu können.

(-)
Im Konflikt zwischen »bildhaftem Sehen« und »begrifflichem Erkennen« ist die Verbindung zwischen Kopf und Bauch verlorengegangen. Da sich der Betroffene in seinen Gefühlen nicht mehr spüren kann, führt jede emotionale Nähe zur Beklemmung und zum Wunsch, die Beziehung möglichst rasch wieder abzubrechen. Als mögliche Fluchtwege bieten sich die Versplitterung in viele Aktivitäten (Flucht durch Inflation) oder der Rückzug in eine über der Sache stehenden Unverbindlichkeit an, weil jedes gefühlsmäßige Festlegen den eigenen Schutzmechanismus gefährden kann. Jede tiefe Bindung wirkt beklemmend, jedes emotionale Abenteuer wird mit einem intellektuell-verbalen Rahmen überfrachtet. Das fördert Gefühle von Sinnlosigkeit, und in dieser Phase erleben sich die Geborenen oft in einem Lebensrahmen, der eng und unerträglich geworden ist.

Umgekehrt kann ein Aufbrechen der Blockaden klaustrophische Alpträume evozieren, in denen die verdrängten Geburtserinnerungen aufplatzen und nach Ausdruck streben: Wo die Ruhe im Mutterleib (Mond) durch die Kontraktionen des Uterus (Merkur) unterbrochen wurde, was sich im Leben (auf traumatischer Ebene) mitunter als »Abstieg in die Unterwelt« (Regression zu frühkindlichem Verhalten) darstellt.

☽ ☿

Krankheitsdispositionen

Der mythologische Merkur leitet die Seelen nur bis an die Pforten der Unterwelt, denn im Reiche des Unfaßbaren verschlüge es ihm sprichwörtlich die Sprache (... denn wie sollte er das Unfaßbare auch formulieren?). Auf die Alltagsebene übertragen kommt dafür ein tiefsitzendes Geburtstrauma in Frage, wenn das Zusammenziehen des Uterus den Fötus bedrängt, bevor der Gebärmutterhals offen ist. Das bewirkt einen Hang zu Atemkrämpfen und Erstickungserscheinungen, wenn das Ereignis aus dem Unbewußten wieder in die Erinnerung aufstößt (Hyperventilation führt durch den erhöhten Abfluß von Kohlendioxyd zu Erstickungsanfällen). Der Mensch fühlt sich in die Enge getrieben: die Ausweglosigkeit versetzt ihm einen Schock und verschlägt ihm die Sprache. Er ist in sprichwörtlichem Sinn atemlos!

Eine andere Störungsquelle ist die intellektuelle Sublimierung von gefühlsmäßigen »Verklemmungen«. Die durch das Merkurpotential verkörperte Selbstkontrolle (Triebhemmung) läßt den Sexualbereich nicht unberührt. Die Verbindung der inneren Triebstruktur zur Außenwelt ist unterbrochen, d.h. der Native getraut sich nicht, seine Gefühle zu leben, sondern versucht sie in Theorien einzugliedern, die er kontrollieren kann. Die Sexualsphäre steigt in den »Kopf«. Gut darüber informiert, wie Sexuelles zu funktionieren hat, fühlt er sich buchstäblich vom Körper getrennt: Er hat den Kontakt zu seiner Leiblichkeit verloren. Da er aber andererseits auf die Gefühle nicht verzichten will, versucht er sie über den Kopf nachzuvollziehen. Stilisiertes Verhalten ersetzt die Werte; Gefühle werden auf Formalismen reduziert. Die emotionalen Werte werden nicht gelebt, sondern der Umwelt vorgespiegelt: »Mond und Merkur lassen lieben!«

Symptome **Psychisch**

- emotionale Ängste (die man hinter gefühlsmäßiger Unverbindlichkeit zu tarnen sucht):
  a) Redeneigung (um von den bedrohlichen Emotionen abzulenken)
  b) intellektuelle Sublimierung (Gefühle werden durch die Ratio ersetzt)
  c) permanente Unruhe (ständig in Bewegung); Neugier, Wissensdurst (aus Angst vor eigenen Gefühlen)
  d) Einschlafstörungen (Unterdrücktes läßt grüßen!); Suchtverhalten (verdrängte Standpunktlosigkeit)
- verkümmerte Gefühle (vorsichtiger Rückzug auf erprobte Verhaltensmuster):
  a) phrasenhafte, schönrednerische Brillanz (leere Formalismen ersetzen die Inhalte)

b) Zahlenneurose (Zählzwang); übersteigerter Redezwang (nicht zu kontrollierende Wortkaskaden, evtl. Stottern)
- Regression zu frühkindlichem Verhalten (aus mangelnder emotionaler Zuwendung):
  a) Bettnässen
  b) Selbstbeschmutzung (masochistische Spiele mit Fäkalien)
  c) Baby-Sprache; sexuelle Perversionen (Doktorspiele)
- Hygienekult (übersteigerter Reinlichkeitsfimmel: Abscheu vor Körpergerüchen und -ausscheidungen)

Physisch
- schwere Atemwege (Erkrankungen der Lungen und der Bronchien)
- nervöse Magenbeschwerden
- Ausschläge (Herpes)
- Hyperventilation
- Asthma

Tinkturen

Homöopathische Mittel

Metall	**Zincum oxydatum** (Oxidierter Zink)	– bei emotionalen Ängsten, Alpträumen, aufbrechenden Geburts- und Kindheitstraumen: D12 – bei nervlicher Überreizung, Hyperventilation, Asthma (Atemrhythmusstörungen) oder unterdrückten Ausschlägen: D6 – gegen Erschöpfung und mangelnde Vitalität: D4

Pflanzen	**Sanguinaria** (Blutwurzel)	– bei Kopfschmerz (intellektuelle Sublimierung) – oder Blutandrang zum Kopf (Sexualität steigt in den »Kopf«): Urtinktur – bei Beklemmung und Gefühlen eines inneren Zusammenschnürens: D12
	Verbascum (Königskerze)	– gegen nervöse, bronchiale Störungen (auch Harnweg-Reizungen und Ohrensausen): Urtinkturen bzw. niedere Potenzen
Pflanzenöl	**Menthol** (Pfefferminzkampfer)	– bei akuten Lungen- oder Bronchialbeschwerden: Urtinktur (Dämpfe einatmen!) – bei Klaustrophobie: D12
Tier	**Murex** (Purpurschnecke)	– bei Regression zu frühkindlichem Verhalten: D20
Schüsslersalze Mineral	**Kalium chloratum** (Nr. 4)	– gegen Kopflastigkeit – Schleimhautaffekte – Katarrhe der Bronchien – Magenschleimhautentzündung
Neben-Minerale	**Zincum chloratum** (Nr. 21)	– bei Schlaflosigkeit – Überspanntheit – Nervenschwäche
	Arsenum jodatum (Nr. 24)	– gegen Asthma – schwere Atemwege (verschleimte Bronchien) – Ausschläge (Ekzeme)

Bachblüten

Verdrängter Mond	**Cerato** (Bleiwurz)	– bei permanenter Unruhe (intellektuelle Sublimierung); ständig in Bewegung
Verdrängter Merkur	**Clematis** (Weiße Waldrebe)	– bei tiefsitzenden Geburts- und Kindheitstraumen (Rückzug in den Schlaf)
Beide verdrängt	**Aspen** (Zitterpappel)	– gegen alle Formen von unterschwelliger Angst (»Angst vor der Angst!«)
Urtinkturen	**Eucalyptus-Öl**	– lokal bei katarrhalischen Beschwerden (desodorierend und antiseptisch)
	Mentha piperita	– Pfefferminze ist stimulierend, sedativ und krampflösend (bei Magenbeschwerden) und regt zugleich die Verdauung an
Droge	**Vasopressin** (Gehirndroge*)	– Hydergine verbessern Bewußtsein und Wohlbefinden (Wirkung ähnlich wie Amphetamine, Kaffee oder Kokain, aber angeblich langfristig und ohne Nebenwirkung)

** Gehirndrogen wirken nicht wegen ihrer chemischen Zusammensetzung, sondern weil sie extrem aufgeladene Elektronen abgeben!*

Therapie

– Psychodrama
– Gestalttherapie
– Emotionstraining

Ausgleich zwischen Denken und Gefühl

☽ ☿

Gestirnsauslösungen

Direktionen, Transite, Alterspunkte, rhythmische Bewegungen

Auf der Tiefenebene kann man diese Konstellation als Öffnung bezeichnen, durch die man das »Modell des Kosmos« sieht, denn es symbolisiert die Transformationsfläche, wo sich das Unzusammenhängende jetzt strukturiert. Unterschwelliges Gefühlsverhalten wird in die Erinnerung hochgespült, um dort von den Denkmechanismen »sortiert« zu werden. Mond/Merkur ist nichts anderes als der Versuch, die unstrukturierten, gefühlsmäßigen Taten und Entscheidungen in die vielfältigen Schubladen unserer Denkmodelle einzureihen.

Dieser Prozeß ist beim Künstler, wenn das visionäre Bild vor seinem inneren Auge plötzlich Gestalt annimmt, genauso zu beobachten wie in der Psychotherapie, wenn aus den Gefühlsverstrickungen im Unbewußten sich plötzlich so etwas wie ein Zusammenhang herausschält. Hierin findet sich zwar keine Wahrheit, aber es ist zumindest der Versuch, die innere Entwicklung in einem äußeren Rahmen festzuhalten, der den »Denkschubladen« einverleibt erscheint.

(+)

Wenn Verstand und Psyche harmonisch miteinander in Verbindung treten, kann das Ergebnis nur Kreativität sein (oder Erkenntnis), also Schöpferisches, das sich aus den Urnebeln des Unbewußten nährt. Das Ergebnis verspricht aber keineswegs bloß Harmonie (zu schwer wiegen die Widersprüche), kann aber auf eine entkrampfte und entspannte Zeit hinweisen, während der man seine Gefühle gut auszudrücken weiß.

Das symbolisiert das Aufbrechen innerer Gesichter und das Hervorkeimen einer spirituellen Erkenntnis, in den scheinbaren Zufälligkeiten vergangener Ereignisse den inneren Zusammenhang zur eigenen Entwicklung zu ermitteln.

(-)

Während Phasen disharmonischer Aspekte können die Widersprüche zwischen Fühlen und Denken aber nicht so spielerisch ummäntelt werden (da bieten sich keine Modell-Lösungen emotionaler Probleme an). Der Intellekt vermag die Gefühle nicht in den Griff zu kriegen, wodurch sich irrationale Handlungen in den Alltag einschleichen. Irrtümer und Fehleinschätzungen in den von Merkur dominierten Zonen sind die Regel, Nervenstörungen infolge psychischer Ursachen angesagt. Jede Orientierung am Machbaren verlorengegangen, nisten sich hartnäckige Fehlerquellen und Versagensquoten ein, deren Ursache einerseits in der Fehleinschätzung der Gefühle, andererseits in einer Vernebelung der Ratio liegt.

Einen schöpferischen Menschen könnten diese Widersprüche allerdings auch reizen, die Spannung anzunehmen und in einem Rahmen loszuwerden, der innere Bewußtwerdung ausdrückt:

»Das Universum selbst ist nur ein Spielwerk des Bestimmten und des Unbestimmten, und das wirkliche Bestimmen des Bestimmbaren ist eine allegorische Miniatur auf das Leben und Weben der ewig strömenden Schöpfung. Mit ewig unwandelbarer Symmetrie streben beide, auf entgegengesetzten Wegen sich dem Unendlichen zu nähern und ihm zu entfliehen. Mit leisen aber sicheren Fortschritten erweitert das Unbestimmte seinen angeborenen Wunsch aus der schönen Mitte der Endlichkeit ins Grenzenlose. Die Natur selbst will den ewigen Kreislauf immer neuer Versuche; und sie will auch, daß jeder einzelne in sich vollendet einzig und neu sei, ein treues Abbild der höchsten unteilbaren Individualität.«

(Friedrich Schlegel)

☽ ☿

Archetypen und Symbole

Thema	Neutralisierung der Gefühle
Ziel	Rationale Kontrolle
Sinn	Tiefenseelisches Erkennen
Berufung	Vermittler, Lehrer, »osmotischer« Kurier *Spiritueller Geist!*
Symbole	Spinnrad (Schicksalsrad); Sphinx

Mythos	Mythos vom Lebensfaden *Das unabwendbare Schicksal der Sterblichen!*
Sabbat	(All) Hallow Day = (Aller)heiligen
Palindrom	Ator *ROTA TARO ORAT (TORA) ATOR: Das Rad des Tarot spricht (das Gesetz) der Ator (auch Hathor = Todesgöttin)*
Gott/Göttin	Der eselsköpfige Set Arianrhod, Artemis, Bona Dea, Fortuna/Vortumna, Hathor, Hera, Isis, Kali, Lat, Mena, Neith, Tyche
Tiersymbol	Skarabäus
Archetypen	Die über Zeit und Schicksal regierenden Schicksalsnornen *... auch Herrscherinnen über das himmlische Sternenrad genannt!*
Kultstätte	Matronenheiligtum von Nettersheim in Nordrhein-Westfalen *Heidnische Göttinnen-Dreiheit* Manneke Pis *Brunnen mit Bronzefigur hinter dem Rathaus am am Brüsseler »Grote Markt«*
Kraftort	Thorsmoor von Süderbrarup in Schleswig-Holstein *Ein Steg auf eingerammten Pfählen führt zur Kraft- und Opferstelle in der Mitte des Moors.*
Baustil	
Druidenzeit	Moorheiligtümer *Der Opferplatz ist inmitten des Moors durch Stege oder Landzungen mit dem Ufer verbunden.*
Neuere Zeit	Alte Holzbrücken; verschachtelte Holzbauten (z. B. norwegische Stabkirchen mit steil aufragenden Dächern, die zurückfluchtend übereinander errichtet sind)

Neueste Zeit	Betonbrücken *Schwindelerregend über dem Abgrund!*
Stimmung	Modriger Duft liegt über dem Moor: Ein Wanderer steht einsam am Ufer und schaut versunken in die Tiefe...
Duft	...dabei zündet er sich eine »Menthol«-Zigarette an.
Edelstein	Bergkristall mit Einschlüssen (Rutilquarz, Turmalinquarz)
Farbe	Silbergrau
Ritual	
Individuell	Meditation *Erfassen der Verhaltensmuster und Aufarbeitung seelischer Hintergründe*
Kollektiv	Sexualunterricht *Bestäubung durch Insekten mittels Blütenpollen!*
Musik	»Lyrische Suite« für Streichquartett von Alban Berg
	»Bilder einer Ausstellung« von Modest Mussorgsky *Fünftes Bild: »Ballett der Küchlein in ihren Eierschalen«*
	»Der Mond« – Märchenspiel von Carl Orff
Bildende Kunst Äußerlich	»Wanderer über dem Nebelmeer« von Caspar David Friedrich *Stimmungsvolle Gipfel über den Schleiern des Unbewußten*
Innerlich	»Angstgefühl« von Edvard Munch *Von der glühenden Flamme der Natur (Schrei nach Liebe) erhelltes Leid*
	Symmetrische Klecksgebilde *»Rorschachtests!«*
Literatur	»Heidebilder« (Krähen-Gedicht) von Annette von Droste-Hülshoff

»Zwerg Nase« von Wilhelm Hauff

»Lucinde« von Friedrich Schlegel
Das aus antik-heidnischer Sicht gepriesene Sinnesglück, das in tiefer Liebe mit dem Geistigen verschmilzt

»Die Nachtwachen des Bonaventura« von Friedrich Gottlieb Wetzel
Die grotesk-phantastischen Visionen eines Nachtwächters während seiner einsamen Wanderungen

Dichter — Mörike, Büchner, Stifter
Die innere Harmonie ist ohne Selbstüberwindung nicht zu erreichen und bleibt in einem Spannungsverhältnis zur dämonischen Abgründigkeit der menschlichen Natur stecken.

Zitat — »Erhabenster!
Du Selbst, Dir selbst genug!
Alleiniger Geist,
der Du elliptisch einsam kreisest,
der Du in Deiner eignen Seel' Verfinsterung
Dein eigenes Licht so greifbar,
formlos und unendlich weisest,
daß Du durchreisest
die leeren Äther, die um Dich sich türmen,
wie eine meerumtoste Festung, die von Stürmen
umbraust; wo flinker Lüfte Flügel
der wilden Wellen helle Hügel
mit unschiffbarem Gischte seewärts treiben.«
(Aleister Crowley, »Hermit's Hymn«)

☽ ♀
Mond – Venus

Wirkungsstufe I a) Konjunktion (+)
b) Sextil (+)
c) Quadrat (-)

d) Trigon (+)
e) Quincunx (-)
f) Opposition (-)

II a) 1. Mond im Haus 2 (physische Ausrichtung: *Demeter*-Komponete)
2. Mond in Haus 7 (psychische Ausrichtung: *Persephone*-Komponente)
b) Venus in Haus 4
c) 1. Mond in Stier (physische Ausrichtung: *Demeter*-Komponente)
2. Mond in Waage (psychische Ausrichtung: *Persephone*-Komponente
d) Venus in Krebs

III a) Sonne (bzw. Mond, Merkur, Mars oder Jupiter) in Krebs und Aszendent Stier oder Waage)
b) Sonne (bzw. Merkur, Venus, Mars oder Jupiter) in Stier oder Waage und Aszendent Krebs

IV a) Hausspitze 2 (*Demeter*) oder 7 (*Persephone*) in Krebs
b) Hausspitze 4 in Stier (*Demeter*) oder Waage (*Persephone*)
c) Herrscher von Haus 2 (*Demeter*) oder 7 (*Persephone*) in Haus 4
d) Herrscher von Haus 4 in Haus 2 (*Demeter*) oder 7 (*Persephone*)
e) Herrscher von Haus 2 (*Demeter*) oder 7 (*Persephone*) in Krebs
f) Herrscher von Haus 4 in Stier (*Demeter*) oder Waage (*Persephone*)

Hier begegnen wir der Welt mit einem großen Bedarf nach Nähe und Verständnis. Das wirkt sich im Verhalten aus, indem wir uns in allem nach der Außenwelt ausrichten. Das heißt: Wir liefern uns den andern aus, indem wir unsere Individualität nicht selber leben, sondern sie in unseren Beziehungsrahmen übertragen. Es ist aber nicht nur so, daß wir uns ganz passiv »zu einem Bestandteil unserer Umgebung machen«, sondern wir können auch umgekehrt »die Umgebung zu einem Teil von uns selber machen«, wobei die Grenzen zwischen Aufgabe (des Ichs) und Einbeziehung (der anderen) manchmal fließend sind.

Geborene unter diesem Zeichen brauchen also ihre Außenwelt, welche sie in ihrem »So-Sein« bestätigt und ihnen den Teil an Eigenliebe zukommen läßt, den sie sich selbst nicht zu geben vermögen. Damit bricht hinter dem Bild von Harmonie und Zuneigung jene dunklere Seite auf, die dem instinktiven, irdischen Aspekt des Weiblichen entspricht, nämlich alles in die eigene Gefühlswelt einzubringen. Sie versuchen, die Außenwelt für sich zu gewinnen, indem sie sich charmant und freundlich geben, ohne sich gefühlsmäßig zu engagieren.

Was unter Mond und Venus also leicht verführbar machen soll, ist nur ein fauler Zauber. Sicher kann man sagen, daß der Wunsch nach Akzeptanz sehr groß ist und es könnte auch sein, daß die Geborenen nötigenfalls sogar die eigene Identität aufgeben, wenn sie sich von der Umwelt ausgeschlossen fühlen. Das aber ist ein Trick, denn alles, was sie preisgeben, ist eine vorgeschobene Maske, weil dieses »Abnehmen der Maske« ja geradezu ein Teil des taktischen Manövers ist, um ihre inneren Verhaltensmustern in den Mittelpunkt zu bringen. Diese Menschen geben gar nichts auf, sondern das Aufgeben entspricht im Gegenteil ihrem Charakterverhalten, sich in Szene zu setzen und damit ihrem innersten Persönlichkeitskern Geltung zu verschaffen.

Auf einer anderen Ebene kann man dieses Gestirn auch als ein Symbol des weiblichen Menstruationszyklus betrachten. In der ersten Hälfte des Kreislaufs dominiert der Mond, denn vor dem Eisprung und der damit möglichen Empfängnis fühlt sich die Frau der Fruchtbarkeit verbunden, weil sich in dieser Zeit die Nähe zum wachsenden Mond anzeigt. Wird sie aber nicht schwanger, so gewinnt Venus (»der abnehmende Mond«) die Überhand, da Venus die Mutterschaft ablehnt. Der Mond kann den Lebenssinn in der gefühlsmäßigen Auslieferung an Mann und Kinder finden, doch die Venus kann sich nur erfüllen, wenn sie Männer mit ihrer Weiblichkeit becirct und damit gefühlsmäßig von sich abhängig macht.

Also verkörpert Mond/Venus die Einnahme der »Pille«, da die Frau die Schwangerschaft (Mond) nur vortäuscht, um sie in Wirklichkeit zu verhindern (Venus). Das ist auch der Grund, warum das sexuelle Verhalten (Empfängsnisverhütung, z.B. durch die Pille) einem Mond/Venus-Problem entspricht und der Gefühlsaustausch zwischen Partnern stark zu wünschen übrig läßt. Aus dem mondgeprägten Hingabeverlangen will sich die Frau zwar unterwerfen (Wunsch nach Schwangerschaft), aber durch die selbstbestimmende Venus-Komponete wird dieses Verlangen entschärft und dadurch unschädlich gemacht (Hingabe-Inszenierung), indem sie sich nur einem gefühlsmäßig abhängigen Partner »unterwirft«.

Aber auch Männer erleben ihre Sexualität in einem Rahmen, der sich zwischen Hingabe und Verweigerung bewegt (verdrängte Homosexualität). Das entspricht (wie auch die weibliche Verspannung vor den »Tagen«) dem Prozeß der Gärung, wenn die Hormone im Zustand innerer Stockung sind. Hier zeigt sich die pulsierende, enervierende »Unerträglichkeit des Seins«, wenn die Samen (neue Potentiale) im Schoß der Unterwelt noch kalzinieren müssen, bis sie ins »Licht der Sonne« explodieren können.

☽ ♀ Mythologisches Modell

Mythos

Demeter war die Göttin der Fruchtbarkeit und regierte über alle Formen von Leben. Sie ließ Blumen sprießen und das Korn wachsen, und die Menschen dankten es ihr mit reichen Opfergaben. Mit ihrer Tochter Persephone lebte sie zufrieden und glücklich und fern aller Zwiste der sich ständig streitenden Götterwelt.

Eines Tages aber wurde sie jäh aus ihrer Idylle gerissen, als Persephone von einem Ausflug nicht zurückkehrte. Die entsetzte Göttin suchte Himmel und Erde nach ihr ab und klagte ihren Schmerz den Göttern, bis sich der Sonnengott Helios ihrer erbarmte und sie über das Geschehen informierte: Der Fürst der Unterwelt sei mit seinem Pferdegespann aus einer klaffenden Erdspalte emporgestiegen und habe Persephone in sein Totenreich hinab entführt. – in ihrem Schmerz ließ die Göttin die Erde verdorren und war nicht eher zu bewegen, den alten Überfluß wieder herzustellen, bis sie ihre Tochter in die Arme schließen konnte.

Wir erkennen in Demeter das Ursymbol der Mutter, die für den Ursprung allen Lebens steht. Sie ist die Urgestalt der Erde, ohne die Leben nicht möglich ist. Als Schattenseite haben wir aber auch die Zerstörerin, die alles an sich bindet und rücksichtslos vernichtet, was sich ihr zu entziehen sucht. Diesem Schatten begegnet sie im »Herrn der Unterwelt«, der ihr als reflektierendes Spiegelbild entgegentritt, indem er ihr das Teuerste entreißt. Psychologisch könnte man Persephone als die innere Mitte von beiden bezeichnen, um die sich die beiden Exponenten streiten.

Mond/Venus symbolisiert also das Leben ohne das verdrängte Böse (Pluto-Komponente). Trotzdem ist das Dunkle gegenwärtig, weil Demeter mit Zerstörung droht (sie macht die Erde unfruchtbar), wenn Persephone nicht zurückkehrt. Aber als der Fürst der Unterwelt einlenkt, ist es schon passiert: Persephone ist eine andere! Im Mythos heißt es, sie habe den Granatapfel gegessen, den ihr Pluto anbot, und sei damit zu einem Teil des Schattenreichs geworden. Tiefenpsychologisch ist es natürlich umgekehrt: Durch die Einverleibung des Apfels hat sie das Schattenprinzip assimiliert und ist in sich vollständig geworden. Das spiegelt sich auch darin wider, daß sie gar nicht mehr zurückzukehren wünscht, sondern sich für beide Seiten entscheidet: im Frühling und Sommer für die Erde (Mutter), im Herbst und Winter aber für das Totenreich.

Hintergrund

Damit symbolisieren Mond und Venus auf der innersten Ebene die Verbindung zwischen dem Weiblichen und dem Unbewußten. Hinter der hellen und harmonischen Welt, die uns dieses Gestirn vordergründig vermittelt, dämmert eine mysteriösere und gefährlichere auf. Mond/Venus ist nicht nur das Symbol einer gefühlsmäßigen Anpassung an die Umwelt, sondern diese Konstellation verkörpert auch die Geheimnisse des Unbewußten, die wir bisweilen in unseren Träumen und Intuitionen erahnen. Auf der dunklen Seite symbolisiert es Sterilität und die monatlichen Beschwerden, was die Verbindung zwischen Persephone und Pluto darstellt. Erst, wenn die Frau keine Verbindung mehr zur Fruchtbarkeit und zum Leben (Erde) hat, kann sie die brachiale Weisheit ihres Tierkörpers erfahren. Durch das tiefe Eintauchen in ihr instinkthaftes Selbst kann sie die Menstruationsschmerzen als unbewußt-inneres Signal der Erbsünde entlarven. Auf der exoterischen Stufe bedeutet das die hinausgezögerte Geburt (der unbewußte Teil behindert die Befruchtung, was sich kollektiv in der Einnahme von Verhütungsmitteln erklärt), auf der esoterischen hingegen die Auseinandersetzung mit dem Thema Wiedergeburt.

☽ ♀
Karmische Struktur

Demeter-Frau

(+)
Frauen des Demeter-Typs fühlen sich mit ihrer Frauenrolle stark verbunden und repräsentieren eine starke Weiblichkeit. Die traditionelle Ehe gibt ihnen Platz genug, sich zu verwirklichen, und sie wachen mit beschützendem Auge über Mann und Kinder. Die Bedürfnisse der Familie stehen im Vordergrund, und sie leben alle Aspekte ihrer Freude in der ehelichen Gemeinschaft aus. Sie verkörpern die lebendige, nährende Seite des instinkthaften Selbst, das sich lustvoll an die Erde bindet, während Persephone das transpersonale Gegenteil darstellt.

(-)
Sind die Gefühlskomponenten blockiert, ist es notwendig, daß sich die Geborene in einem Spiegel sieht. Denn dort spiegelt sich ihr der Dämon in Gestalt einer erdhaften Frau wieder, die nie müde wird, sich in ihrer verdrängten Sinnlichkeit zu wiegen. Diese sitzt wie eine Spinne im Netz (in ihrem Spiegelbild), denn sie weiß, daß sie sie nie wird verfehlen können. In ihr reflektieren sich alle heimlichen Wünsche nach Hingabe und dem erlösenden Gefühl körperlicher Liebe. Um diese Ziele aber zu erreichen, müßte sie zuerst ihre verdrängte Sinnlichkeit erkennen, denn die Gespiegelte ist sie immer selbst!

Persephone-Frau

(+)
Persephone verkörpert jenen Teil der Psyche, der mehr auf dunkle Tiefen ausgerichtet ist. Die Geborenen versuchen in die unbewußten Strömungen der Psyche einzudringen, um sich dort mit den Tiefenbildern zu verbinden, die jenseits täglicher Verhaltensmuster sind. Dabei sind sie von einer Liebe nach dem Tiefenselbst durchdrungen, was die Begegnung mit dem Schatten nicht ausschließt. Sie sind im Gegenteil bestrebt, dem Tiefengründigen zu begegnen, was sie zu jenem Bild von Schatten führt, in dem sie sich jetzt selbst erkennen!

(-)
In den kühleren Gefilden der Gefühle begegnen sie ihrem dunklen Glanz aber oft in der Gestalt der anderen. Das heißt, sie sind innerlich kalt, weil sie den unbequemen Tiefenteil von sich entfernt haben. Damit Heilung und somit Vollständigkeit wieder erreicht werden kann, müssen sie den abgetrennten Teil wieder zurücknehmen, und das erreichen sie, indem ihnen das Ungeliebte in der Außenwelt erscheint. Das kann in Form eines »Höllenprinzen« geschehen, dem sie sich auszuliefern haben oder in Gestalt einer faszinierenden Frau, die ihnen alle jene Aspekte zurückspiegelt, die sie bei sich selber zerstört haben.

Demeter-Mann

(+)
Dieser Mann überzeugt durch ein gesundes Selbstvertrauen, einen kräftigen Schuß Optimismus und eine große Portion Humor. Er legt großen Wert auf ein gemütliches Zuhause und neigt besonders in der ersten Liebe (die sich oft ein Leben lang bewährt) zu ungeahnten Höhenflügen. Die Eigenschaft eines bewahrenden Umsorgens ist ihm schon in die Wiege gelegt, und man fühlt sich in seiner Nähe wohl. Ergeben sich in seiner Umwelt Konflikte, ist er der geborene Vermittler. Nur in Familiendingen versteht er keinen Spaß. Er verkörpert den bald ausgestorbenen Typus des Familienpatriarchen. Wehe, wer ihm in seine Angelegenheiten hineinredet: Da platzt ihm schon ab und zu der Kragen, was zu heftigen Gewittern führt.

(-)
Genauso wie aus einer glücklichen Eltern/Kind-Beziehung oftmals zufriedene und glückliche Menschen hervorgehen, resultieren aus einem belasteten Verhältnis oft Versager. Unter negativen Vorzeichen finden wir den Mann, dessen Lebensinhalt sich in panischer Verlustangst um die Seinen dreht und dessen Streben vor allem darauf zielt, Ehe und Familie zusammenzuhalten. In diesem Verhalten spiegelt sich meistens eine problematische Eltern- bzw. Mutter-Beziehung. Die Mutter, häufig eine »Persephone«, bringt ihre unerfüllte Partnerbeziehung mit dem Buben in Verbindung, der sie an die ungeliebte Wirklichkeit erinnert. Das wirkt sich auf den Knaben aus, der ihre innere Leere spürt und darauf mit der kindlichen Angst reagiert, von der Mutter verlassen zu werden. Diese Angst wiederum kompensiert er mit dem unbewußten Vorhaben, die Mutter um jeden Preis an sich zu binden, ein Verhalten, das sich später auf seine Beziehungen überträgt. Im krampfhaften Bestreben, nicht verlassen zu werden, gibt er sich selber auf und identifiziert sich »fremd«, das heißt, er verlagert den Schwerpunkt seiner Aufmerksamkeit in die Außenwelt, wo er die Seinigen mit Argusaugen überwacht. Dadurch wird er in Beziehungsangelegenheiten für alle Beteiligten ungenießbar.

Persephone-Mann

(+)
Sein Weg ist vom Streben nach einem inneren Gleichgewicht begleitet, das ihn aus den Extremen seiner sich widersprechenden Gefühle erlösen soll. Unter dieser Perspektive findet sich nämlich das verzärtelte Söhnchen, dem Mama immer alle Steine aus dem Weg räumte. So konnte er sich stets auf der Sonnenseite des Lebens tummeln, ohne dafür je Leistung zu erbringen. Trotzdem bleibt ihm das Glück irgendwie hold, und wenn andere für ihren Erfolg kämpfen und treten müssen, so gilt das nicht für den Persephone-Mann: Er kann sich darauf verlassen, daß ihm die Ideen und Möglichkeiten nur so zufliegen. Niemand beherrscht den Balanceakt zwischen Realität und Unbewußtem so perfekt: den Doppelsalto, sich in seinen eigenen Neurosen so unbeschwert und heiter spiegeln zu können …

(-)
Voraussetzung (zu dieser Entwicklung) könnte eine Mutter vom »Demeter-Typus« gewesen sein, die den Buben mit ihrer Überpräsenz schier erdrückte. Daraus entwickelte sich eine Haß-Liebe, in der sich die Sehnsucht nach der großen Nährerin mit der Angst vor ihrer erstickenden Nähe abwechselte. Um diesem Widerspruch zu entgehen, floh das Kind in eine Traumwelt, wo es sich die Zuwendung von einer Märchenfee ohne das Risiko holte, von ihr um der besitzenden Liebe willen erdrückt zu werden. Das wächst sich später in irrationale Schuldgefühle aus, weil die Unfähigkeit, zwischen realer und irrealer Mutter zu unterscheiden, innerhalb der Partnerschaft zu »Verwechslungsschwierigkeiten« führt. Der Native fühlt sich seiner Mutter gegenüber schuldig, weil er ihre Liebe nicht annehmen konnte, und rehabilitiert sich dadurch, indem er auch die Liebe jeder anderen (Traum-)Frau ablehnt. Dadurch müssen nach außen delegierte Leistungsziele dazu herhalten, die »innere« Mutter wieder zurückzugewinnen. Öffentlicher Beifall in künstlerischen Bereichen (Chaplin, Picasso) dient dem einzigen Zweck, die innere Weiblichkeit wieder zu versöhnen und damit den unersättlichen Hunger nach Liebe und Anerkennung wenigstens vorübergehend zu stillen!

☽ ♀

Krankheitsdispositionen

Die innere Differenz zwischen der nährenden *Demeter* und der lebensabwehrenden *Persephone* kann sich bei sensiblen Frauen in einer unterschwelligen Körperfeindlichkeit ausdrücken (Schlemm- und Abführmittelphasen). Sie neigen dazu, ihre physischen Bedürfnisse zu bekämpfen, weil sie sich in der Fruchtbarkeitsbedeutung aus persephonischer Sicht lächerlich vorkommen (abgewehrte Mutter-Rolle). Andererseits fühlen sie sich in der männerverschlingenden »Hades-Position« auch nicht ausgesprochen wohl, und so finden wir hier in einem übertragenen Sinn die »Kindsmörderin«, was sich im Akt der Empfängnisverhütung auf gesellschaftlich-sozialer Ebene ja völlig legitim ausdrückt:

»Eva litt noch an einem widerlichen fötalen Gestank: Denn sie kam aus dem brodelnden Schoß eines Sumpfes. An ihren Eutern

waren die Zitzen Fingerglieder von erwachsenen Ringfingern mit hornähnlichen Pfropfen, die bei der ersten Milch abfallen sollten. Ihr unverwunderter Mund stand offen, und die Spitze ihrer Zunge hing wie ein Wurm aus einer faulenden Kirsche.«

(Rosanna Ombras, »Lied von Lilith«)

Die innere Konfliktsituation der Frau, nämlich einerseits Kinder zu kriegen und andererseits ihre Unabhängigkeit zu bewahren, wird damit in ihrer ganzen Widersprüchlichkeit erhellt. Die einen unterwerfen sich den inneren Instinkten und geben sich als starke Mütter, obwohl sie selber der Bemutterung bedürfen, andere markieren die Karrierefrau, die sich aber hinterrücks nach infantiler Liebe (durch den Vater) sehnt. Auf dieser Suche nach den Eltern sind sie jetzt entweder selbst das Kind, das sich zu verhindern sucht (schlechte Ernährung, schlechte körperliche Angewohnheiten), oder sie sind die Eltern, die ihr inneres Kind (ihr verdrängtes »Alter Ego«) zu vernichten trachten.

Symptome

Demeter-Komponente
- fehlende innere Geborgenheit (wird kompensiert durch hysterisches Klammern, suchtartiges Essen und Trinken, Kettenrauchen, orale Sexualpraktiken)
- Launenhaftigkeit (Fluktuation zwischen zwei Polen: »Hure und Erde«)
- psychosomatische Auswirkungen durch den widersprüchlichen Umgang mit der eigenen Weiblichkeit (Drüsen-, Gebärmutter-, Eierstock- und Brusterkrankungen)

Persephone-Komponente
- fehlende Erdverbundenheit (Haßliebe zur »Großen Mutter«: daraus resultieren u. a. Ernährungsstörungen und Stoffwechselschwierigkeiten
- emotionale Labilität (selbstmitleidige Passivität)
- intime Irritierbarkeit (übertriebene Erotik abwechselnd mit frustrierender Geschlechtskälte)

- Flucht in die Krankheit (Phobien, Hypochondrie, Neurosen)
- Sucht (Hang zu Beruhigungsmitteln)

Tinkturen

Homöopathische Mittel		
Demeter	**Caulophyllum** (Frauenwurzel)	– bei Drüsen-, Gebärmutter- und Eierstocksymptomen: D6
	Conchae (Miesmuschel)	– ... verlorener Geborgenheit (unbewußte Belastung durch verdrängte Erlebnisse): D200
	Crocus sativus (Safran)	– ... oder Launenhaftigkeit (Wechselbäder der Gefühle): D12
Persephone	**Alchemilla** (Frauenmantel)	– bei fehlender Erdverbundenheit (intime Irritierbarkeit): D6
	Fumaria (Erdrauch)	– ... emotionaler Labilität (»Flucht in die Krankheit«): D20
	Gummiarabikum (Verekakazie)	– ... Sucht (Hang zu Medikamenten und Beruhigungsmitteln): D6
	Lac defloratum (Magermilch)	– ... Ernährungsstörungen und Stoffwechselschwierigkeiten: D12
	Lilium tigrinum (Tigerlilie)	– ... übertriebener Erotik (abwechselnd mit Geschlechtskälte): D20
	Medusa (Qualle)	– ... oder Haßliebe zur »Großen Mutter« (fal-

		sche Ernährung, pysische Verwahrlosung und/oder Abwehr von Mutterschaft): D20
Schüsslersalze		
Demeter	**Natrium sulfuricum** (Nr. 10)	– reguliert den venösen Kreislauf, das Hormonsystem und den Wasserhaushalt – unterstützt den Dickdarm und die Bauchspeicheldrüse – erhöht die Nieren-, Blasen- und Darmtätigkeit – nützt bei Verstopfung, Erkältung und Halsentzündung
Persephone	**Natrium phosphoricum** (Nr. 9)	– hilft gegen neurovegetative Störungen (labile Gemütsverfassung, Neigung zu hysterischen Zuständen) – stärkt Niere, Blase, Harnwege und Haut (bei schwer diagnostizierbaren bzw. psychosomatischen Symptomen) – primär: gegen Übersäuerung und Schwäche
Bachblüten		
Demeter	**Gentian** (Herbstenzian)	– gegen Zustände von Trägheit und materieller Verhaftung (tief in die Physis eingedrungene Melancholie)
Persephone	**Water Violet** (Sumpfwasserfeder)	– bei äußerer Zurückhaltung und kühler Distanz (Stolz und Menschenver-

		achtung aus innerem Unverstandensein)
Urtinkturen		
Demeter	**Lactuca virosa** (Giftlattich)	– bei innerer Enge (hysterisches Klammern innerhalb von Beziehungen, diverse versteckte Formen von Sucht: z.B. »Befreiung« durch Essen, Trinken oder Rauchen)
Persephone	**Melissa** (Zitronenmelisse)	– gegen alle Arten seelischer Erschöpfung (krampflösend und nervenstärkend) – für einen tiefen und erholsamen Schlaf

Therapie

Demeter
- Handauflegen
- Umarmen von Bäumen
- Trinkkuren, Diätformen (Mineralwasser, Kräutertee)

Persephone
- Heilen mit Kristallen
- Bachblüten, Homöopathie
- Übertragen von Geist-Energien

☽ ♀

Gestirnsauslösungen

Direktionen, Transite, Alterspunkte, rhythmische Bewegungen

(+)

Hier finden wir das schelmische Vergnügen, zu halluzinieren, d.h. unsere eigenen Gefühle und Gesichter in die starren Alltagsbilder »hineinzuinterpretieren«. Das übliche Wertempfinden wird von der Aufmerksamkeit dirigiert, mit der wir uns einer

Sache zuwenden. Auch wenn dies normalerweise von der Außenwelt koordiniert wird (Meinungsbildung), die uns die Werte »pfannenfertig« übermittelt.

Unter dieser Gestirnseinwirkung aber verschiebt sich die Wahrnehmungsschwelle und wir können den Mechanismus erkennen, der uns die Alltagswelt umreißt. Dadurch fühlen wir uns mit den unbewußten Tiefen verbunden und das viel enger als mit Worten, hinter denen sich ja immer nur ein Bild beschreibt. Lassen wir also Sigmund Freud zu Wort kommen, der den Nagel auf den Kopf trifft, wenn er sagt: »Nur jener ist ein Wissender, der sein Unterbewußtsein zu erahnen weiß!«

(-)

Auf der Suche nach einem Modell allumfassender Liebe begegnen wir hier ungeachtet unserer persönlichen Vorstellungen den »polymorphen Ur-Perversionen« im Reich der Triebe, egal, hinter welchen schönen Masken sich diese verbergen. So unscheinbar Mond und Venus auch immer erscheinen mögen, sie führen stets zu einer hinter den Dingen liegenden Welt.

Da dieses Gestirn die Verbindung der Realität zur inneren Gefühlswelt ausdrückt, können wir ermessen, wie unser äußeres Empfinden in den Gefilden unbewußter Träume steckt. Somit entdecken wir die Wurzeln in den inneren Bildern: Da gibt es keinen Unterschied mehr zwischen »Ich« und »Nicht-Ich« . Die objektive Welt läßt die individuellen Ängste durchscheinen, weil die subjektiven Ängste die Grundlage »objektiver Weltanschauung« sind; doch die Maske läßt als »Wahrheit« nur durchschimmern, daß jede Wahrheit nur immer wieder eine neue »Maske von Verlogenheit« darstellt. So kommt das innere Gefühl bedrohender Befremdung auf, wenn wir uns plötzlich in konkrete Alpträume verstricken. Der Deckmantel des Alltags ist zerrissen, wo die Seele aufgefordert wird, darauf zu achten, daß wir schlafen, wenn die unverdauten Reste in der Tiefe »einen Alptraum lang« erwachen.

☽ ♀

Archetypen und Symbole

Thema	Annäherung an das Unbewußte *... an das Ur-Weibliche, das nicht will, sondern sich wollen läßt!*
Ziel	Herausarbeitung des Tiefenselbst *Lösen von tiefenseelischen Verknüpfungen*
Sinn	Einbeziehen der Unterwelt *Eintauchen in den »Hyper-Inner-Space«*
Berufung	Priesterin, Hure *... dort, wo man sich im Umweg über die äußeren Umstände »wollen lassen kann«!*
Symbole	Weizenfeld am Wasser (Fruchtbarkeitsausdruck) und Granatapfel (Todessymbol) *Repräsentanten der inneren Zyklen und des ewigen Lebens*
Mythen	
Antike	Demeter und Persephone; Ischtar uned Ereschkigal
Bibel	Christi Brot- und Fischvermehrung *Das eleusinische Wunder, welches ins Neue Testament übernommen wurde*
Sabbat	Tag- und Nachtgleichen; Valentinstag
Gott/Göttin	Elentheros, Iasion, Osiris, Tammuz, Triptolemus Ceridwen, Chtonia, Cybele, Daeira, Eleusis, Hebe, Isis, Kore, Kurukulla, Levvanah, Lilith, Luna, Melaina, Maya, Phoebe, Selene
Tiersymbol	Die drei Affen, die ihre Augen, Ohren und Mäuler zuhalten (eleusinische Initiatonen)
Fabelwesen	Die janusköpfige Jungfrau-Greisin
Archetypen	
Mythisch	Die zwischen oben und unten pendelnden (die Gegensätze verbindenden) Archetypen wie Persephone, Ischtar usw.

Biblisch	Die zwischen Licht und Schatten ringende Maria Magdalena
Kultstätten	Eleusische Tempelanlagen *Stätte der Eleusischen Mysterien: Kult der Demeter und Kore-Persephone*
	Astartes Tempel zu Byblos (Dschubail) *... oder die Krypta in der St. Pauls-Kathedrale in London!*
Magische Plätze	Atalaya-Höhlen (Kanarische Inseln) *Einer alten Saga nach sind die Kanarischen Inseln die Berggipfel von »Atlantis«*
Kraftorte	»Glühwürmchengrotte« von Waitomo (Neuseeland)
	Feengrotte bei St. Maurice im Unterwallis; unterirdischer Höhlensee bei St. Léonhard (unweit Sitten im Mittelwallis)
Baustil	Katakomben oder »Höhlen-Barock« *In Felshöhlen hineingebaute Kraft- und Anbetungsstätten: z. B. »Wildkirchli« (Appenzeller Alpen) oder das aus einer Felshöhle über dem Dnjepr heraus entstandene Höhlenkloster in Kiew*
Stimmung	Der Mond zieht über die Wipfel der Bäume. Sanft schimmert sein Licht über dem Konvent. Liebe suchend rücken die Teilnehmer zusammen. Dann tauchen sie in das Dunkel ein. Die Alltagshektik ist erloschen. Nur die Lichter der Stadt funkeln in der Ferne wie ein Diamantenfeld.
Duft	Ylang Ylang, Gewürznelken (abnehmender Mond)
Edelsteine	Durchscheinender Chalzedon, fluoreszierender Serpentin *In Tibet galt der Chalzedon als Symbol der halbdurchsichtigen Lotosblume.*
Farben	Weiß oder silbern, durchsichtig *Abnehmender Mond: schwarz!*

Rituale	Sexuelle Rituale christlich-gnostischer Sekten
Altertum	*»Der Ritus der spirituellen Vermählung mit Engeln« der Valentinianer (4. Jh.)*
20. Jh.	Tiefenmeditation, Seelenwanderung
Musik	»Oiseaux Exotiques« oder »Chronochromie« (Farbe der Zeit) von Olivier Messiaen *Neben indischen und griechischen Rhythmen werden Vogelstimmen verwendet und in »Chronochromie« sogar effektvoll stilisierte Nachahmungen von Wasserfallgeräuschen.*
	»Lemminkäinen-Suite« von Jean Sibelius *Im schönen, lyrischen Stimmungsbild singt der »Schwan von Tuonela« sein tiefes, ergreifendes Lied.*
	»Der Hölle Rache kocht in meinem Herzen« – Arie der »Königin der Nacht« aus Mozarts »Zauberflöte«
	»Venusberg-Bacchanale« aus »Tannhäuser« bzw. »Gesang der Rheintöchter« aus »Rheingold« von Richard Wagner
Bildende Kunst Realistisch	»Akt im Bad« von Pierre Bonnard; »Die Badende« von Jean-Auguste D. Ingres; »Nach dem Bad« von Pierre-Auguste Renoir u. a. *Hier bietet sich mit Mond (Wasser) und Venus (junges Mädchen) das Motiv ja direkt an.*
Allegorisch	»Die büßende Magdalena« von Tizian; »Küchenmagd mit Milchkrug« von Jan Vermeer; »Die bekleidete Maya« von Francisco de Goya; »Luzifer« und »Die Sünde« von Franz von Stuck
Literatur	»Ischtars Höllenfahrt« *Aus dem ältesten Epos der Menschheit, dem sumerisch-babylonischen »Gilgamesch«*
	»Klage der Ceres« von Friedrich von Schiller *Vertont von Franz Schubert (D 323)*

»Zikaden« von Ingeborg Bachmann

»Die drei Lichter der kleinen Veronika«, esoterische Geschichte von Manfred Kyber

Philosophie	Die Gesamtheit des transzendenten Seins, aus dem das Seiende emaniert
Zitat	»Es liegt eine Sternenhoffnung in der Durchsichtigkeit der Tränen.« (Antonin Artaud)

☽ ♂

Mond – Mars

Wirkungsstufe	**I**	a) Konjunktion (-) b) Sextil (+) c) Quadrat (-) d) Trigon (+) e) Quincunx (-) f) Opposition (-)
	II	a) Mond in Haus 1 b) Mars in Haus 4 c) Mond in Widder d) Mars in Krebs
	III	a) Sonne (bzw. Mond, Merkur, Venus oder Jupiter) in Krebs und Aszendent Widder b) Sonne (bzw. Merkur, Venus, Mars oder Jupiter) in Widder und Aszendent Krebs
	IV	a) Aszendent Krebs b) Hausspitze 4 in Widder c) Geburtsherrscher in Haus 4 d) Herrscher von Haus 4 in Haus 1 e) Geburtsherrscher in Krebs f) Herrscher von Haus 4 in Widder

Die aktiven, zur Entwicklung und Durchsetzung benötigten Aggressionskräfte (Mars) können sich unter dem Einfluß des Mondes nicht entfalten. Sie bleiben in den Kanälen des Unbewußten hängen, wo sie sich destruktiv gegen das Selbst der Geborenen richten: Dadurch kann es in der Persönlichkeitsverwirklichung zu Störungen kommen. Die Betroffenen können sich von ihren eigenen Gespenstern, die sie in die Umwelt übertragen, angegriffen fühlen, was sich in einer Neigung zu Verfolgungswahn ausdrückt. Die innere Seelenlandschaft ist dauernd überlastet, und an die tieferen Schichten ihrer Psyche lassen sie sowieso niemanden heran, weil jede Auseinandersetzung mit der Umwelt stets die inneren Konflikte hervorkitzelt. Sie fühlen sich sofort bedroht, ohne zu merken, daß sie sich in ihren eigenen Aggressionen spiegeln, die von der Umwelt nur reflektiert werden.

Im Zusammenspiel mit den inneren Instinkten drücken die ans Tageslicht drängenden Aggressionen die rohen sexuellen Impulse aus, die wir als negativ empfinden und deshalb abwehren. Damit zeigt sich ein verhindertes Erleben, das im Zusammenhang mit den Gefühlen die dunklen Triebe nicht vermeiden, aber auch nicht annehmen kann. Das mündet (im Ausleben der Verhinderung) dann zu einem verschachtelten Sexualverhalten, dessen Aufschlüsselung zu einer Domäne der Psychoanalyse geworden ist. Das Gefühl, böse, häßlich und ein Wüstling zu sein, hält sich mit der Angst die Waagschale, diese durch Verdrängung überhitzten inneren Gelüste in die Außenwelt zu übertragen.

Auf der tiefsten Ebene symbolisiert dieser Aspekt die Bindung der aktiven, nach außen drängenden Aggressionskräfte an den innersten Gefühlsbereich. Das entspricht den verhinderten Instinkten, die im Keller des Unbewußten, vom Tageslicht abgeschnitten, ihr Unwesen treiben. Dieser innere Zustand drückt sich im Alltag dann als etwas aus, das uns ängstigt und fasziniert zugleich: Angst, weil wir die verdrängte Aggression im finstersten Winkel als etwas spüren, vor dem wir uns fürchten, und Faszination, weil der dunkle Trieb uns gleichzeitig durch unsere Neugierde gefesselt hält.

Menschen unter diesem Zeichen sehen sich beständig in der Lage, ihre inneren Gefühle gegen äußere Einwirkungen verteidigen zu müssen. Diese Energie aber, die sie dadurch verbrauchen, daß sie die Aggressionen nicht zulassen, fehlt ihnen schließlich zur persönlichen Entfaltung. Statt sich auf eine kreative und angemessene Weise durchzusetzen, bleiben sie stets Gefangene ihrer eigenen Furcht. Ständig auf der Hut vor Angriffen aus der Außenwelt, verdrängen sie die Angst, wo es doch gerade dieser Mechanismus ist, der die Problematik schafft.

Es ist ja gerade ihr Problem, die eigenen Aggressionen nicht ausleben zu können, den Verdrängungsmechanismus aber auch nicht zu durchschauen, der den Auswirkungen dieser fehlgeleiteten Entwicklung zugrunde liegt. Umgekehrt ist es aber auch wieder diese Entwicklung, die durch den Aggressions-Anstau zum Zerreißpunkt führt, wo sich die angesammelte Kraft gewaltsam entlädt und endlich zum Durchblick führt: zur Erkenntnis nämlich, was in der eigenen Psyche schattenhaft, dunkel und beengend ist.

Lernt der Mensch, sich in sich selber zu erkennen, bekommt er die Aggressionen in die Hand, die durch seine eigenen Ängste gefesselt waren. So erblickt er seine individuelle Dunkelheit in der kollektiven Dunkelheit der Triebe und erkennt gleichzeitig den Mechanismus des Bösen, der sich aus den Polaritäten im menschlichen Bewußtsein schafft: In Wirklichkeit ist gar nichts böse, sondern nur ungezügelt, launisch und naturhaft!

☽ ♂

Mythologisches Modell

Hintergrund (dunkel)

Auf der dunkelsten Stufe symbolisiert dieser Aspekt die Möglichkeit, den Tod zu erfahren, ohne wirklich zu sterben. Die ältesten Überlieferungen dieser Art finden wir in den Ritualen der Schamanen. Es handelt sich dabei um einen Akt der Vernichtung und der Wiedergeburt. Die Adepten berichten von einer Reise in die Unterwelt, wo sie ihren verdrängten Aggressionen und unbewußten inneren Ängsten in allen Schattierungen begegnen. Bildlich zeigt sich das in einem atmosphärischen Entsetzen, wo den Betreffenden das Fleisch buchstäblich von den Knochen gerissen wird. Dem symbolischen Tod folgt aber stets die Wiedergeburt, und auf die Zerstückelung des Fleisches erfolgt der magische Aufstieg in einem neuen Körper.

Dieser bildliche Aufstieg in die höheren Ebenen, zu den himmlischen Regionen mittelalterlicher Mystiker oder den Regenbogen-Sphären moderner Esoteriker bedeutet tiefenpsychologisch aber nichts anderes als die Verarbeitung einer Bewußtseinskrise. Die Voraussetzungen werden erkannt, die Wirkungen von den Ursachen getrennt, analysiert und dadurch unschädlich gemacht (schamanisch: die befallenen Körperstücke werden den Krankheitsdämonen zurückgegeben). Das übernatürliche Wissen, von den Urvätern göttlicher Eingebung zugeschrieben, entspricht der inneren Verarbeitung. Der magische Aufstieg aus den Tiefen hingegen der Beendigung der Krise.

Mythos

»Tod und Wiedergeburt« ist ein immer wiederkehrendes Thema, das in vielen Mythen seinen Niederschlag gefunden hat. Die Helden steigen in die Tiefe, um nach vielen Auseinandersetzungen mit den inneren Dämonen wieder in die Welt zurückzukehren. Sie, die tot und wieder auferstanden, von Ungeheuern verschlungen und wieder ausgespien worden sind, kehren genau um diese Erfahrungen reicher an die Oberwelt zurück.

In den altägyptischen Mysterien wurde dieses rituelle Gleichnis in der Auferstehung des gemeuchelten Osiris dank Isis und Nephthys zum Ausdruck gebracht (Mond/Venus/Mars). Der Kult des Orpheus (vgl. Mond/Jupiter, S. 167), die dionysischen Mysterien von Attis und Adonis oder die babylonisch-assyrische Überlieferung von Tammuz und Ischtar: Sie alle versinnbildlichen die menschliche Auseinandersetzung mit dem »Tod und Wiedergeburts«-Vorwurf.

Etwas weniger verschlungen und dafür zielgerichtet-primitiver (Mond/Mars) finden wir das gleiche Thema auch im Mithraskult (Mithras Kampf mit dem Urstier) oder in Herakles' Sieg über den Höllenhund Kerberos. Kerberos oder Cerberus ist der dreiköpfige, schlangenhaarige Wächter an der Pforte zur Unterwelt. Er läßt zwar eintreten, wer hindurch will – doch läßt er keinen mehr zurück (in einem übertragenen Sinn könnte man ihn mit den Wachstürmen und Stacheldrähten in den Konzentrationslagern vergleichen!).

Zusammenfassend rekrutieren sich unter dieser Konstellation alle Dämonen der Seele, welche die Menschen nicht nur in den

Träumen, sondern auch in der Anhäufung von Alltagsängsten quälen!

Hintergrund (hell)

In einem helleren Sinn symbolisiert der Mond/Mars-Aspekt aber auch die Geburt. Der Mond entspricht dabei dem Mutterleib, in dem der Fötus ruht, und Mars verkörpert die Ausstoßung durch den Geburtskanal und die Abtrennung der Nabelschnur.

Die Geburt geht niemals mühelos vor sich, sondern sie bedarf einer großen Kraftanstrengung. Der Mutterschoß (Mond) hat die Aufgabe, das heranwachsende Leben zu beschützen. Und dieser Aufgabe kann er nur gerecht werden, wenn er das zu Behütende völlig vor den Einflüssen der Außenwelt abschirmt. Aber das neue Leben will und muß hinaus, wenn seine Stunde gekommen ist, und das Verlangen, die umschließende Hülle zu durchstoßen, symbolisiert sich im Archetyp des Mars. Der Geburtsakt ist auf allen Ebenen des Lebens ein Vorgang aggressiver Kräfteballung, der sich im unbändigen Willen des winzigen Keimlings (Embryo) manifestiert, nämlich aus der dunklen Eingeschlossenheit der Muttererde (Mutterschoß) hervorzubrechen: ins Licht der Selbstbestimmung seines Eigenseins!

Damit repräsentiert die Geburt den hellen Pol im »Tod- und Wiedergeburts«-Zyklus, aber der Durchbruch ins Leben ist genauso rücksichtlos wie der Tod, auch wenn wir uns das ungern eingestehen. Sein ganzes Streben zielt auf das bedingungslose »Ich will leben«, und selbst wenn dieser Akt dem Wirt (Mutter) den Tod bringt, der Keimling kennt nur dieses Ziel: »Ich muß hinaus!«

In dieser Rücksichtslosigkeit liegt nämlich völlig unbemerkt der Lebenssinn, denn jedes neue Leben basiert auf der Vergänglichkeit des alten. Doch weil wir diese Wahrheit ablehnen, bekämpfen wir sie in dem, was sich uns als Tod umschreibt, und verdrängen damit das einzig Währende oder die »Folgerichtigkeit des Schöpfungssinns«.

Stets fließt der Tod in eine Welle der Befreiung, weil sich im Ende immer das sich unendlich nach dem Kosmos zurücksehnende Verlangen inkarniert. Das Ewige erscheint unendlich schön und strahlend. Genauso folgt auf die explosiv anmutende »Herausstoßung aus dem Mutterleib« ein Gefühl der Erleichterung und Entspannung. Wie der biologische Tod entspricht auch der Lebensanfang einer Etappe im Spektrum eines unüberschaubaren Bewußtseinsabenteuers, wobei unter Paradies und Hölle oder Gott und Teufel weniger physische Entitäten (Zeiten und Orte) zu verstehen sind als vielmehr seelische Realitäten unter dem Einfluß sich laufend verändernder Bewußtseinszustände.

Tiefenpsychologisch

Psychisch gesehen spiegelt Herakles' Kampf mit Kerberos die Ebene wider, auf der sich der Mond/Mars-Mensch zu bewähren hat. Die Herakles- oder Mars-Seite im Geborenen entspricht jener Ellbogenmentalität, alles aus dem Weg zu räumen, was die eigne Durchsetzung erschwert. Herakles symbolisiert das zornige Kind im Mann, welches darauf besteht, daß sich die Welt um ihn zu drehen hat (was sich in allen »Heldenkämpfen« ausdrückt).

Sein Antipode, der Höllenhund Kerberos oder Cerberus (»Hüter der Schwelle«) begegnet ihm auf zwei Ebenen. Zuersteinmal da, wo er dem Helden als Spiegel dient, denn beide verkörpern Rücksichtslosigkeit und Härte. Beide sind durch ihre Aufgaben gezwungen, ihre persönlichen Gefühle zu verdrängen. Das führt zu einem schroffen Kommunikationsverhalten, und da beide dazu neigen, ihre inneren Gefühle mit äußeren Funktionen zu überdecken,bleibt für eine gefühlsmäßige Auseinandersetzung kein Platz. Da die Gefühle aber damit nicht verschwunden sind, mutieren sie zur umgekehrten Liebe: zum Schmerz! Es ist für die Betroffenen nicht leicht, ihre Aggressivität und Kampfbereitschaft als Schmerzverlangen zu durchschauen und gleichzeitig als verdrängte Liebessehnsucht. Doch durch die Abschirmung der Gefühle ist nur der Schmerz noch intensiv genug, den eigenen Panzer zu durchbrechen.

Auf einer zweiten Ebene reicht dieses Beispiel aber noch viel tiefer, denn das Verhalten des treuen Wächters, die Seelen aus der Unterwelt nicht mehr zurückzulassen, entspricht der Schöpfungsabsicht, Bewußtseinserfahrungen nicht mehr rückgängig zu machen. Kerberos ist das Symbol für die menschliche Entwicklung, niemals zurückzuschauen und sich stets nach vorne auszurichten. Wenn Herakles also Kerberos begegnet, begegnet das in der Außenwelt sich durchsetzende Ego seiner »innersten Schöpfungsabsicht«, die sich ihm nur durch die eigene Projektion auf der gleichen (aggressiven) Ebene entgegenstellt. Diese läßt in einem überspitzten Sinne Liebe zu (fast erwürgt Herakles den Höllenhund mit bloßen Händen), als sie sich vom Ego überwinden und umarmen läßt.

Indem sie das Äußere eindringen läßt und so zu einem Teil des Inneren macht, erkennen wir die nach Vollständigkeit und Ganzheit strebende Schöpfungsabsicht. Da das aggressive Ego nur auf Kampf anspricht, finden wir in der Unterwerfung das versteckte Hingabeverlangen und dahinter die Verschmelzungsabsicht (Wachstumstaktik!), um die äußere Aggression in sich hineinzuziehen und damit zu erlösen!

Gehen wir der Sache nach: Herakles kann das Ungeheuer nicht töten, weil es ein Teil der göttlichen »Absicht« oder eigenen Entwicklung ist (im Mythos wird das dadurch ausgedrückt, weil der Gott der Unterwelt das Tier jetzt schützt). Da der »Herr der Tiefe« für den unbewußten Gefühlsbereich zuständig ist, muß Herakles das Untier integrieren, ein psychologischer Akt, der mit der Überwindung beginnt. Jetzt trägt er den Höllenhund in Armen (im Mythos besiegt er ihn mit bloßer Hand), und sie halten sich wissend umfangen, weil der »Wächter am Tor« einem Stück seiner innersten Wahrheit entspricht, die über die »Rücknahme der Projektion« zu ihm zurückgefunden hat.

♇ ♂

Karmische Struktur

Frau

(+)
Frauen unter dieser Konstellation sind offen, begeisterungsfähig und emotional stark ansprechbar. Der innere Bezug zur bildenden Kunst (Bildhauerei, expressive Malerei) und Musik *(»Gimme All Your Lovin'«)* ist vorgegeben, auch wenn die emotionalen Repräsentanten des jeweils vorherrschenden Geschmacks rasch wechseln. Gerade die Schnellebigkeit der Musik in unserer Konsumgesellschaft ist ein gutes Beispiel: Nicht der einzelne Interpret, sondern das Phänomen der äußeren Betäubung ist der Stimulus, der die Triebmomente unterstützt, um sie leichter in die eigene Gefühlswelt zu integrieren.

(-)
Unter dieser Konstellation ist man impulsiv und heftig und befindet sich mit seiner Umwelt stets im Clinch. Mars schürt einerseits das Bedürfnis, mit der Umwelt in Kontakt zu kommen, der diskrepante Mond kühlt aber andererseits den Mut und verhindert das Empfinden, sich in einer schnellen Umarmung auch wohl zu fühlen. Wir haben hier einen klassischen »Anziehungs- und Verhinderungseffekt«, und zwar auf der Kommunikationsebene. Der reizbestrahlte Mond ist viel zu schwach, sich gefühlsmäßig zu engagieren, andererseits zieht er über die marsische Reizung die Außenkontakte nur so an.

Vorausetzung der Probleme unter diesem Zeichen ist vielfach blanker Mutterhaß. Die Tochter läßt sich die Disharmonie im Gefühlsleben stellvertretend durch die Mutter vorleben. Gleichzeitig wehrt sie das Verhalten der Mutter ab, weil sie nicht wie diese werden will; damit wehrt sie sich gegen ihre eigene Weiblichkeit und nimmt so ein aggressives, burschikoses Wesen an. Dadurch wiegelt sie die Mutter gegen sich auf und ist damit auf eine unbewußte Art in Harmonie, weil sie diese jetzt bekämpfen (und sich psychisch wieder einmitten) kann, ohne die Ursachen zu erahnen.

Mann

(+)
Ein harmonischer Aspekt läßt auf ein lebhaftes und spontanes, wenn auch noch wenig differenziertes seelisches Empfinden schließen. Man kann zwar sagen, daß der Mann im Einklang mit seinen inneren Gefühlen handelt, denn er verfügt über eine sinnliche Wärme und strahlt eine immense Herzlichkeit aus, aber in einem archetypischen Sinn entspricht sein Gefühlsleben noch dem seiner Ur-Urahnen aus der Steinzeit. Alle Gedanken drehen sich um das egozentrierte Ich-Empfinden, der Schatten gehört allein der Umwelt, die deshalb immer ein bißchen im Auge behalten werden muß. Daher rührt wohl auch das Bemühen, sich stets vorteilhaft zu präsentieren, denn das Demonstrieren innerer Stärken ist unter diesem Gestirn aus prähistorischer Erinnerung geradezu lebenswichtig.

(-)
Bei einem dominanten Mars werden die Gefühle verdrängt (»Herakles-Syndrom«) und hinter einem betont aggressiven Verhalten versteckt. Das dadurch entstehende Gefühl innerer Unbefriedigtheit wird durch ein immer aggressiveres Verhalten verdeckt, was sich gleichzeitig im Drang nach körperlicher Aktivität und nervöser Überreizung ausdrückt. Aus diesem Teufelskreis gibt es nur schwerlich ein Entrinnen, weil die Außenreize, denen man sich ausliefert, gleichzeitig die Aufgabe haben, das innere Empfindungsvermögen zu betäuben, um nicht immer an die seelische Gefühlsinsuffizienz erinnert zu werden.

Dominiert der Mond, dann verfällt man ins umgekehrte Verhalten, die aggressiven Tendenzen, statt in der Umwelt auszuleben, ins Körperinnere abzuleiten. Die Geborenen sind überempfindlich und ausgesprochen schnell verletzt, weil sie die Aggressionen, die sie nicht ausleben können, von außen aufnehmen und nach innen übertragen, was sich in Magen- und Verdauungsschwierigkeiten auswirkt. Sie explodieren nicht, sie implodieren, und wenn der Mars-Betonte gelegentlich über alle Ziele hinausschießt, so nimmt der Mond-Akzentuierte alle Reaktionen der Umwelt »mit dem Magen« auf, um die nicht auszudrückenden Aggressionen wenigstens durch Erleiden (Einstecken der Aggressionen anderer) loszuwerden. Der Magen wandelt die steckengebliebene Aggression in Magensäure um, und mit der Akzeptierung des Magengeschwüres bringt sich der Betroffene auf eine überspitzte Weise ins Gleichgewicht Oder ironischer ausgedrückt: Das Magengeschwür schützt ihn davor, seine Aggressionen in der Außenwelt auch ausleben zu müssen.

Sex/Sucht

(+)
Auch unter günstigen Gesichtspunkten fühlt man sich von einem inneren Aggressionspotential bedroht. Das ist der Preis für die Erfahrung, Sex und Tod als ekstatisches Moment im gleichen Augenblick wahrnehmen zu können, denn Geburt und Tod sind die beiden extremen Pole der Schöpfungsabsicht, und im Sex drückt sich beides gleichermaßen aus. Die Sexualität, die nur aus unserer individuellen Sichtweise als Eingang oder Ausgang bezeichnet werden kann, entspricht dem Heimweg, der niemals zu Ende

geht. Im Gegensatz zu den Spannungsanlagen finden sich unter diesen Gestirnswinkeln aber humanere (verlogenere) Möglichkeiten, die inneren Unvereinbarkeiten auf äußere Adäquate zu übertragen und sie dort stellvertretend für die eigenen Probleme zu verteidigen.

Auf dem *»Rettet die Wale«*-Level scheint spirituelle Reinigung bei einer dominierenden Mond-Stellung möglich; bei einer aggressiven Mars-Position braucht es für Heilung aber schon die »Anti-Atomkraft-Bewegung« oder zumindest die »Hausbesetzer-Szene«. Ohne politischen Touch kann diese innere Heimatlosigkeit aber auch als Straßenmusiker oder bei den Barden-Treffpunkten (Folk-Festivals) am Lagerfeuer kollektiv erlebt werden. Oder man befindet sich in geistiger Nähe zu den »spirituosen« Brüdern vom linken Seine-Ufer, denen man dann stellvertretend für die eigene Schwäche ein paar Flaschen Alkohol spendiert!

(-)

Sexuelles Verhalten wird von einer mehr oder weniger latenten Gewaltproblematik beherrscht. Die innere Angst, dieser unterschwelligen Kraft nicht gewachsen zu sein, hemmt die triebhaften Gefühle, was zu seelischen Blockaden führt. Die durch die unterbliebene Befriedigung ins Unermeßliche gesteigerten Triebe inkarnieren die Gefühlsneurosen eines besessenen Melancholikers, der seinen angestauten inneren Gefühlen gewaltsam Luft verschaffen muß.

Das kann zu schönen Visionen führen, denn die klassische Ersatzfunktion für Partnersexualität, die Masturbation, ist bestens geeignet, jenen Bereich der Phantasie zu entwickeln, der ihm die ungelebten Träume zur Realität werden läßt. Auch die Angst der Frau, sich ausgeliefert zu fühlen (weil der auf den Partner projizierte Mars ja »drückt«), ist damit umschifft, denn Onanie ist »losgemachte Phantasie«, die immer weiter wächst und ständig neue Formen annimmt. Sie ist das Produkt der Verbindung Triebe/Ego, wobei die Show verinnerlicht und in den eignen Phantasiegelüsten inszeniert wird.

In anderen Fällen (wenn die Seele unter dem Druck der Libido zusammenbricht) kippt der Geborene aber aus jedem Sozialgefüge, weil selbst die Phantasie-Flucht für ihn jetzt sinnlos wird. Die verhinderten Aggressionen drängen ins körperliche Erleben, wollen nicht mehr auf der (unverbindlichen) Traumebene entschärft werden. Alkohol dient als Auflöser, um die unerträgliche Realität zu ersäufen (der Betroffene nennt das »die Wirklichkeit erfahren«), und härtere Drogen wie Kokain etc. dienen als Skalpell, die »Wahrheit« zu sezieren. Der Alptraum ist das metaphysische Labyrinth, voll kompromißloser und grausamer Bilder, verstellt von den eigenen Begierden. Er verkörpert den Sog von Mutterinstinkten (Mond) und Endzeit-Ängsten (Mars) und bietet Suche als Sucht (welche Wahrheit?). Auch liefert er den psychologischen Hintergrund; immer tiefer verstrickt sich der Geborene in seinen aggressiven Wahnbildern – bis hin zum finalen Knockout!

☽ ♂
Krankheitsdispositionen

Die Erlebnisschilderungen Schizophrener ähneln frappant den religiösen Vorstellungen vom Endschicksal des Einzelmenschen, also den auf die »Letzten Dinge« sich beziehenden »eschatologischen Schriften«. Diese Beschreibungen schildern die inneren Auseinandersetzungen mit entsetzlichen Ungeheuern und Dämonen: Sie berichten von Begegnungen mit Geistern oder übermenschlichen spirituellen Wesen. Fötale oder embryonale Erinnerungen tauchen auf, Abläufe auf der Ebene des Zellbewußtseins werden reaktiviert. Bisweilen weisen die Bilder auch über unser Raum-Zeit-Kontinuum hinaus, dann wird das Bewußtsein der ganzen Schöpfung mit den Poren aufgesogen. Der kleine Menschengeist scheint den Schöpfergeist zu umfassen und sich mit der Totalität alles Seienden zu identifizieren, was in einem implodierenden Akt zur letzten Erfahrung der geheimnisvollen Leere führt, dem Nichts.

Damit befinden sich die Psychotiker in einer geistigen Nähe zu den Initiationsriten der Schamanen oder den Transformationsritualen östlicher Tempelmysterien. Das kulturelle wie das pathologische Symptom spiegelt psychologisch das gleiche Symbol: die Verinnerlichung der äußeren Krise. Dies wird erreicht durch die Verkleinerung des äußeren Betätigungsfeldes. Sinn und Zweck dieses psychischen Heil- und Reinigungsprozesses sind klar: Der Held begegnet seinen inneren Dämonen, durchschaut sie und ist frei! Gelingt ihm dies nicht, dann schlägt diese innerliche Feigheit

(»Angst vor der Angst«) auf der äußeren Ebene in Verfolgungswahn (oder kompensierend: Größenwahn) um.

Weitere Symptome	**Psychisch** – Ticks wie Nägelbeißen (Unsicherheit, nervöse Unruhe) – übertriebene Aktivität aus Bedrohungserwartung (Sympathikusüberfunktion bzw. erhöhter Adrenalinspiegel) – Integrationsschwierigkeiten der aggressiven sexuellen Perspektive (vgl. »Sex/Sucht«) **Physisch** – Eisenmangel, schlechte Zähne – Magenübersäuerung (vgl. »Mann«) – Migräne, Augenflimmern, Sehprobleme – Lymphstörungen, (Lymphstauungen, Entzündungen der Lymphorgane)

Tinkturen

Homöopathische Mittel

Verdrängter Mars	**Homarus vulgaris** (Verdauungssaft vom Hummer)	– gegen Magenübersäuerung (Magenbeschwerden): D6 – bei erhöhtem Adrenalinspiegel: D12
Verdrängter Mond	**Comarum palustre** (Sumpfblutauge)	– gegen innere Angst: D20 *(Schenkt dem Helden Gelassenheit im Kampf mit dem inneren Ungeheuer!)*
	Potamogeton natans (Schwimmendes Laichkraut)	– bei Orgasmusstörungen, Menstruationsbeschwerden, Bedrohungen und sexuellen Wahnvorstellungen: D4-D20

*Zwangs-psychosen**	**Agaricus muscarius** (Fliegenpilz) **Amanita phalloides** (Knollenblätter-pilz) **Hyoscyamus niger** (Bilsenkraut)	Alle: – gegen unbewußte Ängste, abgründiges Suchtverlangen oder unterschwellige Ohnmachtsgefühle (Integrationsschwierigkeiten aggressiver sexueller Perspektiven): Potenzen zwischen D6/D20
Schüsslersalze	**Calcium fluoratum** (Nr. 1)	– gegen Magenübersäuerung und allgemeine Magenbeschwerden (hilft gegen alles, was »auf den Magen schlägt«) – gegen Gemütsleiden (ungelöster Streß, Nicht-aus-sich-heraus-können) – nützt bei allen Krankheiten, die durch Feuchtigkeit und Kälte verschlimmert werden – gegen Lymphstauungen, Entzündungen der Lymphorgane und Brustdrüsenerkrankungen – bei Verhärtung (Schleimhaut) wie Erweichung oder mangelnder Substanz (schlechte Zähne)
	Kalium phosphoricum (Nr. 5)	– hilft bei Erschöpfungszuständen von Körper und Geist (generell bei inneren Spannungszu-

* Vgl. auch »Uranus/Pluto«, a.a.O., S. 214.

			ständen und nervöser Unruhe aus unterschwelligen Bedrohungserwartungen)
		–	bei Migräne, Spannungskopfschmerzen und Sehstörungen
Bachblüten	**Cherry Plum** (Kirschpflaume)	–	gegen unbewußte Ängste, die tief im Innern sitzen und sich anschicken, im Alltag aufzutauchen (übertriebene Aggressionen gepaart mit Angst)
	Mustard (Wilder Senf)	–	bei Symptomen aus physischer oder psychischer Überforderung (Suchterscheinungen, Ohnmachtsgefühle, Teilnahmslosigkeit, sexuelle Erschlaffung oder Melancholie)
Urtinkturen	**Lichen islandica** (Isländisches Moos)	–	bei nervöser Unruhe und (leichten) Magenbeschwerden
	Natriumhydrogencarbonat (doppelkohlensaures Natron)	–	gegen Sodbrennen
Rauschtinkturen (Zaubertränke)	*Amazonas-Gebiet* **Ayahuasca/Yage** (aus der Caapipflanze)	–	Alle: für Reisen in die »Unterwelt«
	Afrika **Tabernanthe iboga** (aus der Eboga-Pflanze)		

Mexiko
Lophophora Williamsii
(Peyotl)
Psilocybe mexicana
(Teononacatl)

Europäisches Mittelalter
Atropa belladonna
(Tollkirsche)
Datura stramonium
(Stechapfel)
Mandragora officinarum
(Alraune)

Therapie

- Erfahrungen der Wandlung
  Bewußtseinsverändernde Techniken wie z.B. Schlafentzug, Fasten, Drogen oder Isolation
- Katathymes Bilderleben
  Konfrontation mit dem Tod: Kriegs- und Verwüstungsszenen oder Visionen von Sterbenden
- »Initiatische Krankheiten«
  Schamanische Rituale zur Überwindung von Schmerz und Tod

☽ ♂

Gestirnsauslösungen

Direktionen, Transite, Alterspunkte, rhythmische Bewegungen

(+)
Die Geborenen »lenken« durch Konzentration und Entspannung ihr »inneres Feuer«, und damit verbrennen sie jedes Ungeheuer.

Danach fühlen sie sich geläutert und frei. Die Überwindung des Dunklen drückt sich in herrlichen Lichtvisionen aus, Böses wird durch positive Gefühle vertrieben, Niedergeschlagenheit und Verzweiflung einfach weggelacht: Der Glaube versetzt Berge, und es gibt nichts, was man nicht kann, wenn man nur glaubt, daß man es kann! Da alle seelischen Prozesse, wenn sie harmonisch ablaufen, körperlich und geistig aktivieren, finden in einer Zeit glücklicher Mond/Mars-Auslösungen alle inneren Bestrebungen ihren richtigen Ausdruck.

(-)
Wo er früher seine Ängste in der Bibelgläubigkeit ertränkte, versucht es der Mensch heute mit Psychotherapie, Parapsychologie oder Magie. Die Beschäftigung mit den eigenen Dämonen ist damit zum Ventil für unterdrückte Aggressionen geworden, und ihnen zu unterliegen verspricht gleichzeitig Lustgewinn. Aus dem unbefriedigenden, langweiligen und hoffnungslosen Alltag flüchten die Menschen in die Arenen der Triebe, wo sie sexuelle Erfüllung zu finden hoffen. Eine häufige Variante dieser Bilder ist dabei die innere Empfindung, von einem gräßlichen Ungeheuer verschlungen zu werden. Dies ist das Symbol des Höllenschlundes und verkörpert den Eintritt in die Unterwelt. Ob »Dies irae« oder Hexensabbat, Sex mit dem Therapeuten oder mit dem Antichrist: Die Angst will raus! Damit haben wir den Drachen jetzt umzingelt. Wir müssen ihn durchschauen, sonst verheddert er sich in den Tiefenschichten seelischer Bildekräfte und liefert uns den inneren Perversionen – den verdrängten, eigenen Aggressionen – aus.

»Das grüne Knaben-Mädchen kletterte auf eine Felsbank – Ein schwerer, betäubender Duft wehte aus seinem halbgeöffneten Mund – Es krümmte sich mit leichtem Zwitschern und Gekicher dem Kontrolleur entgegen – Der Kontrolleur langte nach unten, eine durchsichtige Hand tastete sich abwesend in die knochenlose Gallerte hinein und streichelte Drüsen und Nervenzentrum – Das grüne Knaben-Mädchen wand sich in Krämpfen des Schmeichelns –«

(aus William S. Burroughs, »Nova Express«)

☽ ♂

Archetypen und Symbole

Thema	Reise in die Unterwelt
Ziel	Konfrontation mit dem »Ungeheuer«
Sinn	»Durch Überwindung des Ungeheuers Erlösung!«
Berufung	Überwinder, Selbstüberwinder (Held) *In der Antike Hirte, heute Heimleiter, Zögling oder Psychotherapeut*
Symbole	Nothung (Penissymbol) *Siegfrieds Schwert, mit dem er den Drachen ersticht*
	Provokative Utensilien und Kultgegenstände *Schrumpfkopf, Totenkopf, mit Silber ausgegossener Katzenschädel, Haifischrückgrat etc.*
Mythen	
Antike	Alle Heldenkämpfe mit dem Ungeheuer *Herakles mit Kerberos, Siegfried mit dem Drachen oder Theseus mit dem Minotaurus*
Bibel	Herodes' Kindermord in Bethlehem; Die Versuchung Jesu in der Wüste
Sabbat	Allerseelen
Gott/Göttin	Anaubis, Shiva, Yama Anathema Mar Anatha, Hekate, Hel, Kali, Neith oder Kala-Nath, der Urschlund *Wurde in den Ras-Shamra-Texten als menschenfressendes Ungeheuer beschrieben, das Hekatomben von Opfern in ihren Katakomben verschlang: »Gewaltsam zerreißt sie die Opfer und freut sich hämisch darüber; ihre Leber schwillt vor Fröhlichkeit an, denn sie watet mit ihren Knien im Blut der Kämpfer und suhlt ihre Lenden in deren geronnenem Blut ...«*

Dämonen	Asuras (mit ihrem Gott Ravana)
Tiersymbole	Chthonische Tierwelt *Drachen und Schlangen, Krokodile und Spinnen, Skorpione und Krebse, Blutegel und Zecken*
Archetypen	
Märchen	Die durch Leid und Erkenntnis geläuterten Helden den, welche die innere Wandlung vollzogen haben *Hanuman, der Menschenaffenkönig, zu Vishnu: »Wenn ich vergesse, wer ich bin, bin ich ich. Wenn ich mich aber erinnere, wer ich bin, bin ich du.«*
Legenden	Saulus/Paulus; Verrat des Judas
Kultstätten	Fingalshöhle *Basaltgrotte (der Boden befindet sich unter dem Meeresspiegel) an der SW-Küste der kleinen, unbewohnten Hebrideninsel Staffa*
	Helgoländer Bucht *Im Mittelalter als Seeräubernest erwähnt, nach dem Zweiten Weltkrieg englischer Bombenübungsplatz*
Magische Plätze	»Kochende Schlammteiche« im Thermalgebiet um Rotorua (Whakarewarewa) in Neuseeland; Loch Ness (schottischer See im Glen Albyn)
Kraftorte	
Höhlen	Dachstein-Mammuthöhle; Tantalhöhle (Hagengebirge); Ahnenschacht (Totes Gebirge)
Felsen	Rabenfels bei Nürnberg; Gollenstein von Blieskastel (Saarland); Barberine am Pfaffenstein (Elbsandsteingebirge)
Schluchten	Wutachschlucht im Schwarzwald; Viamala bei Thusis in Graubünden
Wasserfälle	Gießbachfälle am Brienzersee; Saut du Doubs bei Les Brenets im Neuenburger Jura

Trümmer-landschaft	Kandersteg im Berner Oberland
Baustil	Schöpfungen elementarer Natureinwirkungen *Baumaterial ist der Fels, Baumeister sind Sturm und Wasser*
	Türme oder die Kerkergewölbe alter Ruinen *Penissymbol und Mutterbauch- bzw. Urmutter-Sinnbild*
Stimmung	Eintauchen ins Dunkel. Der Fötus symbolisiert das transzendente Selbst, das im Begriffe ist, sich sich zu befreien. Er ist umgeben von chthonischen Tierformen, welche die monströsen Kontraktionen des Uterus bewerkstelligen. Die Ungeheuer repräsentieren dabei die Kräfte, welche den Mutterschoß (die alte Ich-Struktur) zerbrechen
Duft	Niaouliöl
Edelsteine	Almandin, Pyrop, roter Jaspis (Mutter aller Steine)
Farben	Zwischen rötlich-braun und violett-schwarz
Ritual	Teufelsbeschwörung, Schwarze Messe
Musik	»In der Halle des Bergkönigs« (aus »Peer Gynt«) von Edvard Grieg
	»Pacific 231« (sinfonische Maschinenmusik) von Arthur Honegger
	»Der Vampyr« von Heinrich Marschner; »Aus einem Totenhaus« von Leo Janácek; »Mörder, Hoffnung der Frauen« von Paul Hindemith
Bildende Kunst Symbolisch	»Saturn, einen seiner Söhne verschlingend« von Francisco de Goya; »Der Geist einer Fliege« von William Blake; »Atomkinder« von H. R. Giger

Impressiv	»Regen, Dampf und Geschwindigkeit« von William Turner *... oder der dämonische, Flammen und Ruß spuckende Schlepper auf Turners berühmtem Gemälde »Das Schlachtschiff Téméraire«* »Der Eifelturm« von George Seurat *Stahlgerüst in emaillefarbener Tupfen-Technik*
Dichter	Fjodor M. Dostojewski *»Schuld und Sühne«, »Aufzeichnungen aus einem Totenhaus«, »Die Besessenen«* August Strindberg *»Inferno«, »Traumspiel«, »Gespenstersonate«, »Totentanz«*
Literatur Moderne	»Zettel's Traum« von Arno Schmidt; »Naked Lunch« von William S. Burroughs
Biographien	»Die Reise« von Bernward Vesper; »Mars« von Fritz Zorn; »Hans Eppendorfer: Der Ledermann spricht mit Hubert Fichte« – ein Frauenmörder im Gespräch
Roman	»Der Kuß der Spinnenfrau« von Manuel Puig
Zitat	»... Geh ... Wandre immer geradeaus. Ich verdamme dich zu ewiger Irrfahrt. Ich verdamme dich dazu, einsam und ohne Familie zu bleiben. Wandre immerfort, auf daß deine Beine dir die Stütze versagen. Durchquere den Sand der Wüsten, bis das Ende der Welt die Sterne ins Nichts verschlingt. Wenn du vorbeiwanderst an der Höhle des Tigers, wird er von dann fliehen, um nicht wie in einem Spiegel sein eigenes Wesen anzusehen, erhoben auf den Sockel der idealen Verderbtheit ...« (aus »Die Gesänge des Maldoror«, 1868, von Isidore Ducasse, Comte de Lautréamont)

☽ ♃

Mond – Jupiter

Wirkungsstufe I	a)	Konjunktion (+)
	b)	Sextil (+)
	c)	Quadrat (-)
	d)	Trigon (+)
	e)	Quincunx (-)
	f)	Opposition (-)
II	a)	Mond in Haus 9
	b)	Jupiter in Haus 4
	c)	Mond in Schütze
	d)	Jupiter in Krebs
III	a)	Sonne (bzw. Mond, Merkur, Venus oder Mars) in Krebs und Aszendent Schütze
	b)	Sonne (bzw. Merkur, Venus, Mars oder Jupiter) in Schütze und Aszendent Krebs
IV	a)	Hausspitze 9 in Krebs
	b)	Hausspitze 4 in Schütze
	c)	Herrscher von Haus 9 in Haus 4
	d)	Herrscher von Haus 4 in Haus 9
	e)	Herrscher von Haus 9 in Krebs
	f)	Herrscher von Haus 4 in Schütze

In voller Ausreifung symbolisiert diese Konstellation den seine Träume in den Dienst einer höheren Absicht stellenden Esoteriker. Bisweilen steigert sich dieser in unrealisierbare Vorstellungen hinein und wird von seinen überschäumenden Gefühlen weggetragen, aber den Göttern ist eben immer ein Tribut zu zahlen für das Verlangen, das den versteckten Wahrheiten unseres Seins ein Stück näherrücken will.

Durch die Mond/Jupiter-Perspektive rückt er Mythen wie Atlantis oder Thule in ein visionäres Zentrum und wähnt sich als Außerirdisch-Inkarnierter, der seine wahre Heimat wiederfinden will. Damit werden aus biederen Verwaltern oder verblühten

Kassiererinnen »kosmische Kuriere«, die sich in ihrer Unscheinbarkeit nur tarnen, nachdem sie vom Orion »herübergechannelt« sind.

Jupiter und Mond deuten auf eine übertriebene Bedeutung der Gefühle hin. Die Geborenen werden von ihren emotionalen Höhenflügen geprägt: Es ist für sie leichter, telepathisch an jeden beliebigen Platz im Universum zu gelangen, als sich beispielsweise um die Hausarbeit zu kümmern. Sie benötigen die Unterstützung ihrer Umwelt, um den eigenen Alltag organisatorisch überhaupt bewältigen zu können.

Dieser negativen Entwicklung setzt sich aber oft auch eine idealistische, humanitäre Geisteshaltung entgegen, die sich, statt von atomgespiesenen oder mit Lichtkraft betriebenen Zeitmaschinen zu träumen, mit religiösen oder sozial engagierten Ideen auseinandersetzt. Die expansive Sehnsucht nach dem Unbekannten kann durchaus auch in selbstlose und religiöse Themen münden. Die Geborenen können sich für die Verwirklichung transzendenter Erfahrungen einsetzen, die von der allgemeinen Meinung unbeachtet werden, und ihre Anlagen somit auf eine Weise loswerden, die für die Umwelt nützlich ist.

Dieser Konstellation lassen sich auch die weisen Frauen zuordnen, die sich mit Magie befassen, insbesondere mit deren schützenden und heilenden Wirkungen. Durch die Mond/Jupiter-Optik befinden wir uns in einem Netz, das alle Schöpfungsformen miteinander verbindet. Dadurch haben wir die Möglichkeit, zu kosmischen Sendern und Empfängern zu werden und damit alle Schwingungen von Erde, Lebewesen und Universum zu einem großen Kommunikationsnetz zu verknüpfen. Davon gehen alle animistischen Kulte aus, also Vorstellungen, die auf der Annahme beruhen, die Seele (Anima) sei ein alles umfassendes Kommunikationsmittel: Jedes Wesen und jeder Gegenstand ist beseelt und dadurch kommunikationsfähig.

Wir spiegeln uns in allen Lebensformen und alle Lebensformen reflektieren sich in uns; daher können wir ohne das Verständnis selbst der kleinsten und unscheinbarsten Lebensformen gar nicht existieren. Es ist alles vernetzt im großen Bewußtseins-Computer, deshalb kann jeder Botschaften aussenden oder empfangen. Gleichzeitig repräsentieren die Auswirkungen dieser feinstofflichen Austäusche das kosmische Chaos oder all das, was geschieht. Ob es sich aber um kybernetische und quantenphysikalische Ansätze handelt (vgl. Merkur/Jupiter: »Tiefenperspektive«, S. 220), mit denen man Trance und Ekstase herbeiführen kann, oder ob es Rituale sind, um die Umweltzerstörungen mit der magischen Kraft der Meditaion zu bannen, es ist immer die Rück-Orientierung nach der »Großen Göttin« oder das Bestreben nach einer spirituellen Erneuerung der Erde, die das Verhalten unter diesem Zeichen bestimmt.

☽ ♃

Mythologisches Modell

Parabel

(2. Akt)
Der Wind hatte umgeschlagen, als ich den schmalen Pfad bergauf stieg. Hergekommen war ich in der Hoffnung, den Meister in den Bergen zu finden: in der Kathedrale über den Wäldern, wo sich die großen Geister aller Zeiten finden, um ihre Erfahrungen zu lehren und dann auf ihrem Weg weiterzuziehen, wie Wind und Regen, Sonne und Sterne, in Ewigkeit.

Die lange Reise und der nagende Zweifel, den Meister zu finden, hatten mich aber müde gemacht: »Wie mag er wohl aussehen?« dachte ich noch, bevor mir die Augen ganz zufielen.

Träume stiegen in mir auf, die meine ganze Seele erfüllten wie Tautropfen das Licht der Morgenröte. In der Sonne sah ich einen schwarzen Schatten schimmern: Er schleuderte seinen Lichtspeer gegen mich.

Mein Blick fiel mir zurück ins Auge.

Plötzlich sah ich sein Gesicht am Boden flimmern, abseits vom Weg, zwischen den Hecken. Ich kämpfte mich durch zwischen Gestrüpp und Ästen und stand vor einem kleinen Teich.

Das Gesicht des Meisters sah ich dabei im Wasser glimmen, als ich mich niederkniete, um meinen Durst an der Quelle zu stillen. Aber der Wind hatte umgeschlagen, die Wolken verdeckten die Sonne und hüllten sein Antlitz in Finsternis: »Die Erde ist Dir fremd, Luft und Wasser sind Dir Freunde. Doch die Sehnsucht wirst Du nur im Feuer stillen, wo Deines Vaters Haus in der

Sonne keimt! Spürst Du den Lichtspeer nicht im Auge? Er reflektiert Deinen Blick zurück ins Licht: Dort soll Dein Haß die Flammen schüren, was der Erde wiederum zum Leben scheint! So wird Dir Heimat in der Sonne werden. Erhebe Deine Schwingen und fliege auf sie zu: Das Ewigdauernde ist nicht bemessen!«

Ich breitete die Arme aus und fühlte den Sturm unter den Achseln mich anheben. Der Wind hatte umgeschlagen, und einen Moment schien ich zu schweben im Odem des Windes. Der Pfad war zu Ende. Vor mir lag ein großer Fels als letztes Hindernis zum Meister. Wie eine letzte Pforte. Ich faßte mit den Händen nach einem Halt. Auf allen Vieren kroch ich in die Höhe. Aber immer wieder glitt ich mit den Schuhen aus. Plötzlich spürte ich den Wind unter den Armen mich anheben, und mich durchzuckte der Gedanke: »Wie leicht müßte es sein, mich wie ein Rabe emporzuschwingen? Auf den Flügeln der Stürme ins Licht zu dringen?«

Plötzlich sah ich ein Schiff mit schwarzen Segeln auf mich zufliegen. Am Klüverbaum hing eine nackte Frau.

»Mutter ...?!«

Sie erschien mir wie ein ferner Traum.

» – bist Du nicht tot? Man sagte, Du wärst bei meiner Geburt gestorben?«

Sie begann von innen her zu glühen und ich spürte, es war ein beißendes Licht in ihr: ein Strahlenkranz, der mich durchdrang, ein Feuerball, der mich verzehrte, bis ich selbst brannte. Ich fühlte ihre Stimme in den Adern.

»... es bleibt Dir nur der Weg zu Gott«, hörte ich ganz leise sagen, »den man nicht suchen muß, aber auch nicht finden kann, weil es der Weg ist, der einen sucht und dann erst findet, wenn Gott vollendet ist. Denn nur wer stark ist, sich im eigenen Schatten zu erkennen, hat auch die Kraft, die eigene Sonne zu ertragen! Wenn Deine Augen in die Sonne blicken, müssen sie verbrennen, wenn aber nur die Blicke in die Sonne schauen, so kriechen sie jetzt auf sich selber zu: Wenn sie am Ende aller Tage in mir ankommen, dann haben sie Dich wiedergefunden, und Du kannst von beiden Seiten nun durchs Fenster sehn, wie Dein Geist in die Sonne steigt, Dein Fleisch aber zurück zur Hölle sinkt! *Ich bin zwar selber noch nicht ganz tot, und Du selbst hörst erst auf zu leben, doch mit den gleichen Augen, die sich in der Dunkelheit des andern hier erblicken, haben wir uns auch erkannt: Ich bin nicht ich, noch bist Du du, wir sind das Ich und Du, und was wir für den andern tun, tun wir für uns! Wir sind das erkannte Ungesehene an der Schwelle zum Licht, weil wir uns jetzt erkannt haben als die, die durch sich selber sehen. So sind wir im Zusammensein getrennt, im Auseinandersein zusammen: Du beginnst zu sterben und ich zu leben, Leben zum Sterben, im Zyklus des wachsenden und abnehmenden Mondes!«*

Dann hatte ich das Gefühl, durch das Weltall geschleudert zu werden und ins Bodenlose zu fallen. Es war wie ein Konglomerat von Schmerz und Lust und von solch bohrender Tiefe, daß mir das Blut in den Adern stockte und ich nicht mehr wußte, ob ich meine Augen offen oder geschlossen hielt. Ich wußte nicht einmal mehr, wo mein Körper war. Wie durch einen Schleier sah ich die Felsen am Grunde der Schlucht auf mich zurasen. Blitze kristallisierten sich zu Lichtgestalten, ein dumpfes Grollen quoll mir aus der Brust: wie Donner aus den nahen Bergen. Dann explodierte ich. Irgendwie war mir, als ob ich im eigenen Donnern mich auflöste, und das, was ich bisher für mein Wesen gehalten hatte, das Intervall zwischen den Tönen war, die Struktur des Klanges also, von einem unbändigen Drang beseelt, das Grollen zusammenzuhalten und die zahllosen Empfindungen zu dirigieren, die nicht »Ich« waren, die aber durch ihre spezifische Aneinanderreihung etwas erschufen, was ich als »meine Vorstellung von mir« erkannte ...

(3. Akt siehe Merkur/Jupiter, S. 220)

Tiefenpsychologisch

Auf einer anderen Ebene verkörpert Jupiter die Kraft, die zu den Gipfeln strebt, um die Absichten der Götter mit uns Menschen zu verstehen. Er ist der spirituelle Führer, der die Verbindung zwischen menschlichem Bewußtsein und göttlicher Erkenntnis herstellt. Jupiter, Manifestation des Dranges nach Horizonterweiterung und bewußtseinsmäßiger Entwicklung, verkörpert schlechthin das Symbol des Menschlich-Ewigen (oder Ewig-Menschlichen), das Bestreben also, den Sinn des Lebens in Bilder zu fassen und die Bilder zu kontrollieren.

Das Ziel, das menschliche Selbst zu transzendieren (die Bilder aus dem Rahmen herauszusprengen), führt in Verbindung mit dem lebensspendenden, dämonisch-verschlingenden, illusionserzeugenden, irrational-dimensionierten und urseiend-weiblichen Mond-Prinzip aber nicht nur zur philosophischen Gipfel-Erklimmung, sondern mündet auch in die Rückbindung zum Zeitlos-Ewigen, in die Ur-Anfänge, in die Transformationsprozesse der Triebkräfte oder Ausleuchtung der Tiefenschichten. Jupiter ist der spirituelle Vater, der die geheimnisvolle Welt der Persephone (Mond/Venus) erhellt, wobei es aber nicht das Ziel ist, die Unterwelt mit der Ratio zu erfassen, sondern die inneren Visionen zu entdecken, die das seelische Verhältnis zum Göttlichen ausdrücken. Jupiter und Mond verkörpern das aus den Tiefen der Mütter geborene und mit den Zielen der Väter verknüpfte Gottesbild, das weniger die Antworten auf die Rätsel des Lebens, sondern mehr die äußeren Reaktionen auf die inneren Sehnsüchte darstellt.

Hintergrund (Kindheit)

Nachdem ein Kind geboren ist, vergeht kein Tag, ohne daß seine Wahrnehmungsfähigkeit nicht eingeschränkt wird. Kanäle werden vorgegeben, innerhalb derer es handeln und sich bewegen darf. Denn nur, was die kollektive Meinung für richtig hält, darf zum Maßstab kindlicher Entwicklung werden. Je weniger blockierende Verbote das heranwachsende Kind aber belasten, desto freier vermag es sich zu entfalten. In dieser Einsicht findet sich die Stelle, wo man den Mond/Jupiter-Hebel ansetzen kann.

Wissen entstünde dann nicht mehr durch einen Lernvorgang, bei dem die Informationen aus der Außenwelt nach innen transportiert würden (also z. B. durch Lernen und Eintrichtern von Schulstoff), sondern durch Erinnerung. Durch die Mond/Jupiter-Brille erklärt sich das so: Alle Handlungen hinterlassen ihre Spuren im Bewußtsein, oder andersherum, das ganze Bewußtsein ist ein Sammelsurium von gegenwärtigen und vergangenen Handlungsmustern, die sich zu immer neuen Formen auswachsen. Dadurch ist das, was geschieht, immer eine Wirkung dessen, was schon geschehen ist. Also will der Mond/Jupiter-Mensch nicht lernen, um zu wissen, sondern er will an sein inneres Wissen wieder erinnert werden (und fühlt sich dann am Schöpfungsnabel, wenn das ganze Universum klingt). Was das merkurorientierte Denken nicht für möglich hält (vgl. Mond/Merkur bzw. Merkur/Jupiter), für das Mond/Jupiter-Empfinden ist es selbstverständlich: der innere Austausch mit allen Tier- und Pflanzenformen, mit Viren, Krankheitskeimen und Erregern, ja sogar mit der sogenannten »toten« Materie wie Stein, Metall und Erde.

Schon in der traditionellen Astrologie wird Jupiter mit Eigenschaften wie Glauben, Religion und Weltanschauung in Verbindung gebracht, und im Zusammenwirken mit den lunaren Schwingungen kristallisiert sich das Eintauchen in die visionären Tiefenschichten heraus: dort, wo sich das Wissen auch ohne sein Zutun miteinander austauschen kann. So heißt es im »Eintritt in das Leben zur Erleuchtung« des indischen Meisters und Bodhisattvas Sántideva (II. 37): »*Wie eine Traumerfahrung wird all das, was ich nun genieße, eine Erinnerung werden. Das Vergangene, was es auch sei, werde ich nicht wiedersehen.*«

Mythos

Mythologisch läßt sich dieser Ausdruck mit dem Abstieg von Orpheus in die Unterwelt vergleichen, dem wohl berühmtesten Dichter und Musiker aller Zeiten. Ihm schenkte Apollon einst eine Leier, und die Musen lehrten ihn, so schön zu spielen, daß er nicht nur die Herzen aller Menschen, sondern die Wesen der ganzen Schöpfung berührte. Es gelang ihm, wilde Tiere zu betören, Pflanzen zu bezaubern, Krankheiten zu heilen und sogar Steine zu bewegen. Als eines Tages Eurydike, seine Gattin, von einer Schlange gebissen wurde und daran starb, entschloß er sich, hinabzusteigen und den Gott der Unterwelt mit seinen Tönen zu erweichen, in der Hoffnung, dadurch Eurydike wieder zurückgewinnen zu können.

So schön sang Orpheus, daß er nicht nur Charon, den Fährmann, betörte; auch Kerberos, der Höllenhund (den Herakles noch überwinden mußte: vgl. Mond/Mars, S. 147), ließ ihn willenlos passieren; selbst die furchtbaren Erinyen brachen in Tränen der Entrückung aus, als sie der traurigen Gesänge teilhaftig wurden. Hades und Persephone ließen sich umstimmen, ihm Eurydike zurückzugeben unter der Bedingung, daß er sich nicht nach ihr umdrehen dürfe. Doch nahe dem Ausgang wurde Orpheus von heftigen Zweifeln gepackt und sah sich um, ob sie ihm folge. Durch die innere Skepsis gegenüber des Ewigen Wort (»Hades' Gebot«) aber verlor er Eurydike für immer.

☽ ♃
Karmische Struktur

Frau

(+)
In seiner positiven Verkörperung symbolisiert dieser Einfluß sexuelle Schöpferkraft, also Befruchtung und alle Formen kreativer Zeugung. Grundlage ist das Bedürfnis nach religiöser oder mystischer Erfahrung, in übertragenem Sinn die Sehnsucht nach dem Embryo-Zustand des Eingebettetseins in einem heilen Rahmen.

Frauen beschäftigen sich viel mit Meditation und schließen sich gern zu magischen Zirkeln zusammen, um die innere Sehnsucht zu stillen und den »Regenbogen am Ende aller Wege« gemeinsam zu suchen. Nur in der inneren Erkenntnis können sie ihn finden, wenn sie entdecken, daß alle Wesen Schwestern, alle Erscheinungen Ausdruck einer einzigen kosmischen Schwingung sind.

(-)
Der Mond ist der Teich, in dem sich Jupiter spiegelt, und so wie der Mann im Weib die Spiegelung seiner inneren Wünsche sieht, so sieht die Frau im Mann die Versuchung durch ihr eigenes Überbild. Sie ist die Sphinx, von ihren weiblichen Trieben besessen, von ihren innersten Sehnsüchten motiviert. Was immer sie auch tut, sie tut es ganz, und wen sie liebt, dem gibt sie sich in ihrer ganzen Verführbarkeit hin. So wie der Lotus seine Nährstoffe aus dem Schlamm zieht, so zieht sie ihre Kreativität aus der Tiefe ihrer animalischen Triebspannung.

Gleichzeitig stehen ihr Anmaßung und Überheblichkeit im Wege. Die archetypische Prägung der Frau ist vom Bewußtsein des Außergewöhnlichen beseelt, denn das Selbstbild der Betroffenen ist von großer Macht durchdrungen. Männer erobert sie im Nu, denn sie ist sich der Erscheinung einer Frau bewußt, von der Männer immer träumen. Trotzdem ist sie in einem tieferen Sinn unschuldig, weil sie die Konflikte nicht provoziert, sondern diese sich umgekehrt an ihr entzünden. Sie ist eine Botschafterin der Tiefenschichten, die ihre geheime Mission unbewußt verfolgt: nämlich in der Jauche anderer zu »gründeln«, bis deren verschüttete Probleme wieder an die Oberfläche kommen.

(+)
Der harmonische Mond/Jupiter-Typ entwickelt sein geistiges Potential aus dem Fundus der Liebe, vor allem aus der Liebe zu seiner Mutter. Diese Haltung der Verehrung ist zwar auch eine versteckte Form von Sexualverdrängung – sein spirituelles Engagement entspricht der Sublimation seines Mutter-Eros –, aber immerhin, es funktioniert! Die übertriebene Idealisierung der Mutter entspricht dem Streben nach Befreiung von instinktgebundenen Zwängen, was ihn unentwegt nach jener reinen Form von Liebe suchen läßt, die letztlich wohl nur im Göttlichen zu finden ist. Da es ihm aber gelingt, diese Göttlichkeit auf schöne Frauen in der Außenwelt zu projizieren, sehen wir hier den »Herrn der Triebe«, der sich mit dem »Streben nach den höchsten Zielen« brüderlich verbunden hat.

Männer unter diesem Einfluß zeichnen sich durch Großzügigkeit, Offenheit und Freimut aus. Lebensfreudig entwickeln sie ein tiefes Vertrauen in die kosmischen Abläufe und versuchen mit der Flamme der Begeisterung ihre Mitmenschen zu motivieren, das goldene Zeitalter schon auf Erden zu schaffen. Sie sind von lichterfüllten Paradiesvorstellungen durchdrungen, träumen von einem kommenden Atlantis und sehen das Leben als ein Füllhorn unbegrenzter Möglichkeiten an. Auch verfügen sie über eine stark sinnliche Komponente, in der ästhetische Freuden und Sinnengenuß einen großen Platz einnehmen. Sie suchen Befriedigung in Wohlstand und Erkenntnis. Überfluß und Fülle sind für sie ideale Lebenssituationen, sowohl in sexueller wie in geistig-spiritueller Hinsicht.

(-)
In ihm verbindet sich die Anschauung, über den Dingen zu stehen, mit der Angst, in die Dinge hineinzusehen. Damit erinnert er an einen Menschen, der mit seinen Blicken sehnsuchtsvoll über die geheimnisvollen Tiefen der Wasseroberfläche streift, aber andere hinabschickt, weil er sich vor dem Ertrinken fürchtet. Er fürchtet sich vor nichts so sehr wie vor der Gefühlshingabe an andere, weil er damit ja die eigene Kontrolle verlieren könnte.

Damit diagnostiziert sich der Fall eines kompensativ Übertreibenden, der sich mit der Dunkelheit der anderen auseinandersetzt, weil er den Finger nicht gern in »die eigene Jauche« steckt. Scheinbar befreit von den materiellen Zwängen der Welt, spielt sich der Geborene zum spirituellen Befruchter auf und stellt sich in einem Bild geistiger Freiheit zur Schau, das diametral zu seinen inneren Empfindungen steht. In mancher Hinsicht verkörpert er die moderne Entsprechung des antiken Orpheus, mit dem Unterschied, daß er andere in die Unterwelt schickt, um seiner Tiefensehnsucht (Eurydike) zu begegnen. Über geistige Transformationsprozesse bei anderen sucht er selber spirituelle Erlösung. Dadurch ist er stets bestrebt, anderen bei ihren Sinnfindungs-Prozessen zu helfen, während es ihm selbst an Vertrauen fehlt. Für ihn gibt es keine Erfüllung im Leben, weil er dem unbewußten Teil (»Hades' Gebot«) in sich mißtraut.

☽ ♃
Krankheitsdispositionen

Der süße Brei

Es war einmal ein armes frommes Mädchen, das lebte mit seiner Mutter allein, und sie hatten nichts mehr zu essen. Da ging das Kind hinaus in den Wald, da begegnete ihm eine alte Frau, die wußte seinen Jammer schon und schenkte ihm ein Töpfchen, zu dem sollt es sagen: »Töpfchen koche«, so kochte es guten süßen Hirsebrei, und wenn es sagte: »Töpfchen steh«, so hörte es wieder auf zu kochen. Das Mädchen brachte den Topf seiner Mutter heim, und nun waren sie ihrer Armut und ihres Hungers ledig und aßen süßen Brei, so oft sie wollten.

Auf eine Zeit war das Mädchen ausgegangen; da sprach die Mutter: »Töpfchen koche«, da kocht es und sie ißt sich satt; nun will sie, daß das Töpfchen wieder aufhören soll, aber sie weiß das Wort nicht. Also kocht es fort, und der Brei steigt über den Rand hinaus und kocht immerzu, die Küche und das ganze Haus voll, und das zweite Haus und dann die Straße, als wollt's die ganze Welt satt machen, und ist die größte Not, und kein Mensch weiß sich da zu helfen. Endlich, wie nur noch ein einziges Haus übrig ist, da kommt das Kind heim und spricht nur: »Töpfchen steh«, da steht es und hört auf zu kochen; und wer wieder in die Stadt wollte, der mußte sich durchessen. *(Gebrüder Grimm)*

Symptome

Physisch
- Fressereien, Fettsucht, Gewichtszunahme (Übertreibungen im Bereich der Nahrungsaufnahme, vgl. auch Sonne/Jupiter bzw. Venus/Jupiter)
- Gas- und Kotbauch (ballonartige Gasauftreibungen des Bauchraumes bzw. Darmerweiterung durch Kotrückstände)
- Senkungen der Baucheingeweide, Erschlaffungen und Dünndarmträgheit
- Leberbeschwerden (Zirrhose, Fettleber)
- Insuffizienz der Bauchspeicheldrüse
- erhöhter Cholesterinspiegel
- Schilddrüsendysfunktion

Psychisch
- unstillbarer Freiheitsdrang, übersteigertes Triebleben (Fluchttendenzen in die Sucht)
- krankhafter Missionstrieb, religiöse Wahnvorstellungen (Hunger nach seelischer Geborgenheit)
- Wachstumseuphorie (Aufblähung, Verfettung)
- Selbstüberschätzung, Größenwahn

Tinkturen

Homöopathische Mittel

Metall

Palladium (Edelmetall der Platingruppe)
- bei Selbstüberschätzung (Aufblähung) und Größenwahn: D60
- Abneigung gegen körperliche Bewegung: D20
- bei Magenverstimmung und Darmproblemen (Blähsucht oder Dünndarmträgheit): D12

Metall-verbindung	**Magnesium carbonicum** (Magnesium-carbonat)	– gegen Magen-Darm-katarrh, Auftreibung des Leibes oder zur Beruhigung des Magens (nach Festgelagen): D6
Pflanzen	**Aloe** (Liliengewächs)	– bei übersteigertem Triebleben (Alkohol und Sex) – Fehlschaltungen beim Liebesakt (»Orgasmus und Stuhl«): beide D20 – bei schweren Durchfällen (besonders nach Alkohol) – oder Leberbeschwerden: beide D12
	Asa foetida (Stinkasant)	– bei Gas- und Kotbauch (»Blechtrommelsyndrom«): D6 – kombiniert mit Durchfall und Aufstoßen der Speisen: D4
	Helonias bolata (Einkornwurzel)	– bei Wahnvorstellungen und melancholischen Anfällen (unstillbare Sehnsucht nach Geborgenheit): D20 – bei seelischer Erschöpfung, abwechselnd mit Wachstumseuphorie: D12 – bei Insuffizienz der Bauchspeicheldrüse bzw. erhöhtem Cholesterinspiegel: D6
	Opuntia (Feigenkaktus)	– gegen Durchfall (»Globussyndrom«: Gefühl eines großen Balles im

		Leib und Absenkung der Baucheingeweide): D4
Schüsslersalze Minerale	**Magnesium phosphoricum** (Nr. 7)	– bei Darmkrämpfen (chronische und krampfartige Verstopfungen), Blähungskoliken, Magenbeschwerden
	Natrium sulfuricum (Nr. 10)	– bei Leberstörungen (zur Unterstützung der Leberfunktionen – zur Stoffwechselanregung – bei Fettsucht und gegen Stauungsbeschwerden
Neben-Minerale	**Kalium aluminium sulf.** (Nr. 20)	– gegen Meteorismus
	Natrium bicarbonicum (Nr. 23)	– bei ungenügender Entschlackung, trägem Stoffwechsel und Gewichtszunahme
Bachblüten	**Chestnut Bud** (Kastanienknospe)	– gegen seelische Verwirrung (religiöse Wahnvorstellungen von »Auserwähltheit«) – Gefühlspathos (seifenoperhafter Positivismus) – physisch: Leberstörungen (Anstauungen im Pfortaderkreislauf)
	Star of Bethlehem (Milchstern)	– auf der Suche nach Lebenssinn (Sehnsucht nach Gott) – gegen religiöse Wahnideen (Erlösungs- bzw. Guru-Kult)

Urtinktur	**Rizinusöl** (aus dem Samen des Wunderbaumes)	– Abführmittel
Medizin	**Anisliquer, Wacholderschnaps**	– gegen Völlegefühle (nach Sauf- und Freßgelagen)

Therapie

Austausch mit dem Mikro- und Makrokosmos:

- Alphazustand
  Mentale Reisen zu jedem beliebigen Punkt im Universum
- Aqua-Rebirthing
  Zurück in die Geborgenheit des Mutterleibs!
- Channeling
  Verbindung mit den Ahnengeistern
- Pflanzenmedizin
  Blüten-Frequenz-Therapie
- Spirituelle Ökologie
  Innere Beziehung zu Tieren und Pflanzen
- Steinkreis-Rituale

☽ ♃

Gestirnsauslösungen

Direktionen, Transite, Alterspunkte, rhythmische Bewegungen

Da der Mond die Suche nach den Wurzeln ausdrückt und Jupiter die äußere Fülle, versinnbildlicht diese Konstellation den Himmel, wie er in den Bilderbuchvorstellungen der Alten (mit Petrus an der Himmelspforte und harfespielenden Engeln auf den Wolken) einst vorgekommen sein mag. Die himmlischen Räume, von Licht und Harmonie durchdrungen, waren in den Köpfen unserer Väter ein Synonym für Seligkeit und Heimat.

»Gieße deine Träume in den Alltag aus«, heißt die moderne Übersetzung dieses alten Wahns. »Ausgießen« heißt vor allem: »Breite dich aus. Entdecke die Urfrau, den Urmann in dir. Entwickle deine Medialität. Erlebe die Verschmelzung mit allen Dingen, das Einssein mit Gott. Akzeptiere die heilende Kraft deiner Gedanken und die hilfreiche Macht deines Willens. Erfasse den inneren Buddha, der du bist, und damit das spirituelle Feuer in dir. Sei ganz du selbst und lasse deine psychischen Kräfte zu: das tiefste, heiligste und eigenste Ur-Fließen!«

(+)
Der harmonische Mond/Jupiter-Typ lebt sein Gefühl für Einheit aus der Tiefe seines Bauches heraus. Bis in alle Schichten seines Wesens berührt und fordert ihn der innere Gott, denn Ganzheit entsteht nicht durch das Beherrschen äußerer Kräfte, Ganzheit fließt aus der tiefen Verbindung mit dem innersten Kern der Schöpfung: der Liebe. Diese entwickelt sich nicht im Kopf, sondern sie wächst aus der spirituellen Seele hervor und verbindet die durch die Ratio zersplitterten Ziele wieder zu einem »Weg der Einheit«.

(-)
In emotionalen Dingen ist man sprunghaft, selbstsüchtig und hofft auf den »höheren Willen«, um sich die egoistischen, ichbezogenen Wünsche zu erfüllen. Man ist sogar versucht, in die Rolle des Weltenlenkers hineinzuschlüpfen, um das Schicksal zu seinem Vorteil umzubiegen. Gottes Ja zum Menschen wird nur unter der Bedingung der eigenen Wunscherfüllung akzeptiert: Man bejaht in ihm all das, was er einem an eigenen Wünschen erfüllt!

Das Streben nach Ganzheit zerfällt unter dissonanten Einwirkungen in das Spannungsüberdrehtsein egobesessener »Auserwähltheit«. Die Dissonanz ummäntelt die inneren Spannungen durch ihre »Einzigartigkeit«, mit der sie die zunehmend auseinanderklaffenden Werte wie Geist und Seele, Intellekt und Intuition zusammenhält. Von diesem einseitigen, in sich gespaltenen Verhalten aber eine neue Ganzheit zu erwarten, ist hirnbelämmerter Größenwahn.

Archetypen und Symbole

Thema	»Hochzeit zwischen Himmel und Erde« *Religion und Esoterik*
Ziel	Herrschaft des Geistigen über das Irdische *Erhellung und Durchdringung universaler Gesetzmäßigkeiten*
Sinn	Kosmische Vernetzung *»Architektur eines esoterischen Weltbildes«*
Berufung	Höhenwanderer, Traumwandler *Missionare, Priester, Theologen*
Symbol	Brücke (kosmisch: Sphäre)
Mythen	
Antike	Orpheus
Bibel	Jesu Taufe
Sabbat	Muttertag, Tag der Einheit *Zeichen der Liebe und Brüderlichkeit*
Gott/Göttin	Himmelsvater Petra *Er stieg nach unten, um den Schoß der Mutter Erde zu befruchten* Anima, Devata, Kali-Shakti (die kosmische Shakti), Kundalini, Maya, Mahadevi, Shekina, Terra (Mutter Erde), Universum oder die Welt. *Heilige und Weise umschrieben sie in den östlichen Schriften so: »Alles ist die Mutter, und sie ist die Realität an sich. »Ich bin Sie«, sagt der Gläubige, und alles, was er wahrnimmt, ist »Sie« in der Form, in der er »Sie« erfährt. »Sie« ist es, die in uns und durch ihn den heiligen Wein trinkt, und »Sie« ist der Wein.«*
Fabelwesen	Satyr, Zentaur *Tiersymbol: Taube (chthonisch: Fledermaus, Rochen, Oktopus)*

Archetypen	
Mythisch	Chiron *Im griechischen Mythos weiser und gerechter Zentaur, Erzieher vieler Helden und Götter; wurde durch einen vergifteten Pfeil des Herakles unheilbar verletzt, starb aber erst, nachdem er auf seine Unsterblichkeit zugunsten des Prometheus verzichtet hatte*
Biblisch	Johannes der Täufer
Mysterien	Das versunkene Atlantis *Das walisische Avalon, das griechische Land »jenseits der Säulen des Herakles«, das babylonische Aralu, das ägyptische Amenti, das nordafrikanische Atarantes (Atlantioi) oder das aztekische Aztlán*
	Die Halluzinationen von El Dorado *Sagenumwobene Schätze auf dem Grund des Guatavita-Sees im Andenhochland*
Kultstätte	Petra (Ruinenstätte in SW-Jordanien) *Die aus den Sandsteinfelsen herausgehauenen tempelähnlichen Gräber*
Kraft- und Heilplätze	Thermen von Pamukkale *Warme Quellen in türkisfarbenen Kalkschalen, in denen schon die römischen Kaiser badeten.*
	Taminaschlucht hinter Pfäfers bei Bad Ragaz *Heilendes Wasser aus heißer Quelle (altes Heilbad)*
Baustil	
17. Jh.	Spätbarocke Raumformen *Treppenhaus des Schlosses Augustusburg in Brühl*
18. Jh.	Plateresker Stil (spanische Renaissance) *Verschmelzung maurischer, gotischer und antiker Elemente: z. B. Fassade der Kathedrale von Santiago de Compostela*
19. Jh.	Jugendstil

20. Jh.	Anthroposophische Architektur (Goetheanum) *... oder die kuppelförmigen Schneehütten der Eskimo aus quaderförmigen Schneeblöcken*
Stimmung	Die Flamme des Dochtes bringt das Paraffin zum Schmelzen. Es bildet sich ein kleiner See. Ein Teil des flüssigen Paraffins wird vom Docht bis zur Flamme gesaugt und vergast. Das ist das Manna der Kerzenflamme.
Duft	Zimt
Edelsteine	Wasseropal, Geyserit (aus den kieselsauren Quellen Islands) oder durchscheinender bzw. wellenförmig gezeichneter Chalzedon
Farben	Von den wachsbleichen Silberstrahlen des Mondes zum schimmernden, leuchtenden Blau des Nachthimmels
Ritual	Aqua-Rebirthing *Regungslos und entspannt schaukelt man auf den Wellen des Ozeans. Immer mehr gleitet man in den Rhythmus seines Atems, und der ganze Ozean schaukelt mit. Ohne jede Anstrengung überläßt man sich dem wellenden Treiben, und die Wellen treiben den eigenen Körper in pulsierende Schwingungen, wie sie nur im Wasser möglich sind.*
Musik	Sphärenharmonie *Das für Menschen unhörbare Tönen der sich mit- und gegeneinander bewegenden Himmelskörper* »d-moll-Sinfonie« von César Franck; »Glaubens-Sinfonie« von Anton Bruckner; »Orgelsinfonie« von Camille Saint-Saëns »Orpheus und Eurydike« von Christoph Willibald Gluck *... oder die Jugendstilopern von Hans Pfitzner (»Liebesgarten«) und Richard Strauss (»Frau ohne Schatten«)*

Bildende Kunst	
Äußere Perspektive	»Maria de Medicis Ankunft in Marseille« von Peter Paul Rubens *Offene, die Grenzen überspielende, ins Unendliche zeigende Form: Daraus ergibt sich eine überhöhte Wirkung, in der Reales und Irreales eine natürliche Verbindung eingeht.*
Innere Perspektive	»Anna Selbdritt« von Leonardo da Vinci *Hier begegnen wir dem »Sfumato« von Leonardo, einem diffusen Dunstschleier, der zusammen mit dem als Hintergrund aktivierten Helldunkel seinen Bildern die perspektivische Tiefe gibt.* Ruinenromantik *Melancholische Symbole der Vergangenheit*
Literatur	Die barocke Mystik oder das Jesuitenbarock *Angelus Silesis »Cherubinischer Wandersmann« bzw. Jakob Bidermanns »Cenodoxus«* »Die versunkene Krone« von Ludwig Uhland »Hexenspeise« von Ursula Ziebarth »Die Nebel von Avalon« von Marion Zimmer Bradley
Dichter Aufklärung	Friedrich Klopstock und sein großes Thema »Gott und Unsterblichkeit« *»Klopstock zieht allem, was er behandelt, den Körper aus, um es zu Geist zu machen.«* *(Friedrich Schiller)*
Romantik	Joseph von Eichendorff: »Aus dem Leben eines Taugenichts« *»... eines der ewigen Märchenbücher der Menschheit«* *(Eugen Roth)*

Moderne	Gottfried Benns »Transzendenz der schöpferischen Lust« *»Das Gehirn ist ein Irrweg.* *Wir wollen den Traum.* *Wir wollen den Rausch.* *Wir rufen Dionysos und Ithaka.«*
Philosophie	Worte des Herzens (Gandhi, Krishnamurti) *Biographien großer Friedensstifter*
Zitat	»Weht, Bäume des Lebens, ins Harfengetön! Rausche mit ihnen, kristallner Strom! Ihr lispelt, und rauscht, und, Harfen, ihr tönt Nie es ganz! Gott ist es, den ihr preist!« »Donnert, Welten, in feierlichem Gang, in der Posaunen Chor! Du, Orion, Waage, du auch! Tönt, all ihr Sonnen auf der Straße voll Glanz, In der Posaunen Chor!« »Ihr Welten donnert, Und du, der Posaunen Chor, hallest Nie es ganz, Gott! nie es ganz, Gott! Gott, Gott ist es, den ihr preist!« (aus Friedrich Gottlieb Klopstock, »Dem Unendlichen«)

☿

Merkur

Merkur ist astronomisch betrachtet der kleinste und schnellste Planet des Sonnensystems. In nur 88 Tagen umkreist er das Zentralgestirn, und dabei dreht er sich in 59 Tagen einmal um die eigene Achse. Seine Schnelligkeit wird in der Astrologie mit Beweglichkeit und Anpassung gedeutet und mit Denken und Lernen in Zusammenhang gebracht. Informationen werden vor allem über die Sinnesorgane aufgenommen (Auge, Nase, Ohr), von der Großhirnrinde an den Hippocampus (Kurzzeitgedächtnis) überwiesen und dort mit dem bereits angespeicherten Grundwissen verglichen. Dann werden sie in die verschiedenen Denk-Schubladen verteilt. Je mehr Grundwissen vorhanden ist, desto leichter lassen sich neue Informationen integrieren (im Schläfenhirn archivieren).

Merkur oder Hermes wird in der Mythologie als eine hermaphroditische Gestalt umschrieben, die den Schlüssel zu den tieferen Wahrheiten in sich birgt. Er ist einerseits ein Symbol für das, »wie« wir wahrnehmen, andererseits aber auch, warum wir »was« wahrnehmen und wie wir die Wahrnehmung vergleichen und weitergeben. Das merkurische Prinzip basiert auf der Erfassung von Gesetzmäßigkeiten und Schlußfolgerungen und entscheidet darüber, ob ein Inhalt in seinem Zusammenhang erkannt werden kann oder in seine Einzelteile zerfällt. Das Denken ist ein bioelektrischer und biochemischer Prozeß, d.h. der Austausch zwischen den vielen Milliarden Neuronen im Gehirn läuft über elektrische Impulse und chemische Übertragungsstoffe. Das entspricht in einem übertragenen Sinne exakt der unparteiischen, anonymen und emotionsfreien mythologischen Gestalt. Als Gott der Kommunikation und Mittler zwischen den Welten gehört es mit zu seinen Aufgaben, durch fortwährendes »in Beziehung setzen« die Gegensätze zusammenzuführen und die Widersprüche zu vereinen. Dies wird auch durch das Merkur-Symbol, den Schlangenstab Caduceus, angezeigt. Im Hermes-Stab winden sich die weiße und die schwarze Schlange um die eine Mitte, welche die menschliche Wirbelsäule darstellt.

Hintergründig betrachtet ist er aber nicht nur ein Symbol dafür, wie wir die Welt erfahren und wie wir das Erfahrene in unsere Bewußtseinsmuster einordnen, sondern er ist auch das Symbol des Musters selber, alles, was wir erfassen, einordnen zu müssen und aus dem Eingeordneten gleichzeitig das zu gestalten, was wir dann für die äußere Welt halten. Merkur entspricht dem denkerischen Gestalten, nämlich die unbildhaften, energetischen Ströme als Symbole zu erfassen und damit den menschlichen Sinnen zugänglich zu machen. Damit wird seine Position in der Mythologie, nicht nur zwischen Göttern, sondern auch zwischen Menschen und Göttern zu vermitteln, einsichtig: Es ist der Austausch zwischen dem inneren und dem äußeren, zwischen dem bewußten und dem unbewußten Selbst. Aus den tieferen Schichten des kollektiven Menschseins dringen ungeformte Energiewolken herauf, die darauf warten, in Symbole umgedeutet und damit in menschliches Handeln übertragen zu werden. Anders ausgedrückt: Unsere Begriffswelt ist das Ergebnis der Wirkungen Merkurs, die aus dem Rohmaterial schöpferischer Ursubstanz materialisiert wurde. Die Methode, Symbole zu schaffen und miteinander zu kombinieren, entspricht exakt unseren merkurischen Anlagen und Fähigkeiten. Damit erschaffen wir uns eine begriffliche Welt, die wir der instinktiven Welt überlagern, bis wir selbst überzeugt sind, daß die begriffliche, von uns selber geschaffene Realität der Wirklichkeit entspricht.

Damit die von uns selber geschaffene Realität aber nicht zerfließen kann, benötigt sie das Denken. Das Denken (mit Sitz im Stammhirn in der äußersten Schicht der Hirnrinde) zieht immer wieder die registrierten Erfahrungen vergleichend zu Rate und stärkt damit immer mehr die einmal von uns als Realität akzeptierte Wahrnehmung. Damit halten wir unsere einmal erdachte Realität durch immer neues Denken am Leben, weil sie ohne das ordnende, bezugsetzende Band des Denkens schnell wieder in die Bausteine beziehungsloser Ideen und Vorstellungen zerfiele.

Die Dominanz des Denkens entspricht dem Resultat der Evolution des Menschen in den letzten fünf Millionen Jahren. Auf der Computer-Ebene müßte man das mit einem Grundprogramm vergleichen, welches die Bewußtseinsmuster steuert, innerhalb derer wir Inhalte aufnehmen und integrieren können. Die Umwelt kann nur auf die Weise wahrgenommen werden, wie wir in unserem Denken »Wahrnehmungsgefäße« ausgebildet haben, die wir mit den unformatierten, auf uns zubrandenden Bewußtseinsreizen auffüllen können. Das Gefäß erschafft die Bilder innerhalb unserer Wahrnehmung dann zu der sich »aus sich selber schöpfenden Vorstellungsform«. Damit wird zwar die Grundlage für selbständiges Denken und Verständnis für Zusammenhänge geschaffen, aber nur innerhalb der Formen, wie sie uns durch die Gefäße vorgegeben sind.

Merkur steht also weniger für kreatives Denken als mehr für die dem Gedächtnis einverleibten Muster, wie wir die angelernten Denkinhalte wiedergeben. Nur das reflexartige Zusammenbinden unserer Lernerfahrungen ermöglicht uns das gezielte Anwenden komplizierter Handlungen, und das bedeutet wiederum, die Handlungen so zu automatisieren, daß nicht jeder einzelne Denkschritt einzeln nachvollzogen werden muß. Damit liefern wir uns gleichzeitig aber auch diesem Handlungsschema aus (»da wir alles, was wir erfahren, nur an dem messen können, was wir schon wissen«), weil wir durch das pausenlose Kombinieren angelernter Inhalte keinen Freiraum mehr haben, uns über die Grundlagen unserer Denkformen bewußtzuwerden.

Jedes Denken ruft aus dem unermeßlichen Strom schöpferischer Ideen immer wieder neue Versionen des Denkens hervor. Es gibt nie ein Ende für das, was wir mit Denken umreißen und alles, was wir mit Wirklichkeit bezeichnen, ist ein Abbild dessen, wie unsere Sinne uns die Welt beschreiben. So bringt sich das Denken innerhalb unserer Vorstellungsbilder immer mehr hervor, denn das Denken vergißt sich im Denken, weil es sich ausschließlich auf sich selber konzentriert. Es kann sich anderer Bewußtseinsformen gar nicht bewußtwerden, solange es selber existiert, denn es bleibt immer auf sich und seine ewig sprudelnden Wahrnehmungen fixiert.

☿ ♀

Merkur – Venus

Wirkungsstufe	**I**	a)	Konjunktion
		b)	Sextil
	II	a)	Merkur in Haus 7
		b)	Venus in Haus 3 oder 6
		c)	Merkur in Waage
		d)	Venus in Zwillinge oder Jungfrau
		e)	Merkur in Haus 2 (bedingt)
		f)	Merkur in Stier (bedingt)
	III	a)	Sonne (bzw. Mond, Merkur, Mars oder Jupiter) in Zwillinge oder Jungfrau und Aszendent Waage (oder Stier)
		b)	Sonne (bzw. Mond, Mars, Venus oder Jupiter) in Waage (oder Stier) und Aszendent Zwillinge oder Jungfrau
	IV	a)	Hausspitze 7 (oder 2) in Zwillinge oder Jungfrau
		b)	Hausspitze 3 oder 6 in Waage (oder Stier)
		c)	Herrscher von Haus 7 (oder 2) in Haus 3 oder 6
		d)	Herrscher von Haus 3 oder 6 in Haus 7 (oder 2)
		e)	Herrscher von Haus 7 (oder 2) in Zwillinge oder Jungfrau
		f)	Herrscher von Haus 3 oder 6 in Waage (oder Stier)

Durch die Kommunikationskanäle strömt ständig das Gefühl des Gleichklangs, denn das Streben nach Harmonie bedingt, daß sich der Betreffende beständig nach der Umwelt ausrichtet. Dahinter versteckt sich aber auch der innere Konflikt, sich mit seiner Subjektivität gar nicht auseinandersetzen zu wollen, sondern sich das

Leben in den »Bildern« zu erschließen, an die man sich in der Außenwelt »anpaßt«. Es ist dies der Versuch, sich in die Lebensströme einzuschleusen, ohne sich am Leben selber zu beteiligen. Dazu bedarf es eines Verhaltens, das sich hinter den Motiven selbstloser Mitverantwortung versteckt, um von allem abzulenken, was die seelischen Androgynität betrifft.

Diese Verbindung schürt das spirituelle Glimmen geläuterter Jungfräulichkeit, weil sie die Erkenntnisse nur aus den äußeren Reflektionen zieht (»Anpassung nach außen«), ohne zu bedenken, daß die Abwehr individueller Wünsche ja gerade dem Verhalten entspricht, die eigene Subjektivität vor sich selber zu verstecken. Auf einer moralischen Ebene hängt dieser Aspekt auch mit der inneren Absicht zusammen, sich mit dem »Charisma von Objektivität« zu ummänteln, indem man die »Subjektivität der andern« ausgleicht.

Merkur und Venus also umschreiben, was sie zu leben nicht gewillt sind, und dazu benutzen sie ein einfühlsames Denken, das vor allem ihre eigenen Empfindungen (»das eigne Ungesehene«) in die anderen »hineinspiegelt«. Sie versuchen sich an den Gipfeln »objektiver Klarheit«, wobei sie sich selber überlisten, weil ihr Denken ja immer nach dem inneren Empfinden ausgerichtet ist. In der Selbsttäuschung verhangen, die anderen zu harmonisieren, sind alle Vermittlungs- und Schlichtungsabsichten schließlich bloß Versuche, die Realität sozusagen aus »der Entfernung von sich selber« über die »Divergenzen anderer« zu leben.

☿ ♀

Mythologisches Modell

Mythos

Da dieser Aspekt die menschliche Fähigkeit verkörpert, sich aus seinen reflektierenden Eindrücken Bilder zu schaffen, die für das Individuum die Wirklichkeit bedeuten, treffen wir neben dem Verhalten, sich in die eigene Tasche zu lügen, auch auf Eigenschaften wie Umwandlung und Kreativität. Für die alten Griechen war diese Gabe ein göttliches Geschenk, denn äußere Eindrücke zu immer neuen Inhalten umzugestalten war für dieses kultivierte Volk eine Fähigkeit, die sie mit ihrem höchsten Schöpfer-Sinnbild in Verbindung brachten. Deshalb schufen sie sich in »Pallas Athene« eine Symbolform, die den Dichtern und Denkern zugeordnet war und verehrten sie als eine Gottheit, die dem Allvater direkt aus dem Haupt entsprungen war.

In der Überlieferung wurde Zeus von Uranos gewarnt, daß die Frucht, welche die geschwängerte Metis von ihm im Leibe trug, zusammen mit der Mutter, der Göttin der Weisheit, seinen Machtanspruch einst behindern könnte. Um diese Pläne zu durchkreuzen, verschlang er Metis, noch bevor diese das Kind gebären konnte. Aber es dauerte nicht lange, da wurde der Gott von Schmerzen im Kopf befallen, die so heftig waren, daß er den Götterrat um Hilfe anrief, die ihm von Hephaistos auch gewährt wurde. Der Schmiedegott erbot sich, ihm den Kopf zu öffnen, damit sich das Übel verflüchtigen könne. Also spaltete er ihm mit einer scharfen Bronzeaxt den Schädel (Merkur/Mars) – und der klaffenden Wunde entsprang (in voller Rüstung: vgl. S. 204) Pallas Athene.

Hintergrund

Damit begegnet uns das Merkur/Venus-Prinzip nicht nur auf der äußeren (Venus entsprang dem Merkur-Hirn), sondern auch auf der inneren Ebene. Zeus gleicht die Gefahr von außen aus, indem er das Problem verinnerlicht. Hat er sich die Mutter einverleibt, kann sich die Ungeborene nicht mehr gegen ihn verbünden, und so verwandelt sich das, was ihn in seiner Machtentfaltung hindern könnte, zu einer Kraft, die ihn in seiner Machtentfaltung unterstützt (Athene wird also folgerichtig seine Lieblingstochter). Der Preis, den er für diesen Transformationsprozeß entrichten muß, ist die offene Wunde (das Vagina-Prinzip), durch die er seine Lösung in die Welt gebärt. Damit erzielt er zwar einen momentanen Ausgleich, aber natürlich nur innerhalb der Grenzen, die seine Strategie umfaßt.

Innere Perspektive

In jeder Lösung aber immer auch die Wurzel eines künftigen Problemes zu erkennen, ist Sinnbild dieser Wunde, die im Denken liegt. Das Denken kann sich nur im Denken »spüren«, und da die Grundlagen des Denkens auch im Denken liegen, können wir hier sehen, wie hinter dem Wunsch nach objektivem Denken geradezu die »Wunde« blutet, die nach einem »Pflaster« sucht. Objektivität ist das Pflaster, worunter sich die Wunde versteckt; weil man die eigene Subjektivität nicht zu leben getraut, bringt man unter diesem Gestirn seine Problematik dahingehend zur Deckung, daß man sich mit der Subjektivität der anderen befaßt.

Äußere Perspektive (Lebensbild)

Merkur/Venus ist die Vorstufe zur Auflösung, die, wenn auch noch unbemerkt, in ihren subjektiven Verfeinerungen und differenzierten Strukturierungen die Realität schon auszuhöhlen beginnt. Die übermäßige Subjektivierung, die sich unter diesem Gestirn in die Welt einbringt, versucht das Leben unter objektiven Gesichtspunkten zu gestalten, aber da sich das gegenseitig ausschließt, bleibt nur die Möglichkeit, in den eigenen Lebensbeschreibungen zu leben. Man lebt in dem Bild, das einem die Welt umreißt, d.h. man hat die Realität »erlebnismäßig« von sich selbst entfernt und lebt sie in der »Umschreibung der Umwelt« aus, was schon die Nebel der Auflösung anzeigt. Nur stülpt man diesem Nebel noch schnell eine Zielrichtung auf, um die Realität zusammenzuhalten, denn man glaubt, der Nebel sei die Wirklichkeit.

Die Merkur/Venus-Realität steht zur Uranus/Neptun-Auflösung* wie das Einmaleins zur Esoterik, die aus der Vogelperspektive nicht widersprüchlich zueinanderstehen, sondern nur von verschiedenen Gesichtspunkten aus die gleiche Wirklichkeit verdrängen: nämlich die Relativität menschlicher Erkenntnis!

☿ ♀
Karmische Struktur

Mensch

Merkur und Venus verleihen den Geborenen die Gabe, sich gut auszudrücken und auch komplexere Aussagen in poetische und

*A.a.O., S. 196ff.

einfache Bilder zu übertragen, die von der Umwelt leicht verstanden werden. Athene ist die Schutzherrin der Dichter, Denker und Philosophen, was die Tragweite dieses Aspektes gut umschreibt, auch wenn wir es ohne transsaturnische Einstrahlungen natürlich mit weniger tiefgründigen Auswirkungen zu tun haben (wenigstens was die Bewußtwerdung der Zusammenhänge im Hirn der Horoskopeigner betrifft). Trotzdem schenkt die innere Auflehnung dieses Aspektes gegen alles Beengende eine poetisch-pointierte Ader, auch wenn aus einer inneren Naivität heraus die Widersprüche meist nur bei den anderen gesehen werden können.

Um dieses innere Dilemma zu verstehen, müssen wir uns über die Wirkungen dieser beiden Komponenten Klarheit verschaffen: Merkur stellt sich in den Dienst des prüfenden Erkennens, der natürlich immer nur die Voraussetzung seiner inneren Modelle ausmißt, und da ihm hier kein höherer Planet (Uranus, Neptun oder Pluto) beisteht, kann er in die wirklichen Tiefen auch nicht vordringen.

Trotzdem kann er Unstimmigkeiten feststellen, aber da er sie nicht aus sich selbst ergründen kann, sucht er sie folgerichtig bei den anderen. Venus wiederum ist eine Kraft, die sich krampfhaft bemüht, Reibereien und Zwistigkeiten zu verhindern und so versucht, die von Merkur bei anderen diagnostizierten Fehler auszugleichen.

In ihrem Zusammenwirken versuchen beide, sich über die Außenwelt zu heilen. Das verleiht ihnen im Umgang mit der Umwelt viel Geschick und diplomatisches Gespür. Dieses Ablenken von sich selber ist deshalb auch der Kanal für menschliche Kultur, denn was sollte sich besser eignen als die Kunst, sich mit seinen inneren Problemen auseinandersetzen zu können, ohne sie als seine eigenen erkennen zu müssen?

Beziehung (Sexualität)

»Das eigne Ungesehene« also therapeutisch »von sich selber in Distanz zu bringen« (und in der Außenwelt zu manifestieren), ist ein Akt der inneren Verunsicherung. Aber was sich in der Kunst zu kompensativen Schöpfungsmonumenten auswachsen kann, ist in partnerschaftlicher Hinsicht nur die erschöpfende Erkenntnis, ohne Projizierung auf den Partner aus seiner inneren Mitte heraus gar nicht lebensfähig zu sein.

Es ist keine innere Tiefe, welche die Beziehung unter Merkur/Venus kennzeichnet, sondern nur die Darstellung eines vermeintlichen Beziehungsglücks. Geborene unter dieser Konstellation haben sich an die äußere Form verloren, welche sie zum Inhalt machen, und damit liefern sie sich der Form jetzt aus. Wenn wir uns vor Augen halten, daß jede Form nur soviel wert ist, wie ihr an gesellschaftlicher Zustimmung zufließt, können wir erfahren, wie man sich in seinem Gefühlswert an die Umwelt klammert. Und da der Gefühlswert ja wiederum von den Bildern abhängig ist, wie die anderen über einen denken, haben wir hier eine vollständige Auslieferung an die eigene Vorstellung, die sich aus dem »Denken, was die andern denken« zusammensetzt.

Damit ist aber auch schon klar, warum Sexualität nicht funktionieren will. Statt die eigenen Triebe zu leben, setzt man sich mit der Geilheit seiner Umwelt auseinander und sucht durch kulturelle Überhöhung zu entschärfen, was man an eignen Triebinstinkten nicht erträgt. Indem man sein Augenmerk auf Styling, Ausgewogenheit und äußere Schönheit richtet, formalisiert man die Gefühle und macht sie hinter ästhetisierenden Ideen ungreifbar. Man biedert sich Begriffen wie »ästhetische Androgynität« an, damit man den anderen kastrieren und sich den eignen Trieben gleichzeitig entziehen kann!

☿ ♀
Krankheitsdispositionen

Die Welt der Harmonie, wie sie unter diesem Aspekt gesehen werden möchte, ist ein Ideal, das mehr mit den inneren Wünschen als mit der äußeren Wirklichkeit zu tun hat. Weil wir uns nicht eingestehen wollen, daß die Grundlage, auf der unsere Gesellschaft funktioniert, gerade die Konflikte bzw. die Konfliktsverhinderungskonflikte sind (die wiederum in uns selber liegen), brauchen wir zur Verdrängung eine »Anpassung an unsere eigenen Wunschvorstellung«, damit wir unsere Verlogenheit auch leben können.

Unter diesem Gestirn kann man die Wahrheit nicht erkennen, weil man laufend damit beschäftigt ist, die Bilder zu erschaffen, hinter denen sich die Wirklichkeit versteckt. Das entspricht einem

Akt der Vernunft oder einem verdeckten Angriff der Schizophrenie (Schein-Schizophrenie), wie sie für unser gesellschaftliches Verhalten typisch ist. Alle wissen um die Wahrheit, doch keiner redet davon. Wir bleiben stumm, denn wenn wir zu reden begännen, müßten wir schreien, und in diesem Schreien würde sich die Wahrheit finden, die für uns kaum noch erträglich wäre.

Wie unvernünftig ist Vernunft? Diese Frage stellt sich unter diesem Zeichen, denn die Geborenen sind oft Gefangene ihrer eigenen Anpassung, gerade weil es ihnen gelingt, ihre Krankheit mit den Vorstellungen der Gesellschaft in Übereinstimmung zu bringen. Zwar ist Anpassung ein legitimer Versuch, der Widersprüchlichkeit unseres Daseins zu entfliehen, aber als Methode, Wahrheit und Erkenntnis zu erlangen, taugt sie nicht. Ambivalenz bedeutet menschliches Erleben; wer das verdrängt, schließt Spiritualität aus. Das entspricht der unbefruchteten, verwelkenden Blüte, die den Zweck ihrer Bestimmung vergessen hat. Der Kontakt zu den Wurzeln unterbrochen, ist der Lebenssinn verloren: Der Geist des Lebens ist vermodert, der Trieb des Blühens ist verdorrt!

Symptome

Verdrängungsmechanismen
- Stilisierung des Alltags (Unakzeptanz der Wirklichkeit) oder Aufwertung der Realität mittels äußerer Eindrücke (Mode, Kunst)
- Narzißmus (ästhetisierende Erotik) oder Asexualität (neutralisierte Hingabefähigkeit)

Verdrängungsneurosen
- Distanzierung und Unterkühlung (aus Angst vor Gefühlen) oder gefühlsmäßige Unverbindlichkeit (Tarnung hinter Freundlichkeit)
- Reduktion auf Formalismen (gefühlsmäßige Erstarrung) oder Puritanertum (moralisierende Heiligtuerei)

Psychische Auswirkungen
- Scheinvernunft, Entscheidungsverweigerung, Gefühlsinflation
- Verirrung in Einzelheiten, Interessenverzettelung

Physische Auswirkungen

- Affektionen der Atemwege (Austauschschwierigkeiten) und der Haut (Kommunikationstrübungen)
- Darmerkrankungen (Dünndarm, Zwölffingerdarm)
- allergische Überempfindlichkeit (körperliche Harmoniekonflikte)

Tinkturen

Homöopathische Mittel		
Metalle	**Niccolum** (Nickel)	– gegen Distanzierung und Unterkühlung (Angst vor Berührung und vor eigenen Gefühlen): D6
	Osmium (Platinmetall)	– bei katarrhalischen Beschwerden, Affektionen der Haut und Darmstörungen (Dünndarm, Zwölffingerdarm): D12
Metallverbindung	**Cuprum arsenicosum** (Kupferarsenit)	– bei aufgesplitterter Eigenständigkeit (Schwierigkeit, Gefühle auszudrücken) – Schein-Schizophrenie (Zwiespalt zwischen Verstand und Instinkt) – verengter Weltanschauung – Nierenschwäche: alle D6
Pflanzen (Kommunikationsprobleme vgl. Urtinkturen)	**Sarsaparilla** (S.-wurzel) oder **Sassafras** (Fenchelholzbaum)	– gegen Niedergeschlagenheit – Nieren- und Darmstörungen – Belastungen der Atemwege und der Haut

		– oder allergische Überempfindlichkeit (körperliche Harmoniekonflikte): alle D6
Schüsslersalze Mineral	**Kalium sulfuricum** (Nr. 6)	– fördert den inneren und äußeren Stoffwechsel (reinigt und vertieft die Umweltsbeziehungen)
Neben-Minerale	**Kalium arsenicosum** (Nr. 13)	– als Mittel gegen Hautprobleme, Durchfälle und allgemeine Schwächezustände (Angst vor der öffentlichen Meinung)
	Cuprum arsenicosum (Nr. 19)	– bei Schwierigkeiten, sich mit der Umwelt auszutauschen (Reduktion auf Formalismen, gefühlsmäßige Erstarrung) – Magen-Darmbeschwerden
Bachblüten	**Centaury** (Tausendgüldenkraut)	– bei chronischen Anpassungssymptomen (man hat sich vor lauter Anpassung an andere von seinen inneren Bedürfnissen entfernt)
	Pine (Schottische Kiefer)	– gegen Schuldgefühle und Selbstvorwürfe (»Märtyrer-Syndrom«: man fühlt sich für die Fehler anderer verantwortlich)
	Scleranthus (Einjähriger Knäuel)	– bei Interessenverzettelung oder Verstrickungen in Einzelheiten

	Wild Oat (Waldtrespe)	– gegen Unentschlossenheit (bei vorgehaltener Scheinvernunft)
Urtinkturen	**Mangifera indica** (Mangobaum) oder	– bei Distanzierung, Unterkühlung und Austauschproblemen (Angst vor der Wirklichkeit)
	Passiflora (Passionsblume)	– gegen übertriebene Gewichtung der Werte (Aufwertung der Realität) durch äußere Eindrücke
Therapie	Psychotherapie mit Gewicht auf sozialer Interaktion *Wechselbeziehung zwischen aufeinander ansprechenden Partnern!*	

☿ ♀

Gestirnsauslösungen

Direktionen, Transite, Alterspunkte, rhythmische Bewegungen

Wenn wir diesen Aspekt betrachten, können wir sehen, wie die Betroffenen aus dem inneren Unvermögen, ihre Individualität zu leben, sich an die Umwelt anpassen und diese Anpassung schließlich zum eigenen Persönlichkeitsmodell machen (die Auseinandersetzung mit den Problemen anderer wird zum eigenen Selbstwert). Sie haben nicht die Absicht, die Umwelt zu erlösen, sondern suchen Harmonie im Gegenteil aus dem Verhalten, ihre unterdrückten Spannungen in den Problemen anderer loszuwerden. Das seelische Bemühen, die »Spannungen der Umwelt« auszugleichen, entspricht im Grunde dem verdeckten Streben, durch »Harmonisierung der anderen« die innere Psyche zu stabilisieren. Und was als »Aufopferung an die Außenwelt« erscheint, ist im Grunde nur das stetige Bemühen, die anderen als »Projektionsfläche für die eigenen Ängste« zu benutzen. Damit sind wir auf dem Gipfel unbewußter Selbstverstrickung: Das Problem versteckt sich vor sich selber, indem es sich in den Problemen anderer versteckt und sich im Bild der anderen von seiner eignen Lösung überzeugt.

In Zeiten positiver Einstrahlung können wir hingegen einen Zipfel vom Bild des Ewigen erhaschen, wie es stets erstrebt wird und doch nie erreicht werden kann. Gerade die Einsicht, daß sich in den Bildern immer nur das eigene Erkennen »erkennt«, gibt uns die Kraft, unbeirrt der großen Zusammenhänge die eigenen Widersprüche zu leben, nicht, indem wir Lösungen erkennen, sondern weil wir jetzt spüren, daß alle Widersprüche »wir selber« sind. Damit sind wir den inneren Problemen zwar nicht enthoben, aber indem wir sie zu akzeptieren beginnen, beginnen wir die Probleme in ihrer Widersprüchlichkeit zu leben, die ja immer auch die Widersprüchlichkeit des kollektiven Geistes sind. Wir spüren, daß in jeder Lösung schon wieder Keime neuer Fragen dämmern – daß in jedem Ende schon wieder ein neuer Anfang keimt!

☿ ♀

Archetypen und Symbole

Thema	Anpassung (nach außen)
Ziel	Übereinstimmung (mit der Umwelt)
Sinn	Gleichklang
Berufung	Kurier, Vermittler, Diplomat
Symbol	Waage
Mythos	Geburt der Pallas Athene *... aus dem Kopf von Zeus!*
Sabbat	Tag- und Nachtgleichen
Gott/Göttin	Notos (Südwind), Euros (Ostwind), Boreas (Nordwind) und Zephyros (Westwind) *Die 4 Winde entsprangen der Verbindung der Morgendämmerung (Eos) und des besternten Nachthimmels (Astraios)* Astrae (die Sternengleiche), Brigid (Göttin der Dicht- und Heilkunst), Iris (Botin Heras), Minerva (Wissen und Weisheit), Sarasvati (hin-

	duistische Göttin der Harmonie), Paramita Prajna (buddhistische Erkenntnisgöttin)
Geister	Feen, Elfen, Kobolde
Tiersymbole	Honigbiene, Brieftaube
Archetyp	Narkissos (Narziss) *Verliebt sich in sein Spiegelbild!*
Mysterienort	Dicte, der heilige Berg des Wortes *Hier diktierte Rhea ihre Edikte den Königen von Minos.*
Kultstätten	Akrotíri (ausgegrabene Stadt im Süden Santorins) *Die Bewohner waren vermutlich Händler, die mit dem gesamten Mittelmeergebiet in Handelsbeziehungen standen.*
	Centre Pompidou und Musée du Louvre in Paris *Die Glaspyramiden im Innenhof des Louvre*
Baustil	Würfel- und Wabenform *Kubisch ineinander verschachtelte Flachdachbauten*
Stimmung	»Wir sind alle eins!«
Duft	Lavendel *Verbreiteste Duftmischung:* *Kölnisch Wasser*
Edelsteine	Beryll, gelber Saphir, Goldtopas
Farben	Safrangelb, Gelborange, Zartrosa
Ritual	Platonische Liebe *Idealisierende Liebe, Liebe zum Schönen!*
Musik	Antonio Vivaldis »Vier Jahreszeiten« oder Joseph Haydns »frühe« Sinfonien
	»Rhapsody in Blue« von George Gershwin
	»West Side Story« von Leonard Bernstein *Shakespeares Romeo und Julia in New York Elendsquartier: Nahtlose Verzahnung von Tanz und Darstellung, Gesang und Sprache.*

	»Der Barbier von Sevilla« von Gioachino Rossini; »Die lustigen Weiber von Windsor« von Otto Nicolai
Bildende Kunst	»La Grande Jatte« von Georges-Pierre Seurat *»Dieses Bild offenbart sich als ein von unzähligen Punkten übersäter Gobelin.«* *(Félix Fénéon)*
	»Ballett« von Edgar Degas *... über den Rand eines Fächers gesehen!*
Bild	Vergrößertes Lichtbild; Spiegelbild
Alte Schrift	Haggadah *In der rabbinischen Überlieferung die verbindliche Auslegung der Thora mit Verhaltensregeln für alle Lebensbereiche.*
Neuere Schrift	»Über den Umgang mit Menschen« von Adolph Freiherr von Knigge
Literatur	»Der Tor und der Tod« von Hugo von Hofmannsthal *Claudio, ein junger Edelmann, überkultiviert, das Leben nur als Schauspiel betrachtend, das man zu genießen hat, wird vom Tod seiner Torheit überführt; da er nicht aktiv in dieses Leben eingreift, sich zu keiner Verpflichtung bereit findet, hat er es vertan. Die Mutter vergaß er, die Liebe des Mädchens erkannte er nicht, den Freund bedachte er mit Gleichgültigkeit.*
Zitat	»Wenn einer träumt, so kann ein Übermaß GetRäumten Fühlens ihn erwachen machen. So wach ich jetzt in Fühlens Übermaß Vom Lebenstraum wohl auf im Todeswachen.« (aus Hugo von Hofmannsthal, »Der Tor und der Tod«)

☿ ♂
Merkur – Mars

Wirkungsstufe **I**
a) Konjunktion (+)
b) Sextil (+)
c) Quadrat (-)
d) Trigon (+)
e) Quincunx (-)
f) Opposition (-)

II
a) Merkur in Haus 1
b) Mars in Haus 3
c) Merkur in Widder
d) Mars in Zwillinge
e) Mars in Haus 6 (bedingt)
f) Mars in Jungfrau (bedingt)

III
a) Sonne (bzw. Mond, Merkur, Venus oder Jupiter) in Zwillinge (oder Jungfrau) und Aszendent Widder
b) Sonne (bzw. Mond, Venus, Mars oder Jupiter) in Widder und Aszendent Zwillinge (oder Jungfrau)

IV
a) Aszendent Zwillinge (oder Jungfrau)
b) Hausspitze 3 (oder 6) in Widder
c) Geburtsherrscher in Haus 3 (oder 6)
d) Herrscher von Haus 3 (oder 6) in Haus 1
e) Geburtsherrscher in Zwillinge (oder Jungfrau)
f) Herrscher von Haus 3 (oder 6) in Widder

Wenn sich kämpferische Durchsetzung oder jugendliche Unbekümmertheit mit dem Akt des Denkens verbinden, dann haben wir den radikal Denkhandelnden, der sich die Motivation zum Handeln aus seinem eignen Tun kreiert (oder umgekehrt). Handeln folgt also nicht mehr theoretischer Begründung, sondern verwirklicht sich durch die Auswirkungen seiner Taten selber (handelt sich durch die Auswirkungen seines Tuns schrittweise nach vorn). Daher braucht es keinen »Grund mehr zum Handeln«, sondern es braucht das »Handeln als Grund« zur Selbstverwirklichung. Der Drang ins äußere Leben ist sich Grund genug, die eigene Aggressivität zu leben, und durch Merkur fließen die marsischen Energieströme auf die Mühlen der Sprache, wo sie sich zu durchsetzungsbetonten Verstandesangelegenheiten auswirken.

Reden, Denken und trotzdem Tat – ganz mit sich selbst identisch will jedes Handeln sein! Das gelingt nicht immer leicht, weil Merkur die marsischen Instinkte in eine rationale Form eingießt. Jede Aggression trägt deshalb den Stempel intellektueller Ich-Besessenheit, die sich bestätigen will (oder zu erkennen sucht), aber immer nur »vor sich selber davonläuft«, weil hinter allen Zielen ja bloß das eigene Suchen steht. Aus diesem inneren Antrieb, der den Geborenen zeitweise für jede (falsche) Einsicht unzugänglich macht, quillt kreatives, expressives Aufbegehren, die Ausdrucksformen werden übersteigert bis zum inneren Kollaps. Das Ich implodiert, stürzt in sich selber ab und überholt sich ständig selbst.

Auf der Alltagsebene finden wir unter diesem Aspekt die inneren Instinkte, die auf die Formmuster des Denkens stoßen. Das wirkt sich zur Aufgabe im Leben aus, die Durchsetzungskräfte an die Bedingungen der Umwelt anzupassen, ohne sie weder zu unterdrücken noch zu verhindern. Die Geborenen werden also zum Balanceakt aufgefordert, ihre widerstreitenden, animalischen Triebe in die gesellschaftlichen Modelle zu integrieren, um sich im Leben einerseits behaupten zu können, ohne die Umwelt aber andererseits zu brüskieren.

Diese Gestirnsverbindung verspricht nämlich einen aktiven, energischen Verstand. Die Menschen neigen dazu, in ihren Ansichten zu überhitzen und radikal zu denken. Sie schrecken die Welt aus ihrer lethargischen Verträumtheit, treiben sie mit dem Feuer flammender Worte aus den Refugien harmonisierender Weltvorstellung und wollen dabei nichts als die Einsicht herbeiführen, daß zum Gleichgewicht des Ganzen die Aggression des Einzelnen gehört, daß Triebenergien nie etwas Falsches sein können, wenn man sie im Ausmaß der ganzen Schöpfungsabsicht erkennt. Erst in der Summe allen Tuns wirkt sich die Ewigkeit aus.

Anders ausgedrückt: Das Immerdauernde setzt sich aus den tiefsten Triebenergien zusammen, die sich in den Auswirkungen ihrer Handlungen von Raum und Zeit in Ewigkeit umwandeln.

Mars ist pausenlos in Auseinandersetzungen verwickelt und Mittellagen sind ihm Lüge, Abwägen Feigheit, kurz: In Sachen Sprache herrscht ein Ton äußerster Konsequenz. Er zerschlägt immer wieder die Ureinheit kosmischer Entwicklung, aber in seiner Aggressivität stellt er auch ein gewaltiges Potential kollektiver Verwirklichung dar, die den »Gordischen Knoten« nicht durch abwägendes oder bedächtiges Herumnesteln löst, sondern durch den ich – durchsetzenden Akt der Trennung (er zerhaut den Knoten mit dem Schwert). Dadurch verhilft er dem merkurhaften Streben, immer alles miteinander in Bezug bringen zu wollen, zu einem schnellen Reaktions- und Koordinationsvermögen. Blitzhaftes Erfassen und augenblickliches Handeln sind Attribute, die unter dieser Gestirnsverbindung wuchern. Der Preis dafür ist aber auch nicht ohne: Merkur/Mars blutet sich oft in seinen eigenen Zersplitterungen aus.

☿ ♂
Mythologisches Modell

Mythos

Hier begegnen wir einem anderen Aspekt von Pallas Athene, die nicht nur die Schutzpatronin der großen Dichter und Denker ist, sondern auch die Göttin raffinierter Strategien und verstandesmäßiger Aggressionen. Dieser Umstand wurde im Mythos dadurch ausgedrückt, daß sie der Kopfwunde von Zeus in voller Kriegsrüstung entsprang (vgl. Merkur/Venus, S. 187). So wurden ihr gewisse kämpferische Züge unterlegt, auch wenn diese weniger dem Hang zum Blutvergießen entsprangen als dem Drang, sich verstandesmäßig durchzusetzen. Mehr Kopfstrategin als Muskelkämpferin, verbinden sich in ihr das diplomatische Geschick von Merkur/Hermes mit der physischen Aggression von Ares/Mars. Dadurch wurde sie zum Beistand vieler antiker Helden, die sich nicht nur mit den Waffen, sondern auch mit Verstand und List zu helfen wußten (Odysseus, Perseus, Achilleus).

Ähnliche Eigenschaften kann man auch Hermes Psychopompos zuordnen, der die Verstorbenen in die Unterwelt führt (auch wenn es ihm ohne Plutos Einwilligung natürlich unmöglich ist, über den Styx zu gelangen). Wir finden in ihm aber das Bestreben, den Intellekt bis an die Grenzen auszudehnen sowie das unbotmäßige Verlangen, die Schöpfungsmechanismen, denen er sich anzupassen hat, hin und wieder zu umgehen.

Hintergrund

Da Hermes Psychopompos die Aufgabe zufällt, die toten Seelen zum Gericht zu führen, erkennen wir in dieser Konstellation das innere Bedürfnis, über die Aggressionen Rechenschaft zu geben. Das »Jüngste Gericht« oder das »Weltgericht«, bei dem die Toten Rechenschaft über ihre Vergangenheit ablegen müssen, ist ein Symbol, in dem sich die Angst der Menschen vor den Auswirkungen ihrer Handlungen ausdrückt. Diese verinnerlichte Angst ist eine unbewußte Reaktion gegen die drohende Saturn-Instanz, die Freud das »Über-Ich« nannte: Ein Normengefüge aus frühkindlichen Erziehungsmustern, öffentlichen Meinungen und sozialer Moral, das sich wie ein mächtiger Wall gegen die persönlichen Bedürfnisse des Individuums stellt.

Angst ist zwar durchaus auch ein lebenserhaltender Instinkt und ein Sicherheitsfaktor, Angst ist aber vor allem einmal ein lebensverengendes und einschnürendes Erlebnis. Da unter Merkur/Mars die Instinkte direkt ans Denken angeschlossen sind, droht natürlich die Gefahr, daß bei entsprechendem Anstau die ausbrechenden Ängste in die Denkkanäle überlaufen. Die im Innern lauernde Gefahr zwingt in die Tat: Man glaubt sich aggressiv verhalten zu müssen, um die Kanäle »besetzt« zu halten, über die sich die unbewußten Ängste »einspeisen« könnten. Das ist natürlich ein Zirkelschluß, da der Abwehrplan, mit welchem man die Angst verhindern will, ja gerade dem Ausdruck dieser Angst entspricht: nämlich dem »Spiel der Aggressionen mit sich selbst«!

Lebenssinn (Weltbild)

(+)
Merkur/Mars bleibt stets in sich verhangen, im eignen Denken eingesperrt, und da er als Maßstab selbst fungiert, erkennen wir das Unvermögen, die Wahrheit zu erlangen. Trotzdem stellt er sich die Frage nach dem Ursprung allen Seins, aber da er keine

Antwort weiß, verdeutlicht er sein eigenes Verhalten: »Ewiges Werden ist ewige Durchsetzung und ewige Durchsetzung ist Sein!«

Die Absicht unter diesem Zeichen ist also permanentes Werden, und damit nähert es sich auf eine erkenntnistheoretische Weise dem absichtslosen Wirken mystischer Weltanschauung an. So wie Neptuns Illusionshaftigkeit einem »Widerspruch innerhalb des Nichtseins« entspricht, so führen die pragmatischeren Abstrahierungen von Merkur/Mars zu einem genauso widersprüchlichen »Werden durch Tun«. Wo aber früher die Sinnsuche die »Kirchentürme in den Himmel schießen ließ« (aus Angst vor Hölle), so läßt uns im Zeitalter moderner Technik das denkerische Suchen ins Luftleere vorstoßen. Wer Wissen sucht, stößt ins Nichtwissen vor und findet Unerklärlichkeit und Wunder.

Merkur/Mars stilisiert also das »Suchen« zum »Finden«: *»Denn nur in seinem Suchen selbst findet der Geist des Menschen das Geheimnis, welches er sucht!« (Friedrich Schlegel).*

(-)
Aggression ist »Mars« und Spiel ist »Merkur«, und damit Mars funktionieren kann, braucht er die Reflektion der Sprache. Gleichzeitig ist die Sprache aber auch Prothese, um mit der Wirklichkeit nicht konfrontiert zu werden. Somit können wir unter Merkur/Mars die Aggression erkennen, die nicht »wirklich ins Leben hineingeht«, sondern die nur »mit sich selber kokettiert«. Der Geborene hat öfters das Bedürfnis, die Denkgebäude anderer umzustülpen, weil er seine aggressiven Spitzen ja bloß gegen die Hirnmodelle richten kann.

Es sind also keine mutigen Krieger, denen wir hier begegnen, sondern nur »Gladiatoren der Zunge« in den »Arenen der Argumente«, die ihre Einsichten nach allen Seiten loswerden. Dadurch werden alle Weisheiten zu tauben Worten (»Das Leben ist ein Spiel, und die Regeln sind wir selbst«) und die Reden selbst zu jenen hohlen Sprüchen, die wir brauchen, um unsere Leere zu verstecken. In überspitztem Sinn entspricht das einem Plastik-Guru, der in der Tao-Show verkündet: »Einfach toll, was Menschen machen. Immer richtig, ganz egal, was sie tun!«

☿ ♂
Karmische Struktur

Mensch

(+)
Unter diesem Gestirn fühlen sich Menschen in Situationen wohl, wo schnelle Entscheidungen verlangt werden, ohne sich an zementierte Standpunkte zu klammern. Ständiges Fluktuieren und Infragestellen der akquirierten Standpunkte zeichnet sie aus, und sie suchen sich ihr Weltbild aus den unterschiedlichsten Perspektiven zusammen. Sie sind tief im Diesseitigen verhaftet, konzentrieren sich auf das augenblickliche Handeln und haben keinen Anspruch an die Ewigkeit. Ihren Lebenssinn finden sie in den Erfolgsmomenten, auch wenn es nur Sekunden sind, die sie aber immer wieder auskosten, weil sie auf unmittelbare Erfolgserlebnisse ausgerichtet sind.

Ohne erkenntnisbezogene Tiefenperspektive ist es für sie nicht schwer, Risikobereitschaft zu zeigen, weil für allzugroße Ängstlichkeit der gefühlsmäßige Rahmen fehlt. Auf dem Grat zwischen Sein und Nicht-Sein bewegen sie sich in kindlicher Unbefangenheit, denn ihr historisches Bewußtsein ist jung und die Fermente ihres Denkens noch viel zu sehr in einem Entstehungsprozeß begriffen. Für sie ist das Leben in jedem Augenblick ein Abenteuer, und da ist jede einengende Form von Standpunkt hinderlich.

(-)
Dieser Aspekt beruht auf der »aggressiven Wirklichkeit der Handlung«, und das ist auch sein geheimes Ideal: nur auf sich selbst bezogen in der Welt zu stehen, nur so, als Hirnereignis oder Tat. In dieser Tautologie ist der Aspektträger gefangen, der seine Ausdrucksformen übersteigert, bis er von der Umwelt nicht mehr ernst genommen wird.

Solche Menschen sind voller Tücke, weil in ihnen ein empfindungsloses Ich regiert, welches abgeschnitten von einem emotionalen Hintergrund in einer künstlichen, isolierten Denkwelt existiert. Sie geistern durch die Abgründe ihrer Isolation und werden dabei zu den verrannt-besessenen Voyeuren, die alles wahrnehmen, was um sie herum geschieht, ohne sich aber selbst zu spüren. Sie existieren an der Peripherie des Seins, und wenn sie handeln, so handeln sie aus dem Alptraum ihrer denkerischen Ich-Besessenheit, denn jede ihrer Handlungsabsichten will umwegslos Ereignis werden.

Sexualität

»Die Liebe ist ein Zeitvertreib,
man braucht dazu den Unterleib«,

sinnierte einst Erich Kästner und hat damit die Aura dieser Stellung gut umschrieben. Da Mars die wollüstigen Schreie, den klebrigen Schweiß, die mampfenden Bewegungen und die aneinanderklatschenden nassen Leiber symbolisiert, Merkur die Ratio aber eingeschaltet läßt, wird der Orgasmus »verkopft«, über die Hirnströme wahrgenommen, also verstandesmäßig erforscht und gefühlsmäßig dadurch »unschädlich« gemacht.

Merkurbetonten fällt es schwer, in den Niederungen sexueller Dümpeleien zu gründeln, weil sie auf den Höhen verbaler Abgehobenheit jetzt thronen und sich lieber in die Zunge beißen, als z.B. das Wort »Ficken« in den Mund zu nehmen. Sie sind die geborenen Voyeure, die sich brennend dafür interessieren, wie es die andern treiben (»Sex-Report«), ohne von ihren eigenen Bedürfnissen auch nur ein Wort über die Lippen zu kriegen. Sie reden nicht über Sexualität, sie referieren.

Marsbetonte referieren nicht, sie handeln. Wenn Mars vorprellt, werden die Instinkte von der Kette gelassen, aber da die Triebe über die Merkurkanäle ja mit Vernunftbildern beliefert werden, die in die Instinktrealität nur schwer zu integrieren sind, wird in die Masturbations-Ecke ausgewichen und die »Steuerung der Schweinereien« verstandesmäßig kontrolliert.

Kollektiv

Im Gegensatz zu den »Beatniks« (So/Ma), die ihre Bedürfnisse direkt, aber einfach ausdrückten, finden wir hier die »Freak-Generation«, die ihren merkurhaften Nörglerzwängen in militanten (sexuell verklemmten) Dekmodellen nachhing. Das entsprach dem Nachlaß der 68er Bewegung (dem Frust der frühen 70er Jahre), als der Traum der »Hippie-Bewegung« (Ve/Ju) zerbrochen war und sich die Energie wieder auf den grauen Alltag einstimmen mußte. Das poetisch Schöngeistige war dem praktisch Überprüfbaren gewichen, und dieses strebte vor dem Hintergrund zerbrochener Träume nun zur absoluten Tat, die sich von der anschließenden Terrorszene nur dadurch unterschied, daß sie nicht die Waffe, sondern das kämpferische Argument zum einzig tauglichen Mittel erklärte.

☿ ♂

Krankheitsdispositionen

Da sich »Mars« unter »Merkur« nicht richtig ausleben kann (weil der gefühlsmäßige Rahmen fehlt), bleiben die Ängste im Raum der Denkvorstellung hängen, als Instinktbild sozusagen, das sich zur Kopf-Aggression formiert. Die Emotionen werden auf die Denkmühlen gelegt, die Lebensängste in Vernunft und Leistung umgesetzt. Diese scheinbare Angstlosigkeit ist aber nur ein Ablenkmanöver, weil man seine Gefühle nach außen nicht zeigen kann. Vom inneren Unvermögen, sich selbst nicht empfinden zu können, wird man buchstäblich in die Leistung gepreßt: Man muß kämpfen, um sich über die Auswirkungen seiner Taten spüren zu können und den inneren Angst-Verhinderungs-Dämon zu besänftigen.

Die Betroffenen haben sich diesen inneren Angst-Verhinderer jetzt ausgeliefert, und darum müssen sie, um ihn zu nähren, kämpfen (aber nicht so sehr, um ihn wirklich zu besiegen). Der Dämon (das Symptom) ist zu einem Teil ihres eigenen Verhaltens geworden; besiegten sie ihn, zerfiele ihnen ihr Weltsystem! Die Krankheit hat sich nämlich in ihre eigenen Denkvorstellungen eingefressen und ist inzwischen ein Teil dessen, »wie sich ihnen die Welt darstellt«.

Auf spiritueller Ebene finden wir hier das unbewußte Streben, den Widersprüchen des Lebens (»der Unvernunft unserer Gesellschaftsmodelle«) entgehen zu wollen, ohne sich der Widersprüchlichkeit aber bewußt zu sein. Das entspricht dem Verhalten, sich in seiner eigenen Falle zu fangen *(»die Falle, die sich selber fängt!«)*. Merkur ist auf Selbsthinterfragung gar nicht eingerichtet. Er kann die Unvernunft nicht sehen, weil er dafür kein Auge hat. So wird er immer Gründe finden, sie in gesellschaftliche Modelle einzukleiden. Daher kann der Sinn dieses Versteckspiels nur der sein, sich immer mehr in dem zu verstricken, was schließlich zum

Zusammenbruch führen muß. Merkur/Mars verkörpert den kollektiven Bazillus, den wir seit vielen Genertionen ganz tief in uns vergraben haben, damit wir diese Unvernunft, die wir Vernunft nennen, überhaupt leben können.

Der Preis dafür ist dementsprechend.

Symptome

Psychisch

- gefühlsmäßige Verarmung
- Begriffsverschiebungen (Störungen in der Wahrnehmung von Zusammenhängen)
- Unfähigkeit, die eindringenden Außenreize zu verarbeiten (Nervosität, Schlafstörungen)
- Anfälligkeit für vielschichtige, streßerregende Sinnes- und Gefühlsreize (Erregungssteigerung des Zentralnervensystems):
  a) Wahrnehmungszerfall
  b) Denk- und Ichstörungen
  c) Kommunikationsverlust
  d) emotionelle Abstumpfung
  e) komplexe Reizverarbeitungsschwäche
  f) Denkzerfahrenheit, Trugwahrnehmungen und Wahnbildung

Physisch

- Bronchitis (Heiserkeit)
- Nervenentzündungen
- Kopfschmerzen

Tinkturen

Homöopathische Mittel

Metall	**Rhodium** (Platinmetall)	– gegen Nervenentzündungen, Hirnüberreizungen, neuralgische Schmerzen im Kopf und Störungen des Zentralnervensystems: D400
Pigment	**Indigo** (Farbstoff)	– bei Unfähigkeit, die eindringenden Außenreize zu verarbeiten (denkeri-

		sche Überreizung bei gefühlsmäßiger Verarmung): D60 – gegen hysterische Symptome wie Schwindel, Wallungen, Kältegefühle, Erreungen oder übertriebenes Beschäftigungsverlangen: D20 – oder als Nervenberuhigungsmittel: D6
Kohlenwasserstoff	**Petroleum** (Erdöldestillat)	– gegen Wahrnehmungszerfall: D60 – bei nervlicher Überreizung (Anfälligkeit für streßerregende Sinnes- und Gefühlsreize): D20 – gegen Heiserkeit, Husten (verursacht Kopfschmerz), trockenen Katarrh und Brust-Beklemmung: D6
Pflanzen	**Apium graveolens** (Sellerie) **Asarum europaeum** (Haselwurz) **Cypripedium pubescens** (Nervenwurzel) **Menyanthes trifoliata** (Bitterklee)	Alle: – gegen innere Hitze (intermittierendes Fieber, Jucken und Zucken, zappelnde Nervosität, spastische Muskelaktionen, zerebrale Hyperästhesie) – bei äußerer Kälte (Husten, Schnupfen, Heiserkeit) – oder innerer und äußerer Kälte (aufsteigender Kälte im ganzen Körper = emotionale Abschottung gegen die Außenwelt)

Schüsslersalze		
Minerale	**Ferrum phosphoricum** (Nr. 3)	Eisen (Ma) bindet und transportiert den Sauerstoff (Me) im Blut: – bei Erregung (Blutanstau im Kopf) durch ungenügende Reizverarbeitung (Denkübersteigerung) – gegen Entzündungen – gegen Bronchialkatarrh (Erkrankungen der Atemwege)
	Natrium muriaticum (Nr. 8)	– bei nervös-rechthaberischem Verhalten (aggressives Denken führt zu selbstquälerischem Grübeln) – Kopfweh – Kribbeln in den Gliedern – Wasserscheu (Salzmangel!)
Neben-Minerale	**Manganum sulfuricum** (Nr. 17)	In Verbindung mit »phosphorsaurem Eisen«: – gegen allgemeine Entzündungen und Nervenschwäche
	Kalium jodatum (Nr. 15)	– bei Nervenreizungen (Nervositätt, Schlaflosigkeit und Unruhe)
Bachblüten	**Impatiens** (Drüsentragendes Springkraut)	– gegen nervöse Unruhe (Ständig-auf-dem-Sprung-sein) und Ungeduld (Nichts kann-schnell-genug-gehen)
	Crab Apple (Holzapfel)	– ... intellektuelle Reizbarkeit (trockenes, verholztes Denken)

	Heather (Schottisches Heidekraut)	– ... vordrängende Ichhaftigkeit (übertriebene Pseudo-Intellektualität)
	White Chesnut (Roßkastanie)	– ... oder irritierte Aggressivität (Selbstbespiegelung egomanischer Wünsche)
Urtinkturen	**Camphora** (Kampfer)	– gegen innere und äußere Kälte (innere Leere, äußerer Schnupfen, nervöse Taubheit, Kälteschauer)
	Scutellaria lateriflora (Heimkraut)	– als Sedativum für die Nerven (bei Reizung, Schwäche oder Furcht)
Medizin	**Tabak**	– gegen Nervosität *(Schon die alten Indianer rauchten Pfeife als Symbol der Ruhe und des Friedens!)*
Therapie	Verletzlichkeits-Streß-Therapie: – Streßvermeidungs- bzw. Streßbewältigungstherapie *Suche nach Verletzlichkeitsmustern!*	

☿ ♂

GESTIRNSAUSLÖSUNGEN

Direktionen, Transite, Alterspunkte, ryhthmische Bewegungen

(+)

Genauso wie es unter dieser Konstellation nicht nur um Recht und Ordnung geht (»Messer im Kopf«), sondern vor allem um die Verwaltung von Verhaltensnormen (kontrollierte Triebe, objektivierte Subjektivität), genauso werden wir unter positiven Winkeln nicht das Unmögliche erstreben, sondern damit leben, mit den Möglichkeiten umzugehen. Hoffnungslosigkeit wird um gemünzt in mutiges Gelingen und die Angst vor Trieben hinter kindlichem Unbefangen versteckt. Wir merken, wie nahe »Gott« (Metaphysik) und »Drogen« (Psychopharmaka) beieinanderliegen, wenn wir uns aus der Hölle zu den Cherubinen hieven und dort mit Engeln »psalmodieren«.

(-)
Die Geborenen neigen in Zeiten progressiver Auslösungen zu Voreiligkeit und Unruhe, Provokation und nervöser Aggression. Konfliktsituationen werden angezogen und können jeden Moment explodieren, Partnerschaften stehen am Rande des Exodus, belastet von gedanklichen Überreaktionen und nervösen Störungen. Der kombinierte Aufbau ist verloren, reale Zielsetzungen sind verwischt und die Betroffenen sind den irrationalen Dschungelgesetzen ausgeliefert, die nach den kollektiven Triebanlagen ausgerichtet sind. Dadurch vermischen sich die inneren mit den äußeren Aggressionen und schwitzen sich im harten Alltag aus. Die Aspektträger müssen Farbe bekennen als Teilnehmer eines Krieges, den sie in weiter Ferne wähnen, dabei findet er in ihren eigenen Taten statt.

☿ ♂
Archetypen und Symbole

Thema	Kontrollierte Triebe
Ziel	Narkotisierung der Instinkte
Sinn	Objektivierte Subjektivität
Berufung	Meinungsforscher
Symbol	»Gordischer Knoten« *... das Problem, das in sich selber knüpft!*
Mythen	
Antike	Alle Mythen über Hermes Psychopompos (Seelenführer zum »Jüngsten Gericht«) oder Hermes-Merkur (Gott der Kaufleute und der Diebe)
Bibel	Die Vertreibung der Händler aus dem Tempelvorhof (Joh. 2, 12-17)

Sabbat	Passah (kultisches Gedächtnisfest des Auszuges aus Ägypten) *Apotropäisches Bestreichen der Hausschwelle mit Blut!*
Gott/Göttin	Hermes, Hermodhr, Höd und Baldur, Jagannatha Ananke (Notwendigkeit), Dike (Gerechtigkeit), Heimarmene (Bestimmung) und Nemesis (Vergeltung)
Dämon	Schwarze Hündin Maera (Gesetzeshund)
Tiersymbol	Wilde Hunde, durchgehende Pferde *Nach C. G. Jung ein Symbol unkontrollierbarer, emotionaler Triebe*
Archetypen	Hermes, Odysseus (»Troyanisches Pferd«) oder die geharnischte Pallas Athene
Mysterienort	Ölbaum im Hain der Taugöttin Pandrosos (Akropolis) *Er wurde zur Ehre der Göttin Athene gepflanzt und ist heute sehr krank: Es gibt ein Orakel, das aussagt, wenn dieser Baum tot sei, auch Athen in seinem Dreck ersticken werde!*
Kultstätten	Tempel in Khajuraho und Konarak *In ihrem Mittelpunkt stellen sie einen von Pferden gezogenen Wagen dar, der auf den Spuren der Zeit – also den Auswirkungen menschlicher Handlungen – entlangrollt.*
Kraftwege	Khaiberpass *Verbindungsstraße zwischen Afghanistan und Pakistan: Kabul-Peshawar* Andenbahn *Der Lima-Express führt auf 4829 Metern Höhe durch ewigen Schnee: Sauerstofflasche nicht vergessen!* ... oder mitten im Verkehrsstrom auf der »Golden-Gate«-Brücke

Kraftort	Zitadelle von Carcassonne (Festung in der Festung: »Château Comtal); Lübeck, Holstentor, Nordertor in Flensburg oder Brückenschenke in Trarben-Trabach
Baustil	Stadtmauern und Befestigungsanlagen *Heute ersetzen Spion, Sicherungskette (an der Wohnungstür) oder Alarmanlagen die mittelalterlichen Schießscharten!*
Stimmung	»Leck mich am ...!« (Götz von Berlichingen)
Sinnbild	Das Suchen, das sich selber findet! *Ein Mönch kam zu Shih-lou, einem Schüler von Shih-t'ou und fragte: »Ich weiß noch immer nichts über meine uranfängliche Geburt. Könntet Ihr so gut sein, mich darüber aufzuklären?«* *Shih-lou: »Ich habe keine Ohren.«* *Der Mönch: »Ich weiß, daß ich auf der falschen Fährte war.«* *Shih-lou: »O nein, ich selber bin im Irrtum.«* *Der Mönch: »Worin besteht Euer Irrtum, o Meister?«* *Shih-lou: »Der Irrtum ist dort zu finden, wo du sagst, du irrst dich.«* *Der Mönch machte Verbeugungen und der Meister schlug ihn.* *(Zen-Anekdote)*
Duft	Tabak (auch Bohnenkraut, Kardamon, Pfeffer oder Zirbelkiefer) *Geruch: abgestandener Nikotingestank!*
Edelsteine	Grossular (Kalktongranat) oder Silex (unreiner Feuerstein)
Farben	Von Gelb und Grau bis Braun und Rot
Ritual	Telefon-Sex *... oder vor dem Tao in die Peep-Show!*
Musik	»Hyperprism« (eine tönende geometrische Figur) oder »Ionisation« für Schlagzeuginstrumente und Sirenen von Edgar Varèse

»Carmina burana« (Szenische Kantate) oder »Die Kluge« von Carl Orff;
»Johanna auf dem Scheiterhaufen« von Arthur Honegger

»The Rake's Progress« von Igor Strawinsky

Bildende Kunst

Andy Warhols oder Roy Lichtensteins zur Bildwürdigkeit stylisierte Banalitäten (Pop Art)
Die zynisch in Frage gestellten Idole einer konsumbesessenen Gesellschaft!

Literatur

»Zitate« von Plutarch
Plutarchos (griech.) tradierte wertvolle Zitate aus sonst verlorenen antiken Werken

Computer-Handbuch; »Kinsey-Report«

»Freak-Brothers« (U-Comix) von Robert Crumb
Crumb ist der zeitgemäße Wilhelm Busch!

»Nouveau Roman«
Experimentelle Richtung des französischen Gegenwartsromans, mit Mitteln objektivistischer Erzähltechnik und unter Auflösung der herkömmlichen Raum-, Zeit- und Dingbeziehungen neue Dimensionen der Wirklichkeit zu erschließen.

»Wie ich einige meiner Bücher geschrieben habe« – Essay von Raymound Roussel
Darlegung des Verfahrens, aus klangähnlichen, aber bedeutungsfremden Wörtern eine autistisch-irreale Phantasiewelt zu gestalten: »die Innenwelt der Sprache«.

»In der Strafkolonie« – Erzählung von Franz Kafka
Eine grauenhafte Foltermaschine, Symbol von Recht und Ordnung, scheint die göttlichen Gebote (Gehorsamkeit) dadurch zementieren zu wollen, indem sie das Urteil den Deliquenten tief in den Leib »hineinschreibt«.

Zitat

»In der Zerstörung liegt ein Teil der Köstlichkeit der Freiheit!« (Überliefert)

☿ ♃
MERKUR – JUPITER

Wirkungsstufe I	a)	Konjunktion (+)
	b)	Sextil (+)
	c)	Quadrat (-)
	d)	Trigon (+)
	e)	Quincunx (-)
	f)	Opposition (-)
II	a)	Merkur in Haus 9
	b)	Jupiter in Haus 3
	c)	Merkur in Schütze
	d)	Jupiter in Zwillinge
	e)	Jupiter in Haus 6 (bedingt)
	f)	Jupiter in Jungfrau (bedingt)
III	a)	Sonne (bzw. Mond, Merkur, Venus oder Mars) in Zwillinge (oder Jungfrau) und Aszendent Schütze
	b)	Sonne (bzw. Mond, Venus, Mars oder Jupiter) in Schütze und Aszendent Zwillinge (oder Jungfrau)
IV	a)	Hausspitze 9 in Zwillinge (oder Jungfrau)
	b)	Hausspitze 3 (oder 6) in Schütze
	c)	Herrscher von Haus 9 in Haus 3 (oder 6)
	d)	Herrscher von Haus 3 (oder 6) in Haus 9
	e)	Herrscher von Haus 9 in Zwillinge (oder Jungfrau)
	f)	Herrscher von Haus 3 (oder 6) in Schütze

Merkur und Jupiter weisen auf eine kreative und schöpferische, wenn auch widersprüchliche Perspektive hin, aus deren Verbindung und Ineinanderfaltung sich große Erkenntnisse herausmodulieren lassen. Aus dem Widerspruch, sich das Unfaßbare durch

Denken faßbar zu machen, kann Großes wachsen, wenn man mit diesen Gegensätzen umgehen kann, denn in der Verschmelzung dieser beiden Zeichen liegt ein nur von wenigen Menschen benutzter Realitätsbegriff, der, ohne seine Denkgrundlagen zu verlassen, trotzdem nicht an der Schwelle begrifflichen Verstehens haltmacht.

Man kann diesen Zustand so umschreiben, daß sich das Denken (Merkur) in die inneren Empfindungen der Sehnsüchte (Jupiter) einschleicht und sich damit über die eigenen Grenzen hinaustragen läßt (das Denken vergißt sich kontrolliert, ohne jedoch seine Wachsamkeit aufzugeben!). Und in dieses von seinen eigenen Mustern befreite Denken können neue Eindrücke fließen, die bei Rücknahme der alten Begriffsmuster als sphinxhafte Visionen, allegorische Vexierbilder oder poetische Futurismen hängenbleiben. Diese Konstellation will Grenzerfahrungen in Formen kneten, denen man sich begrifflich nähern kann. Damit hat der Mensch die Chance, die Schranken seines Weltbildes nicht nur weiter hinauszuschieben, sondern sogar zu sprengen, solange er sich wenigstens des Umstands bewußt ist, daß er sich selber auch mitnimmt: daß jede Erweiterung gleichzeitig auch immer seine Ängste und inneren Gegenkräfte vermehrt.

Merkur/Jupiter hat die Aufgabe, die inneren Sehnsüchte auszumessen und in die Ratio zu integrieren. Jupiter ist dabei die Vorgaben, die ihr eigenes Gottesbild in der Welt der Wunder sucht, und Merkur der Koordinator, der das jupiterhafte Sehnen in den kollektiven Mustern findet. Er forscht in den alten Mythen und Archetypen und findet darin das passende Kleid, in dem sich Jupiter gefällt.

Auf der Suche nach Erlebnistiefe steigt der Geborene in die Labyrinthe der Vergangenheit zu den Pharaonen oder Aztekenpriestern hinab, ohne zu erkennen, daß sich dahinter nur ein verlorener Lebenssinn (Vergangenheitssuche als Ich-Findung) verbirgt.

So können sich alte Mythen mit neuen Zielen zu Pseudowahrheiten verbinden, deren Zwecke einzig darin liegen, die innere Leere auszufüllen und von den eigentlichen Zielen abzulenken. Das richtige Ziel aber wäre, in der Vergangenheit das Zeitlose zu erkennen und daraus reale Gegenwartsbezüge zu gewinnen. Dazu bieten sich neben der Tiefenpsychologie, der Religionsphilosophie und vielen esoterischen Disziplinen auch die moderne Physik (das Wissen um die gleichzeitige Richtigkeit sich widersprechender Theorien) an.

Wenn man sein eigenes Unfaßbares in sich selber finden will – und nichts weniger als das ist es, was man unter dieser Konstellation anstrebt –, dann muß man alle Werte aufgeben, die einem heilig sind, ohne aber die Form zu zerbrechen, worin man die neuen Inhalte auffängt. Wenn wir erfahren wollen, was uns noch trägt, wenn uns unsere Modelle nicht mehr tragen (und das ist es gerade, was wir »Jupiter« oder »Gottvertrauen« nennen), müssen wir die Modelle aufs Spiel setzen, ohne aber die Form zu riskieren, in welche wir uns selber hineingestellt haben.

☿ ♃
Mythologisches Modell

Parabel

(3. Akt)
»Womit vermagst Du zu erkennen, wenn es nichts gibt, womit Du zu erkennen vermagst?«

So funkelte der Meister, als ich keuchend auf dem Berg ankam. Er kniete vor dem kleinen Teich und spiegelte sich im Wasser: *»Das Ungesehene, das sich jetzt selber sieht, das sich im eignen Blick verliert und im Verlieren wiedersieht ...«*

Plötzlich erkannte ich: *»... bin ich!«* Nicht ich sah ins Wasser, sondern ich war das Wasser selber, das sein Gesicht einfing, sein blindes Auge, als er sich niederkniete und vorbeugte, um sich am eignen Ungesehenen zu stillen.

Mein Blick ging in die Sonne. Und aus den Flammen trat ein schwarzer Greis: *»Doch nicht im eigenen Spiegelbild: im Schein des Grales Licht!«*

Als ich erwachte, ging draußen schon die Sonne auf: Im Lichtmeer sah ich einen Lichtspeer flimmern, meinem eigenen Schatten aus der Hand.

Einen Augenblick lang war ich wie betäubt: Seinen schimmernden Blick im Auge, spürte ich die Erde auf mich zurasen. Aber gleichzeitig kam ich auf dem Fels beim Meister an. Irgendwie war ich zu weit gegangen. Nirgends angekommen, fühlte ich mich in einer doppelbödigen Welt, und zwar irgendwo dazwischen, wo ich verschiedene Ebenen sah, die ich alle mit dem Hirn hervorbrachte.

Dann zerfloß ich selber zu einem eignen Bild von mir. Oder gar zum Spiegelbild des Meisters? Der stand am Fenster und zeigte in die Sonne. Sprach: »Der Teich verdunstet in der Sonne und mit ihm Dein eigenes Bild von mir! Gott allein weiß, was etwas bedeutet: Sag, was erwartest Du von Dir?«

»Die Erklärung des Unfaßbaren – hier!«

Doch er schwieg. Mein Blick schwamm auf den Wassern. Ich saß am Teich daheim im Garten. Ein Rabe blickte mich schwarz an: »Hörst Du die Zungen nicht im Dornenbusch reden? Siehst Du nicht ihren Tanz im Sonnenlicht?«

Da schlugen Flammen aus der Hecke und knisterten züngelnd im Geäst: »Die letzte Antwort aller Fragen bist Du selber, im innersten Auge, das sich Dir verbirgt, weil es das Sehen selber ist. Du siehst es nicht, aber es sieht Dich: aus Deinen eigenen Billionen von Standpunkten. *Wir sind der Blick ... doch das Auge bist Du! So brennen wir ewig auf Dich zu: das ist das Faßbare des Unfaßbaren!«*

»Dann ist des Menschen Werk ja sinnlos?« – Ein paar Sonnenflecken an der Decke konnte ich sich kräuseln sehn. Sie flimmerten leuchtend wie ein See.

Ein Körnchen Staub fiel mir ins Auge: »Nichts ist so sinnlos wie ein Standpunkt, von dem aus sich Sinnlosigkeit betrachtet!«

(1. Akt siehe Sonne/Jupiter, S. 91)

Mythos

In der Urfehde »Prometheus/Zeus« reflektiert sich das unerlöste Merkur/Jupiter-Prinzip. Prometheus, Zeus' gewichtigster Widersacher, kämpfte gegen dessen oft arroganten Machtanspruch mit List und Witz. Er galt als die Urquelle des Menschengeschlechts (aus Lehm formte er den Menschen nach dem Ebenbild der Götter), und diese Bezeichnung trifft nicht schlecht. Er lehrte die Menschen, sich gegen die Naturgewalten zu wehren, Häuser zu errichten, Bodenschätze zu bergen, Tiere zu nutzen, Schiffe zu bauen und unterrichtete sie auch in der Kunst der Kommunikation (Sprache) und des materiellen Austausches (Zahlen).

Dem Riesentitanen Jupiter (Göttervater Zeus) schien dieses Wissen in den Händen der Menschen allerdings nicht sonderlich geheuer, denn für ihn war Wissen nichts Kühles und Abstraktes, das man einfach zur Verfügung hatte, sondern ein Machtfaktor, der nur von wenigen Auserwählten gehandhabt werden durfte. Als oberste Instanz vertrat Jupiter eine Weltanschauung, die kosmische Universalität und schöpferisches Gestalten umfaßte. Auf eine zeitgemäße Ebene übertragen, verkörpert er den Wissensmanager, der alle Entscheidungen für sich beansprucht.

Für das Wohlwollen also, das menschliche Geschlecht gewähren zu lassen, forderte Zeus die Darbietung von Opfergaben, und als Prometheus die Götter bei der Opferung eines Stieres hinterging, versagte er den Menschen das Feuer. Auf der psychologischen Ebene entspricht das dem Versuch, der äußeren Wissensform (Information) die innere Intuition zu verweigern, und als es Prometheus gelang, den Menschen selbst diese zu erschließen (indem er den Stengel eines Riesenfenchels an der Glut des vorbeirasenden Sonnenwagens entzündete), da entschloß sich Zeus, die Menschheit zu vernichten. Hier erkennen wir die Angst des Schöpfers vor der Schöpfung oder die Angst des Lehrers, vom wißbegierigen und schnellreagierenden Schüler überrundet zu werden.

Prometheus symbolisiert diesen Schüler, der den Lehrer zu überflügeln sich anschickt und damit den Haß des Gottes auf sich zieht. Prometheus verpflichtete sich nicht irgendwelchen Ideologien, sondern er nutzte sein Wissen auf geschickte Art, ohne sich in väterliche Perspektiven zu verstricken. Er identifizierte sich nicht mit dem Wissen, sondern er benutzte es, und so war er auch bereit, alles zu riskieren, um seinen Schützlingen den Fortschritt zu sichern. Um den Menschen die Teilnahme an der Entwicklung neuer Ideale zu ermöglichen (Raub des Feuers), lieferte er sich sogar dem Zorn des Göttervaters aus, der ihn darauf an eine Felswand schmieden ließ, täglich besucht von einem Adler, der ihm seine immer wieder nachwachsende Leber (ein Jupiter- oder Sinnfindungssymbol auffraß.

Hintergrund

Prometheus ist ein Symbol der Forderung, dem Fortschritt seinen Lauf zu lassen, auch wenn uns der Fortschritt irgendwann zerstört. Das Risiko ist aus jeder Form von Fortschritt gar nicht wegzudenken, weil der Fortschritt ja immer Bestehendes in Frage stellt. Das ist der Lauf der Welt, und Prometheus symbolisiert das innere Bestreben, aus dem Bestehenden immer neue Einsichten zu gebären, ohne sich um die Einbindung in eine universale Gesamtperspektive zu scheren.

Daher entspricht diese Konstellation dem inneren Empfinden, die menschliche Entwicklung zu vollziehen, auch wenn wir deren Auswirkungen nicht überschauen. Die Auswirkungen sind immer Teil des Folgerichtigen, das wir getrost sich selber überlassen können, weil wir, wie auch immer, stets nur aufgrund unserer Anlagen reagieren können, die wiederum ein Teil des Ganzen sind.

So sehen wir, daß im Grunde zwischen »Tun« und »Nicht-Tun« gar kein Unterschied besteht, weil beide Ausdruck eines jeweiligen Verhaltens sind, das seinerseits auf vorangegangene Ursachen reagiert und somit selber nur Auswirkung eines sich immer weiter »ausströmenden« universellen Musters ist. Alles, was wir beabsichtigen, ist ein Teil des Ewigen, das auf Vorangegangenem basiert, und die Reaktionen, die wir menschliches Bestreben nennen, sind im Prinzip die Auswirkungen der Folgerichtigkeit der Natur. Merkur verkörpert das Ineinandergreifen der Schicksalsrädchen sowie das Ausstanzen der Denk- und Entwicklungsmuster, mit deren Ursachen sich Jupiter identifiziert (auch wenn sie hinter den Drehungen des Schicksalsrades natürlich verborgen bleiben).

Innere Perspektive (Jupiter-Dominanz)

Wenn Jupiter dominiert, identifiziert sich der Mensch mit dem Ewigen und greift dadurch auf die von Merkur symbolisierte Erkenntnisfindung ein. Das sachlich Denkende wird vom intuitiv Schöpferischen unterbrochen und vom kosmisch inspirierten Ego in jenseitige Gipfelhöhen gehoben, in denen sich ihm seine Göttlichkeit reflektiert. Das, was wir aus der Jupiter-Perspektive mit Gottvertrauen umschreiben, ist in Wirklichkeit nur das übersteigerte Ich-Gefühl, das über seine Grenzen hinauszufliegen sucht. Für diese kolossale Aufblähung setzt es seine eigenen Grenzen aufs Spiel, indem es sich in ein überdimensionales Bild hineinsuggeriert, welches Gott darstellt (oder sich als überdimensionierte Kraft ansieht, die das Rad des Schicksals dreht).

Äußere Perspektive (Merkur-Dominanz)

Dominierte Merkur, dann werden die Teile eines Ganzen übergewichtet und das Mysterium bestritten, daß das Ganze mehr als die Summe seiner Teile ist. Damit scheint jedes Sakrament gebannt: Zwei und zwei sind vier, und die Winkelsumme eines Dreiecks beträgt 360°! Die ganze Welt ausgemessen und korrekt verstaut in den Schubladen der Logik, haben wir die Wunder fein säuberlich in die Phantasie zurückgelegt. Es gibt keine Engel, Geister, Ufos mehr und Götter. Die »weiße Frau« ist in der Kiste »Ammenmärchen« verstaut und der Poltergeist im Gruselkino untergebracht. Und auch Gott funktioniert höchstens noch als TV-Spot für die weihnachtliche Einkaufswerbung.

Weltbild (Merkur/Jupiter-Perspektive)

Verbinden sich aber die Gestirne, indem sich das denkerische Erkennen und das intuitive Erahnen nicht mehr aneinander aufreiben, sondern sich gegenseitig zu einem intuitiv-erfaßbaren Prozeß antreiben, dann mündet das in verstandesmäßig kontrollierte Futurismen oder nachvollziehbare Zukunftsperspektiven.

Damit wird der Sinn unseres Daseins nicht mehr im Gottesdienst empfangen, sondern in den Denklaboren der Biochemie oder der Atomphysik. Die moderne Erkenntnisfindung berücksichtigt die Relativität ihrer eigenen Axiome, und die schnellen Medien verbreiten jede neue Sinnfindung in Windeseile in jedem Wohnzimmer. Unglaubliche Wirklichkeitseinbrüche pochen laut an die Pforten unserer Weltvorstellung, und die Phantastik durchdringt langsam den Alltag. Computer, Astral-Video, Meditationsmaschinen oder Synchro-Energizer sind ja bereits phantastische Formen im klassischen Sinn des Begriffs. Vergessen wir nicht die Aids-Viren, die sich ins Immunsystem des Menschen integrieren – auch das ist alptraumhafte Phantastik im Kleide der Realität.

So ist es nicht verwunderlich, daß durch die zunehmende Abhängigkeit von der sich immer schneller entwickelnden Technik sich auch die gefühlsmäßige Abwehr anstaut, daß sich in der Sehnsucht nach den Hochblüten vergangener Kulturen die seelische Verunsicherung trotz Hochtechnisierung zeigt. Das innere Empfinden ist nicht mehr in der Lage, die Verantwortung für das äußere Gestalten zu übernehmen, und die zunehmende Bewußtwerdung, das Wissen um die Grundlagen der Umweltskatastrophen, welche die Auswirkungen des menschlichen Verhaltens widerspiegeln, stärkt die innere Revolte, sich den Bedingungen dieser Gesellschaft zu entziehen. Die Welt ist aus dem Lot geraten, die Epoche der naiven Fortschrittsfreude ist vorbei und nun schießen die tastenden Versuche wie Pilze aus dem Boden, die Wirklichkeit umzuinterpretieren, also neu zu definieren.

(+)
Unter positiven Vorzeichen setzt sich der Mensch mit Gott auf eine Weise auseinander, die ihn alle Bereiche von Sein und Werden durchstreifen läßt. Dabei löst er sich von den Grundlagen der Polaritäten des Ja und Nein (der *Shakespear'schen* Frage nach *Sein oder Nicht-Sein*), denn er erkennt jetzt die Parallelität von Ja und Nein, Sein und Nicht-Sein. Vielfach wendet er sich auch fernöstlichen Lehren zu. In Vorwegnahme der Einstein'schen Relativitätstheorie wird schon in den buddhistischen Systemen die Relativität von Zeit und Raum, die Relativität von Wahrnehmung und Denken in einen philosophischen Mittelpunkt gebracht und die Lösung darin gesehen, daß man den Zustand der Leere durch meditative Techniken erfahrbar macht. Auch C. G. Jung bekannte sich in der »Dynamik des Unbewußten« zur »raumzeitlichen Bewußtseinsbeschränkung« und rückte damit in eine erstaunliche Nähe zu den buddhistischen Lehren: *»Raum und Zeit sind in der ursprünglichen Anschauung eine höchst zweifelhafte Sache. Sie sind erst im Laufe der geistigen Entwicklung zu »festen« Begriffen geworden, und zwar durch die Einführung der Messung. An sich bestehen Raum und Zeit aus Nichts. Sie gehen als hypostasierte Begriffe erst aus der diskriminierenden Tätigkeit des Bewußtseins hervor.«*

(–)
Da die Entwicklung in den verschiedenen Gebieten der Wissenschaft, Forschung und Technik immer rascher voranschreitet und die wechselseitigen Einflüsse und Verknüpfungen untereinander dadurch immer undurchdringlicher werden, kann der Merkur/Jupiter-Mensch bisweilen seinen Kopf verlieren. Merkur liefert ihm die Informationen, Jupiter aber zwingt ihn, diese Informationen zu einem fundierten Weltbild zu gestalten, was in der Viel-

falt unserer heutigen Ereignisse nur mehr selten möglich ist. Gerade der denkerische Zwang, den Überblick nicht zu verlieren, liefert den Geborenen dieser Denk-Inflation oder Informations-Schwemme aus.

Da die Weltbilder im Kopf entstehen, schwingt sein Denken in die schwindelerregende Uferlosigkeit vernetzter Wechselseitigkeiten aus.

Wir können das anhand eines einzigen Beispiels erhellen, wenn wir erkennen, daß die Häufigkeit von Hautkrebs, grünem Star oder Immunschwächen mit der zunehmenden Ultraviolett-Einstrahlung von der Sonne zusammenfällt, die durch die erosive Ozonschicht nicht mehr genügend absorbiert werden kann, was gleichzeitig wieder mit den von den Menschen freigesetzten Gasen (Chlorfluorkohlenwasserstoffe) zusammenhängt. Oder wenn wir versuchen, in den Bereich der Physik, der früher der Theologie und der Philosophie vorbehalten war, denkerisch einzudringen und zu Erkenntnissen vorzustoßen, die den Bereich des Denkens sprengen und gleichzeitig doch nur wieder ein Produkt des Denkens sind.

Das kann in Form »yin«-hafter Symbolismen geschehen *(»Alles existiert als Ding an sich, als Spiegelung unseres Denkens, als Summe unserer Annahmen oder Vorstellungen«)* oder als merkuriale Überspitzung wie den »Hawking-Effekt«*, der dem »Unitaritäts-Gesetz«, nach dem in einem in sich abgeschlossenen System keine Elemente verlorengehen können, widerspricht.

---

* Stephen W. Hawking wurde durch seine Arbeit über die »schwarzen Löcher« berühmt. Als eine Art riesige, unsichtbare Schlünde verschlingen sie alles, was in ihre Nähe kommt. Hawking ist nun der Ansicht, daß an den Rändern dieser »Löcher« Masse verdampft (»Hawking-Effekt«) und sie dadurch immer kleiner werden. Wenn er recht hätte, dann wäre auch das spontane Gebären eines neuen Systemes möglich und die Entstehung, Entwicklung und Zukunft des Universums erkannt. Das wäre der Triumph der menschlichen Vernunft oder der endgültige Sieg Prometheus' über Zeus – denn dann hätte das menschliche Denken Gottes Plan durchschaut!

Bewußtsein (Tiefenperspektive)

Das Denken manifestiert sich im Wirken des Stammhirns in der äußersten Schicht der Hirnrinde. Es setzt Bewußtsein voraus, also ein von sich selbst und anderen wissenden Subjekt, das die Objekte der Außenwelt (»Gewußtes«) in sich hineinspiegelt, aus denen Schlüsse gezogen, gesammelt und immer wieder aneinander verglichen werden können. Denken heißt nichts anderes, als einmal registrierte Erfahrungen den aktuellen Sinneseindrücken gegenüberzustellen und damit vergleichend zu Rate zu ziehen.

Das von Jupiter unterstützte Denken versucht nun aber, sich über die Hintergründe seines eigenen Verhaltens klar zu werden, was auf einer anderen Ebene der »Biofeedback«-Technik entspricht, wo elektrophysiologische, also normalerweise nicht wahrnehmbare Signale auf der Hautoberfläche verstärkt, gefiltert und damit sicht- und hörbar gemacht werden. So wie die Versuchsperson damit auf Informationen reagieren kann, derer sie sich normalerweise nicht bewußt wird und sich psychosomatisch somit selbstregulieren kann, so kann das seine eigenen Grundlagen einbeziehende Denken zu einer Gesamtansicht vorstoßen, indem es sich als Teil des fließenden kollektiven Weltbilds sieht, welches sich im Zeitgeist widerspiegelt. Zeit und Geist sind nicht die Schlüssel, mit denen wir uns die Wirklichkeit erschließen, denn sie sind selber nur ein paar Zahlen auf dem »Maßstab des Ewigen«, aber sie verkörpern immerhin die Tür, hinter der sich das menschliche Werden »beabsichtigt«.

Auf die Gedächtnisfunktionen übertragen entspricht Merkur der Großhirnrinde, welche die Informationen aus der Außenwelt aufnimmt, und Jupiter dem Schläfenhirn, das die Langzeitinformationen zu einem Gesamtbild speichert. Zusammen könnte man sie mit dem Hippocampus vergleichen, einem hufeisenförmigen Gebilde im Zentrum des Hirnorgans, wo die eintreffenden Informationen selektioniert werden und je nach Charakter entweder über Handlung in die Außenwelt zurückgestrahlt oder aber in der Innenwelt als Mosaiksteinchen zu einer Weltanschauung angesammelt werden. In einem bildhaften Vergleich kann man Merkur als »Journalisten« bezeichnen, Jupiter als »Sammelarchiv«, Merkur/Jupiter als »Redaktion« und Merkur/Mars/Jupiter als »gedruckte Zeitung«.

Alle Informationen werden also über die Sinnesorgane aufgenommen, von der Hirnrinde an den Hippocampus überwiesen und dort mit dem vorhandenen Gesamtwissen verglichen. Merkur/Jupiter funktioniert dadurch nicht nur als Schaltzentrale, welche die Reaktionen der Psyche auf die Außenreize dirigiert, sondern auch als inneres Gespür, auf welcher spirituellen Ebene die reflektierten Handlungen erfolgen. Alle ungewöhnlichen Fähigkeiten von Yogis, Schamanen und Heilern beruhen auf der überpersönlichen Absicht, über die Grenzen der gewöhnlichen Erfahrung hinauszugehen, und das entspricht auf der astrologischen Ebene dem »beabsichtigten Einbeziehen« der merkurhaften Reaktionen. Ohne deren Einbindung in eine »höhere Absicht« wird die Ziellosigkeit, in die sich die Gedanken formen, ungeheuer, und in dem Augenblick, in dem wir die Gedanken »denken«, sind sie schon überholt. Alles ist in Bewegung, und wenn es uns nicht gelingt, aus den Enden neue Anfänge zu formen, läuft uns das Sein in unseren Denkmustern davon. Wenn wir das Denken aber dazu benutzen, die unbewußten Muster zu durchbrechen, dann können wir uns aus uns selbst verändern, ohne das zu kennen, was wir sowieso niemals wissen können: die kosmische Absicht nämlich.

Daß die Ewigkeit fließt, Zeit ewig ist, ewiges Werden zum Sein wird und demnach Ewiges ewig fließt, sind Symbole, Hirnmodelle oder Gedankenspiele. Was zählt ist, daß wir uns durch Selbsterkenntnis verändern können, wenn wir unsere Verhaltensmechanismen durchbrechen. Was Sufis und Yogis seit langem behaupten (daß wir uns nämlich nicht nur psychologisch, sondern auch physiologisch steuern können), beginnt sich nun allmählich wissenschaftlich zu erhärten. Inzwischen werden in vielen Kliniken auf der ganzen Welt Gehirnwellen-, Muskelspannungs-, Herz-, Körpertemperatur- und Atem-Feedback-Methoden angewandt. Damit scheint sich die von Schamanen und Heilern seit Jahrtausenden propagierte Ansicht zu bestätigen, daß wir durch die bewußte Anwendung unserer Willenskräfte auf die vegetativen Bereiche unseres Organismus Einfluß nehmen und somit auch Heilungsprozesse in Gang setzen können.

Voraussetzung, in die neurovegetativen Zusammenhänge einzudringen und damit selbstregulierend auf den Schnittpunkt Außenwelt/Innenwelt einzuwirken, ist die Wahrnehmung der unter der Empfindungsschwelle liegenden, pausenlos auf den Körper einprasselnden Außenreize. Dazu setzen wir elektronische Apparate ein, die uns – ans entsprechende Gerät geschnallt – die elektrophysiologischen, normalerweise nicht wahrnehmbaren Signale auf der Hautoberfläche verstärken und damit sicht- und hörbar machen. Damit kann der Betreffende auf Informationen reagieren, derer er sich normalerweise nicht bewußt wird und damit in Sekundenschnelle einen inneren Bewußtseinszustand erreichen, für den die alten Heiler Jahre des Lernens und Erkennens aufbringen mußten. Das entspricht dem »Feedback« des Erkennens: Wir schaffen uns die Voraussetzungen im Leben selbst, die dann wiederum auf uns zurückwirken. Es ist unser innerer Bewußtseinszustand, der uns die Voraussetzungen im Leben erschaffen läßt, und unter Merkur/Jupiter vermehrt sich das Bestreben, uns der Bedingungen dieser Mechanismen bewußt zu werden, um die Voraussetzungen unseres Sehnens neu zu prägen. Der merkurorientierten »Beta«-Frequenz (12-30 Hertz), die dem Zustand der Logik (polares Erkennen), des Streß und der Zersplitterung entspricht, steht der von Jupiter verkörperte »Alpha«-Zustand (7-12 Hertz) gegenüber, der dem entspannten und energetischen Zustand gehobener Stimmung entspricht, wo sich der Mensch in den Gefilden eines überdimensionierten, wohlbehagenden Gesamtempfindens aufhält.

☿ ♃
Karmische Struktur

Mensch

Merkur/Jupiter erweitert Geist und Verstand, denn die Widersprüche im Leben wollen durch hinterfragendes Denken gelöst und darin gleichzeitig ein innerer Sinn erkannt werden. Um diesem Anspruch zu genügen, benötigt der Geborene einen weitumfassenden, diplomatischen Charakter, der ihn nicht nur in den Verstrickungen Sinn finden läßt, sondern ihn auch über die Enge des triebhaften Seins hinausträgt und ihm die Würde eines »über das Schicksal der Menschen nachdenkenden« Weisen verleiht.

Die merkurial-jupiterhafte Form des Denkens ist vom inneren Wunsch erfüllt, Harmonie und Frieden durch den Austausch von Informationen herzustellen und aus der Erweiterung des Wissens

Perspektive zu gewinnen. Wenn wir Merkur als Vermittler zwischen Gott und Menschen sehen und Jupiter als den obersten Gott, dann erkennen wir, wie hier weniger das Streben nach dem Höchsten zum Problem wird als vielmehr die Verankerung des Geistigen im Irdischen. Das Herz selber ist in dieser Trinität untergewichtet, und im Ruf nach mehr Humanität spiegelt sich ja gerade die Sehnsucht des toleranten, aber herzlosen Denk-Handelnden.

Die Verschmelzung von Seele und Geist muß über die Denkkanäle vollzogen werden, was mystische Ergriffenheit und seelische Bewegung nur in Modellen zuläßt. Mit einem gutgestellten Mond kann dennoch auf die überindividuellen, kollektiven und mythischen Bilder zurückgegriffen werden (C. J. Jung), weil sich in den lunaren Kräften das archaisch oder magisch Unbewußte verborgen hält. In der Regel aber müssen Merkur/Jupiter-Typen ihr seelisches Manko, die Gefühlswelt transparent zu machen, durch denkerische Klimmzüge ausgleichen. Die seelische Transparenz muß über die Handhabung der Sprache geschehen, was natürlich einen Widerspruch in sich darstellt. Trotzdem kann dieser Weg zum Ziel führen, was sich in der »Jung'schen Typologie« darstellt, wo man sich in der Beschreibung der verschiedenen Charaktere reflektieren und damit selbst erkennen kann.

Tiefenpsychologisch finden wir das Streben, die »Dreidimensionalität des Ewigen« in die »Zweidimensionalität des Intellekts« hineinzuzwängen, was zu verschachtelt-vernebelten Gedankengebilden führt, die sich kristallisierend auflösen. Die kristallinen Verschwebungen finden sich in den gedanklichen Widersprüchen, die aber Anreiz zur Vereinigung bieten und damit das Unaussprechliche oder Undenkbare spiegeln, für das sie in der Dualität Symbol sein wollen. Die Geborenen verstehen sich als die nach Objektivität strebenden Architekten des Ewigen, welche die Grenzen der Vernunft »vernunftsmäßig« sprengen, um das »Unaussprechliche« darin unterbringen zu können. Sie sind aber nur Biographen im Akt des Erfassens ihrer eigenen Seelenkräfte, die sich in den Möglichkeiten des Denkens selber untersuchen.

(+)
Unter harmonischen Aspekten gelingt es besser, die Doppelnatur des »engagiert Handelnden« und gleichzeitigen »Beobachters der eigenen Handlungen« miteinander zu verbinden. Die Fähigkeit,

sich nicht nur innerhalb der eigenen Denkmuster zu leben, sondern sich auch außerhalb in der Handhabung der eigenen Weltbilder zu beobachten, führt zu einem »sich von außen beobachtenden Handeln«, das sich (innerhalb des Freiraums aus dem innern Abstand) mehrdimensional gestaltet.

Man denkt sich locker ein, wo andere ihre Gefühlssensoren voll beanspruchen. Logisch-intuitives Denken ist angesagt (das sich ständig hinterfragt, ohne sich selber in Frage zu stellen), denn man sieht die Welt als ein Netzwerk gedanklicher Abläufe, die gesichtet, geordnet und in einen Gesamtzusammenhang gebracht werden müssen, ohne aus den eigenen Erkenntnissen jetzt eine Religion zu machen. Wissen ist nicht mehr ein Machtmittel privilegierter Individualität, sondern nur noch Kanal, über den sich Kommunikation vollzieht. Einerseits zwischen Mensch und Mensch, andererseits aber auch zwischen Seele und Geist, weil unter Merkur/Jupiter den dunklen Schichten im Innern nur über das äußere Erfassen (Wissen) begegnet werden kann.

(-)
Wegen der Überfülle von Eindrücken, die es hier zu verarbeiten gilt, besteht allerdings auch die Gefahr, daß sich der Mensch in seinen eignen Denkmustern verstrickt. Die Denkströme in den Hirnen der Geborenen sind nie am Versiegen. Unentwegt damit beschäftigt, neue Eindrücke zu sichten, fließen sie an allen Ecken und Enden über und die Begabung, auf verschiedenen Ebenen gleichzeitig zu denken, macht sie für Hirnstörungen anfällig. Ihre Bemühungen, allen widersprüchlichen Bereichen gerecht zu werden, lassen sie die Informationen aus einem so weitgesteckten Umfeld sammeln, daß es ihnen vielfach nicht gelingt, die vielen Meinungen und Belehrungen unter einen Hut zu kriegen. Die äußere Überfülle spiegelt sich im inneren Erleben wider und der Wunsch, Wanderer »und« Weg sein zu wollen, schlägt sich im gesellschaftlichen Verhalten nieder, gleichzeitig in vielen Sätteln unterwegs zu sein.

☿ ♃
Krankheitsdispositionen

Merkurs dialektisches Geschick und schnelle Auffassungsgabe sind nicht nur ein Ausdruck innerer Interessenvielfalt, sondern auch ein Phänomen der Gehirntätigkeit (Gedächtnisbildung) und damit bioelektrischer und biochemischer Natur. Der schnelle Austausch zwischen den Informationen verläuft über elektrische Impulse (chemische Übertragungsstoffe) innerhalb der Nervenzellen im Gehirn. Für ein komplexes und koordiniertes Zusammenspiel im Leben braucht es aber mehr.

Bin ich z.B. mit Tempo 100 unterwegs und sehe auf der Straße ein Hindernis, dann erhält diese Feststellung erst im blitzschnellen Vergleich mit allen angesammelten Fakten aus dem Gedächtnisspeicher einen konkreten Informationswert. Was es für mich bedeutet, behindert zu werden, kann ich erst aus dem Vergleich mit den gespeicherten Inhalten ähnlicher Vorkommnisse erkennen, denn das gleiche Hindernis ergibt je nach Perspektive einen ganz anderen Stellenwert. Die journalistische Schlagzeile »Straße verstellt!« muß erst zum Redaktor, der sie überprüft, indem er aus dem Sammelarchiv Gedächtnisinhalte über eigene oder Fremderfahrungen mit ähnlichen Situationen abruft. Erst, wenn sich aus der Situation eine eindeutige Bedrohung ergibt, löst die Zentrale den Alarm aus und zwar in den Abteilungen Affekte und Emotionen. Diese wiederum rufen über die Lernerfahrungen im motorischen Bereich jene reflexartigen Abläufe in der Reproduktion kombinierter Leistungen auf, die geeignet sind, einen Aufprall auf das Hindernis zu vermeiden.

Merkur und Jupiter betreiben also die »Hirn AG« als eine Interessengemeinschaft, wobei Merkur die Informationen heranschafft und Jupiter den Erfahrungshintergrund beisteuert. Damit rekonstruieren sie die Ereignisse, indem sie die äußeren Eindrücke unter Berücksichtigung der erfahrungsbedingten Tiefenschärfe in Weltanschauung umsetzen. Da sie sich für die Sicht verantwortlich zeichnen, wie der Mensch nach außen reagiert (»die Welt anschaut«), kann das bei Diskrepanzen Störungen in der Vermittlung zwischen Außen- und Innenwelt anzeigen. So äußern sich merkurische Schwierigkeiten organisch in Wahrnehmungsstörungen und gedanklicher Zersplitterung (die journalistischen und redaktionellen Zielsetzungen klaffen auseinander); Jupiter-Störungen zeigen sich in Sinnkrisen (Erschöpfungszustände aus intellektueller Leere) oder Größenwahn.

Weitere Symptome

Psychisch
- Austauschstörungen zwischen Innen- und Außenwelt (Wahrnehmungsstörungen im Bereich der Sinnesorgane; Proportionsstörungen zwischen Tun und Haben, Sein und Werden)
- übertriebene Objektivität (individuelle Aussagen fließen durch Einbeziehung aller Perspektiven auseinander)
- Ausdrucksschwierigkeiten (man will das Unfaßbare in Dualitäten pressen)
- intellektueller Größenwahn (bei schwachem Gedächtnis und großem Vergessen)

Physisch
- Beziehungen zum vegetativen Nervensystem (Dispositionen zu Nervenstörungen)
- Luftansammlung im Gewebe, insbesondere vermehrter Luftgehalt in den Lungen (Kommunikationsstörung zwischen »Inner«-Seele und »Außen«-Welt)

Tinkturen

Homöopathische Mittel

Jupiter-Dominanz	**Juglans cinerea** (amerikanische Walnuß)	– gegen überdimensionierte Erkenntnis (Hinterkopfschmerzen) – Abgehobenheit: D6 ... *und den daraus sich folgernden Schwächen:* – Auflösung der Strukturen – Abwendung von den Denkmustern der Außenwelt: D4
Merkur-Dominanz	**Tanacetum vulgare** (Rainfarn)	– bei übertriebener gedanklicher Spezifizierung

		– interessenverzettelnder Zersplitterung – oder inflationärem Austausch mit der Außenwelt (hastiges Atmen, vermehrter Luftgehalt in den Lungen, Denküberreizung etc.): D6
Merkur/Mars/Jupiter-Komponente	**Curare** (Pfeilgift)	– verringerte Reflexe (Wahrnehmungsstörungen im Bereich der Sinnesorgane, Fehleinschätzung äußerer Ereignisse: D30-D60 – oder Unentschlossenheit (»journalistische« und »redaktionelle« Interessen klaffen auseinander: will weder denken noch handeln): D12-D20
Merkur/Jupiter/Neptun-Komponente	**Picricum acidum** (Trinitrophenol)	– bei geistiger Erschöpfung (Begriffe fließen durcheinander, Proportionsverschiebungen im Gewichten äußerer Eindrücke) – Kopfschmerzen (schon bei leichtester denkerischer Beanspruchung) – Sprachstörungen (man will das Unfaßbare aussagen) – Gehirnerweichung
Schüsslersalze		
Mineral	**Natrium muriaticum** (Nr. 8)	*Merkur/Mars/Jupiter-Komponente: aggressives Denken ist das selbstquälerische (stellvertretende) Grübeln am anderen!*

		– bei selbstquälerischem Grübeln – oder (kompensativ!) rechthaberischem Denkverhalten
Neben-Mineral	**Kalium bromatum** (Nr. 14)	– gegen Verwirrungen (disharmonische Denkvernetzung) – Schlaflosigkeit – oder als Beruhigungsmittel (bei nervlicher Erregung)
Bachblüten	**Hornbeam** (Weißbuche)	– bei übertriebener Objektivität (Angst vor persönlichen Entscheidungen)
	Olive	– ... Hirnermüdung (als Müdigkeit des Geistes)
	Walnut (Walnuß)	– ... oder schöpferischer Leere (Sinnlosigkeitsgefühle bzw. Antriebslosigkeit)
Urtinkturen	**Avena sativa** (Hafer)	– allgemeines Aufbau- und Stärkungsmittel (bei Konzentrationsmängeln und geistiger Erschöpfung)
Merkur/Mars/Jupiter/Komponente	**Coca** (Inkapflanze)	– gegen übertriebenen Drang nach oben (wünscht Heldentaten zu vollbringen) – Erschöpfungen aus überhöhten Erwartungen (»Weltumspannungs-Symptom«)

		– oder »Einstein-Syndrom« (Wunsch, den Kosmos auszumessen und das Absolute zu erkennen)
Medizin	**Tee**	– unterstützt den Einklang mit der Umwelt (entspricht dem entspannten Zustand eines gehobenen, wohlbehagenden Gesamtempfindens)

Therapie

- Biofeedback
  Bewußtes Gehirnwellen-Feedback-Training: willentliche Beeinflussung der eigenen Hirnströme, die einem über ein EEG-Gerät ständig mitgeteilt werden (vgl. »Bewußtsein/Tiefenperspektive«)
- Brain-Tech
  Meditationsmaschinen oder Synchro-Energizer wirken mit optischer, akustischer und elektromagnetischer Stimulierung auf das Gehirn ein: Medidation per Knopfdruck (Astral-Video)
- Hemi-Sync-Verfahren
  Elektronisch herbeigeführter Synchron-Zustand beider Gehirnhälften bei ca. 3 Hertz
- Mind-mapping
  Das Bewußtwerden der Wechselwirkungen zwischen Wissen und Gefühl (»the emotional brain«) dient dazu, die vielen Einzelinformationen besser zu verstehen (in einen Gesamtzusammenhang zu bringen) und die immer größer werdende Wissensflut dadurch leichter zu bewältigen

☿ ♃

GESTIRNSAUSLÖSUNGEN

Direktionen, Transite, Alterspunkte, rhythmische Bewegungen

(+)

Auf der spirituellen Ebene ist Merkur/Jupiter ein Bild für die Fähigkeit des Geistes, die intellektuelle Enge zu vertreiben und sich dem Höchsten zuzuwenden. Das entspricht dem Drang nach Freiheit, der allem Denkerischen innewohnt: der Sehnsucht nach Befreiung und dem Drang nach Einsicht in die Abläufe der Natur. Merkur und Jupiter verkörpern intellektuelles Streben mit einer Vision von Zukunft, die das Ideal einer weltumspannenden Perspektive schon in sich trägt.

Das zeigt sich in allen Arten von Verhalten, wo geistige Ziele eine Rolle spielen. Der Wissensdurst nimmt überhand und die Geborenen sammeln dabei Informationen an, die sie zu einer beeindruckenden Synthese verarbeiten. Großzügiges Denken, welches auf sachliche Argumente reagiert und auch gegensätzliche Meinungen toleriert, beherrscht die Szene; die Dinge werden global gesehen, ohne daß Details verlorengehen. Aber auch die moralischen und ethischen Gesichtspunkte von Gedanken und Handlungen werden in Betracht gezogen und die Horoskopeigner sind dem zugeneigt, was man unter Esoterikern als »Kraft des positiven Denkens« umschreibt. Dieser Aspekt ist besonders hilfreich für Menschen, die nach Höherem streben, also mit religiösen und philosophischen Themen in Berührung kommen (Denker, Dichter, Philosophen). Wenn sich das praktische, logische Denken (Merkur) und das mentale höhere Streben (Jupiter) glücklich miteinander verbinden, dann ist auch das weltliche Augenmerk nicht weit. Das kann viel Aufmerksamkeit bedingen in einer Zeit, wo der große, schöpferische Wurf nur darauf wartet, in die Sichtbarkeit vorzudringen.

(-)

Auch unter den sogenannten Spannungswinkeln finden sich Weltverständnis und Erkenntnis. Zwar wirken sich diese zuerst einmal nachteilig aus, weil die vielen Ideen und Pläne nie halten, was sie versprechen, da sie realitätsfremd und übertrieben sind.

Doch sind sie auch ein Zeichen für jenen Prozeß, der im wichtigsten Moment des Scheiterns einsetzt: eine Rückschau, in der Pleite die Ursachen zu erkennen und damit die Auswirkungen der eigenen Taten als Teil jenes intelligenten Musters, das sich in den »Absichten des Handelns« ausdrückt. Es ist ein Prozeß der Reife, das menschliche Tun zu durchschauen, die verfehlten Ziele in einen Zusammenhang mit den inneren Absichten zu bringen und daraus Einsicht zu gewinnen, denn in den erkannten Fehlern liegt Erkenntnis und darin Lebensweisheit oder Wissen.

Bevor diese hohe Ebene jedoch erreicht werden kann, neigen die Geborenen dazu, zu übertreiben und sich der Welt als jemand zu beweisen, der sie in Wahrheit gar nicht sind. Übersteigerter Optimismus prägt ihr Verhalten; eitles Denken und große Gesten zeichen sie aus. Selbstüberschätzung gesellt sich dazu und eine Neigung zu maßlosen Erwartungen. Auch der Hang zum Risiko und lügenhafter Leichtsinn sind angesprochen.

☿ ♃

Archetypen und Symbole

Thema	Wissen
Ziel	Fortschritt
Sinn	Entwicklung
Berufung	Alchimist (Kabbalist) *Chemiker, Mathematiker, Physiker, Philosoph; Modellschöpfer, Religionsstifter, Esoteriker*
Weltliches Symbol	Armillarsphäre *Ein historisches astronomisches Instrument; diente zum Messen von Himmelskoordinaten*
Geistige Symbole	»Tabula Smaragdina« *Das legendäre, in Smaragd-Tafeln eingehauene »Buch von den Ursachen der Dinge« des Hermes Trismegistos*
	»Stein der Weisen« *Nach Meinung der Alchimisten und Kabbalisten eine Materie, die den Urstoff aller Dinge enthält*

	und dadurch z. B. unedle Metalle in Gold verwandeln kann (Merkur/Mars/Jupiter-Komponente)
Mythen	
Antike	Prometheus und Zeus
Bibel	Abraham (sein Bündnis mit Gott); Moses (Mittler des Jahwe-Gesetzes am Sinai)
Zeit	Ewigkeit (als Modellvorstellung) *Der Tropfen weint: »Wie bin vom Meer ich weit!«* *Das Weltmeer lacht: »Vergeblich ist dein Leid!* *Sind wir doch alle eins, sind alle Gott –* *Uns trennt ja nur das winzge Pünktchen Zeit!«* *(Omar Khayyam)*
Sabbat	Die Aussendung des Heiligen Geistes (50. Tag nach Ostern) *Im Spätjudentum Gedenktag des Bundesschlusses am Sinai, im Christentum Hochfest zum Gedächtnis des Heiligen Geistes und der Gründung der Kirche*
Gott	Eloah (hebr.); Dreifaltigkeit (christl.); Vishnu (ind.)
Geistwesen	Elohim (indisch Narayana) *Göttliche Urkraft, die über den Urwassern schwebt, um das Leben und das Universum ständig zu erneuern*
Tiersymbol	Taube *Symbol des Austausches zwischen Himmel und Erde*
Archteypen	
Innere	Prometheus, Hermes Trismegistos
Äußere	Abraham, Moses, Jesus, Buddha, Mohammed *Alle Vermittler zwischen »oben und unten«!*
Leitbilder	
Mittelalter	Galiles Galilei, Johannes Kepler, John Dee *Alchimisten, Astrologen, Mathematiker*

19/20. Jh.	Helena Blavatsky, Aleister Crowley, Georg Gurdjiev *Spiritisten, Okkultisten, Magier*
Spirituell	Daimon (Sokrates), Aiwass (Aleister Crowley), Philemon (C. G. Jung), Don Juan (Carlos Castaneda), Seth (Jane Roberts) *Lehrer, Götter oder archetypische Figuren des Unbewußten*
Kultstätten	Große Pyramide zu Gizeh *Nach den Überlieferungen einst Aufbewahrungsort der »Tabula Smaragdina«*
	Machpela-Höhle bei Hebron *Dort soll sich nicht nur das Grab Abrahams befinden, sondern auch der »Stein des Weisen« in der Hand des Gerippes von Hermes aufgefunden worden sein.*
	Höhlenkloster Dunhuang *In den weltberühmten Wandgemälden der alten Klosteranlage spiegelt sich die Geschichte von mehr als eintausend Jahren buddhistischer Kunst.*
Kraftort	»Alchimistengäßchen« in Prag *Sinnbild der Sinnsuche – die Glaskolben der Alchimisten sind die Vorläufer unserer modernen Forschungslabore: 18 Miniaturhäuschen sind in die Burgmauer des Hradschin eingebaut (in einem der Häuschen wohnte einst Franz Kafka).*
Baustil	
Symbolisch	Türme (Streben nach Gott) *Futuristisch: Weltraumstation!*
Mittelalter	Alte Judenviertel *Auf schmalem Grundriß sich tentakelhaft nach oben windend*
20. Jh.	Kühner Futurismus, Glas und Stahl *Acrylglas-Fußboden oder Meditationszimmer in Pyramidenform*

Sinnbild	Wie oben, so unten! *Als Gandhi einmal gefragt wurde, ob er an Gott glaube, fragte er zurück: »Glauben Sie an Wasser?«*
Duft	Zedernholz, Bergamotte (»Earl Grey«-Tee), Wacholder, Weihrauch
Edelstein	»Matura-Diamant« (farbloser Hyazinth)
Farben	Spektralfarben *(zerlegtes Licht!)*
Ritual	Nachdenken, Grübeln *»Es gibt ein Ziel, aber keinen Weg;* *was wir Weg nennen, ist Zögern«* *(Franz Kafka)*
	Denken, Erkennen *»Du erschaffst Dir Deine eigene Realität,* *Du bist Realität, Du bist alles!«*
	Erleuchtung (Verschmelzen mit Gott) *Zeit und Raum machen Sprünge und für* *einen Moment, der ein Millenium dauert,* *wird der Käfig der Ursachen aufgesprengt!*
Musik	»Vor deinen Thron tret ich hiermit« (Choral), »d-moll-Toccata« (Orgelwerk) von J. S. Bach
	Quadrupelfuge von Johann Sebastian Bach *Unvollendete Schlußfuge aus »Die Kunst der Fuge«*
	Schicksalsmotiv von Ludwig van Beethoven *»Fünfte Sinfonie«: Aus nur vier Tönen wird der Riesenbau des »ersten Satzes« aufgetürmt.*
	»Boris Godunow« von Modest Mussorgsky *Krönungsszene (Prolog)*
	»Palestrina« von Hans Pfitzner
	»Harmonia mundi« von Paul Hindemith *Kepler-Oper: hörbar gemachte Planetenschwingungen* Obertongesang, akustische Fixierung der Energien von Kraftorten oder Urtöne

Bildende Kunst	»Maß aller Dinge« (Zeichnung) von Leonardo; »Die Schule von Athen« von Raffael
Äußere Perspektive (Merkur-Betonung)	1. Abstrahierte Träume in kindhaft-unbeschwerter Poesie *»Akrobaten im Nachtgarten« von Joan Miró* 2. Abstrakte Märchenwelt *»Rhythmische Landschaften« von Paul Klee* 3. Auf stereometrische Kuben reduzierte Figürlichkeit *»Frau mit Vase« von Ferdinand Léger* 4. Zur optischen Täuschung gesteigerte Geometrie *»Vega 200« von Victor Vasarely*
Innere Perspektive (Jupiter-Dominanz)	1. Die Formen der Bilder durchdringen sich kristallinisch mit dem Hintergrund *»Füchse« von Franc Marc* 2. Das Sehen in Bewegungs- oder Zeitetappen, bei dem sich nicht der Gegenstand, sondern das Auge bewegt *»Mächte einer Straße« von Umberto Boccioni* 3. Das Nachempfinden von Körperlichkeit (im Auge des Betrachters) beim Zerstören illusionistischer Räumlichkeit *»Eiffelturm« von Robert Delaunay*
Avantgarde	»Fettecke« (Raumecke, Filz, Fett), »Fettzeitung«, »Fingernagelabdruck aus gehärteter Butter« oder »Ein-Stein-Zeit« von Joseph Beuys
Philosophie	
Merkur-betont	Wirklichkeit ist das Selbstbewußtwerden des absoluten Geistes – reines Denken und wahres Sein sind identisch *Hegels »absoluter Idealismus«*
Jupiter-betont	Ziel ist nicht die ausschließliche Ausformung und Entfaltung der absoluten Idee, sondern die Suche nach dem Sinn des Daseins

... der von Kierkegaard angeregte, vom Gestirn Heidegger-Jaspers-Sartre zur Blüte gebrachte »Existenzialismus«

Modellschöpfer

Äußerlich — Sigmund Freud, C. G. Jung, Max Planck, Albert Einstein
»Schöpfer kollektiver Weltbilder«

Innerlich — Bhagwan, Krishnamurti
Innere Seelenalchimie: Relativierer äußerer Bilder und damit »Modellzerstörer«

Literatur — Alle großen Werke Franz Kafkas
»Wie kann man über das sprechen, was sich dem Denken entzieht? Worüber spricht eine Sprache, die sich selbst den Boden entzogen hat?«

»Schöne neue Welt« von Aldous Huxley
Metaphysisch: alle Romane Gustav Meyrinks

»Sternstunden der Menschheit« von Stefan Zweig

Systemorientierte Esoterik oder verständlich geschriebene Monographien aus der Reihe »Wissenschaftsspektrum«
Von der Entdeckung des Elektrons und den Teilchen im Atom bis hin zur Suche nach den Quarks und Vektorbosonen im Atomkern

Zitat — »Endlose Zeit ist wie ein Moment.
Wenn einer den endlosen Moment begreift,
erkennt er die Person, die er sieht.«

(Tosotsu)

♀

VENUS

Zu den schönsten Gestirnen, die wir mit bloßem Auge am Himmel sehen können, gehört der viel besungene Abend- und Morgenstern. Nach der Göttin der Liebe benannt, symbolisiert er die Kraft der Harmonie, um die Gegensätze miteinander zu verschmelzen. Damit ist Venus einerseits mit Merkur verwandt, nur vermittelt sie nicht auf der Verstandesebene, sondern auf der Gefühlsebene; andererseits ist sie als »Schaumgeborene« mythologisch auch mit Uranus (aus dem Schaum), Neptun (aus den Wassern) und Pluto (aus der Tiefe) verbunden.

Nähern wir uns ihren Anfängen. Die Legende weiß zu berichten, daß Venus der Verbindung des gestürzten Himmelsgottes Uranos und seiner Gattin Gaia, der Erde, entsprang. Uranos, der seine Kinder verschlang, wurde von Kronos/Saturn, seinem Sohn, mit einer Sichel entmannt. Aus dem abgeschlagenen Glied des Vaters, von Kronos ins Meer geschleudert, floß weißer Schaum, dem Venus/Aphrodite an den Gestaden der Insel Kythera entstieg.

Wie wir uns der mythologischen Gestalt auch nähern, immer kommt Venus aus dem unergründlichen Element, das aus der Verwandlung des Geschlechtlichen zum Licht drängt und im Zauber der Liebe die Gegensätze zerstört. Der Urgrund ihrer Triebe ist die Sehnsucht, und in ihrer Hingabefähigkeit und Öffnungsbereitschaft lauert auch der Wunsch nach Vereinigung mit dem entmannten Mann, dem kastrierten Vater oder, auf einer anderen Ebene, mit dem »entschlechtlichten« Gott. Obwohl man sie die Göttin der Liebe nennt, muß man diese Liebe als bloße »Verkörperung von Liebe« interpretieren, denn was Venus verkörpert, hat weder etwas mit Liebe oder Verschmelzung gemein (sie entsprang direkt dem Samen des Vaters), sondern dient der Verführung durch die Mittel der Erotik, um die körperlichen Reize und Vorzüge ins richtige Licht zu setzen.

Venus verkörpert die Verschmelzung mit Gott (die Rehabilitation des Vaters) oder die Auflösung im Nichts. Dabei spricht sie ein Bewußtsein göttlicher Liebe an, das im Prinzip auf eigene Liebeszuwendung verzichtet, bis auch das letzte Bewußtsein im Universum Liebe gefunden hat. Hinter dieser hohen Absicht verbergen sich aber die Unfähigkeit zur Liebe und die Abwehr tieferer Gefühle. Die Venus-Qualität entspricht dem urinstinktiv-weiblichen Verlangen nach dem Spiel von Zu- und Abneigung, nach dem Reiz von Ablehnung und Gewährung. Venus verkörpert weder das seelische Empfängliche noch den Wunsch nach gefühlsmäßiger Verschmelzung (vgl. Mond), sondern jenes Gefühl nach totaler Übereinstimmung, das aus seiner hohen Zielrichtung heraus (Einswerden mit Gott) geradezu lebensfeindlich ist: *»O sink hernieder, Nacht der Liebe, gib Vergessen, daß ich lebe; nimmt mich auf in deinen Schoß, löse von der Welt mich los!«*

Hinter diesen Überhöhungen verbirgt sich das Unvermögen, den Vater (Uranos) als inneres Bild jetzt loslassen zu können. Damit wird ein Verhalten in die Welt gesetzt, Menschliches nicht anzunehmen und Lösungsmöglichkeiten anzustreben, die im Leben unerfüllbar sind. Das läßt auf eine Seelenstruktur rückschließen, sich entweder der Göttin in die Arme zu werfen, die der irrationalen inneren Weiblichkeit entspricht (Mann), oder diese Irrationalität selber zu verkörpern, was nur innerhalb pointierter Überspitzungen möglich ist (Frau). Der Wunsch nach ichtranszendierender Liebe durch Spiritualisierung des Hingabeempfindens ist nichts anderes als das Eingeständnis, normale Körperlichkeit gar nicht annehmen zu können. Venus verkörpert den Grundsatz, der Mutterschaft und Weiblichkeit durch Überhöhung des ästhetizierenden Verlangens auszuweichen und in jenem Abwehrmechanismus Erfüllung zu erreichen, der jegliches Liebesleben durch Zwang nach Harmonie zerstört.

Kann dieses Bild von Liebe aber auf eine geeignete Bezugsperson in der Außenwelt übertragen werden, dann liefert sich Venus dieser Inszenierung bis zur Selbstaufopferung aus. Sie tut alles für ihre »Vorstellung von Liebe«; als sie sich in Adonis verliebte, war sie bereit, alles zu unternehmen, um sich ihr Bild erhalten zu können (vgl. Sonne/Venus oder Venus/Mars). Als Adonis dem eifersüchtigen Mars in der Verkörperung eines wilden Ebers (ihrer eigenen verdrängten Männlichkeit) schließlich zum Opfer fiel, war sie nicht in der Lage, den Verlust einfach hinzunehmen, sondern sie sammelte sein Blut, aus dem die Anemonen (Buschwindröschen) entstanden, um sich wenigstens den Bilderrahmen zu erhalten, aus dem ihr ihre verlorene Liebe entgegenblickte.

In diesem Gleichnis klingt der Venus-Dämon an, nämlich das Geliebte zu einem Besitz der eigenen Vorstellung zu machen, denn was sie liebt, möchte sie behalten; was sie aber halten kann, verliert an Intensität. Was sich halten läßt, wird schal und nur, was sich nicht halten läßt, ist es wert, überhaupt besessen zu werden. Erst dann setzt sie ihre Verführungskünste ein, um es zu einem Objekt der eigenen Begierde zu machen.

Beim Mann kann das zu einer Abhängigkeit von seinen inneren Projektionen führen, was sich durch die Überbetonung der äußeren Schönheit bei der Frauensuche zeigt. Diese soll dann an Anmut und Strahlung all das mit einbringen, was ihm durch den Abnützungskampf im Leben an innerer Schönheit verlorengegangen ist.

Das Ergebnis ist in beiden Fällen immer Leiden, denn nur das, was unerreichbar scheint, will als Bild Verwendung finden. Darum ist Venus auch die Schirmherrin der Künste, weil gerade hier die überhöhte und göttliche Liebe gezeigt wird, die im Leben nicht erreicht werden kann. Das Venus-Prinzip gibt sich durchaus mit der ästhetischen Stilisierung und der archetypischen Symbolisierung zufrieden, weil es in seinem innersten Wesen gar nicht gelebt werden will.

Damit korrespondiert Venus' bezaubernder Schleier (Schillers Jüngling* verfiel zuerst in Raserei und dann in Melancholie, als er das verschleierte Bildnis der Göttin enthüllte: *»Kein Sterblicher«, sprach des Orakels Mund, »rückt diesen Schleier, bis ich selbst ihn hebe ...«)* auf eine eigentümliche Weise mit der alles umfassenden Wolkendecke unseres Planetennachbarn. Von der Erde aus ist er als schöner, heller Stern zu sehen. Doch unter dieser abschirmenden Wolkenmasse tut sich eine höllische Sphäre auf. Durch den riesigen Atmosphärendruck, der alles zerquetscht, entladen sich unablässig gigantische Gewitter, und was die Griechen zur Verbindung mit der Göttin der Liebe inspirierte, hat in tieferem Sinn mehr mit der Herrin der Unterwelt zu tun:

---

* »Das verschleierte Bild zu Sais«

O sink hernieder, Nacht der Liebe,
gib Vergessen, daß ich lebe;
nimm mich auf in deinen Schoß,
löse von der Welt mich los!

Verloschen nun die letzte Leuchte,
was wir dachten, was uns deuchte,
all Gedanken, all Gemahnen,
heil'ger Dämm'rung hehres Ahnen
löscht des Wähnens Graus
welterlösend aus.

Barg uns im Busen sich die Sonne,
leuchtend lachend Sterne der Wonne.
Von deinem Zauber sanft umsponnen,
vor deinen Augen süß zerronnen,
Herz an Herz dir, Mund an Mund,
eines Atems einziger Bund.

Bricht mein Blick sich wonnerblindet,
erbleicht die Welt mit ihrem Blenden,
die uns der Tag trügend erhellt
zu täuschendem Wahn entgegenstellt:
Wonne, hehrstes Weben,
Liebe-heiligstes Leben,
Nie-wieder-Erwachens
wahnlos hold bewußter Wunsch.

(»Tristan und Isolde«)
(2. Aufzug/2. Szene)

♀ ♂ VENUS – MARS

Wirkungsstufe I

a) Konjunktion (-)
b) Sextil (+)
c) Quadrat (-)
d) Trigon (+)
e) Quincunx (-)
f) Opposition (-)

II a) Venus in Haus 1
b) Mars in Haus 7
c) Venus in Widder
d) Mars in Waage
e) Mars in Haus 2 (bedingt)
f) Mars in Stier (bedingt)

III a) Sonne (bzw. Mond, Merkur, Venus oder Jupiter) in Waage (Stier) und Aszendent Widder
b) Sonne (bzw. Mond, Merkur, Mars oder Jupiter) in Widder und Aszendent Waage (Stier)

IV a) Aszendent Waage (oder Stier)
b) Hausspitze 7 (oder 2) in Widder
c) Geburtsherrscher in Haus 7 (oder 2)
d) Herrscher von Haus 7 (oder 2) in Haus 1
e) Geburtsherrscher in Waage (oder Stier)
f) Herrscher von Haus 7 (oder 2) in Widder

Venus/Mars ist ein Bild für diejenige Seite in uns, die, überwältigt vom unbändigen Verlangen nach Liebe, sich den Triebinstinkten überläßt. Das Verlangen nach Kontakten ist so groß, daß man sozusagen »mit der Tür ins Haus« fällt *(ins Haus der andern, wohlgemerkt!)*, denn das »Verlangen nach Begegnung« zwingt in den Konflikt. Wir möchten aber meinen, daß der Konflikt auch eine Chance unter Venus/Mars ist, die persönliche Entwicklung voranzutreiben, weil wir erst in den Auswirkungen den Ursachen begegnen können, für die wir letztlich einzustehen haben, denn die Triebinstinkte wirken sich auf allen Ebenen des Lebens aus.

Wenn wir Mars mit den Aggressionen gleichsetzen und Venus mit dem Prinzip, Aggressionen zu vermeiden, dann sehen wir, wie die Kutsche der Gefühle von den ambivalenten Trieben (Pferde) in verschiedene Richtungen gezogen wird. Die Pferde, die sich im Geschirr verheddern, sind ein deutlicher Hinweis auf die Unvereinbarkeit der beiden Triebrichtungen in uns. Es braucht schon eine gehörige Portion Einsicht und Lebenserfahrung des

Kutschers (Bewußtseins-Wille), den Rappen »Sexualanziehung« und den Schimmel »Emotionsbindung« in den Zügeln zu halten und auf ein gemeinsames Ziel hinzutreiben. Andererseits bedeutet jedes erreichte Ziel aus der sich verbindenden Gegensätzlichkeit natürlich Energiegewinn und damit konkrete Nutzung der sich sonst bekämpfenden Triebnatur.

Venus/Mars sexuelles Streben strahlt einen stark magnetisierten Eros aus, denn der innere Widerspruch artikuliert sich in einer elektrisierenden Sexualität, die entpolarisiert werden will. Das führt unweigerlich zu Machtkonflikten, weil die Unfähigkeit zu echter Begegnung sich hinter einem starken Partnerwunsch versteckt. Da die marsische Triebenergie, beim anderen »ins Haus zu fallen«, sich mit der venushaften Selbstbespieglung »reibt«, wird der andere vom »inneren Wollen« überrollt (Mars); oder man läßt sich lieben, ohne selber zu agieren (Venus), damit man sich nicht »preisgibt« und im anderen »verliert«.

Die diplomatische Venus tut sich schwer, Gefühlsentscheidungen zu treffen. Damit verdrängt sie die eigene Aktivität, die sie auf die Umwelt überträgt, um ihr inneres Hingabepotential ausleben zu können. Der in die Umwelt übertragene Mars fordert sich aber in der Begegnung zurück: Er verkörpert die Bedrohung von außen, der sich das Individuum auszuliefern hat, um doch noch in den Genuß der eigenen Vollständigkeit zu kommen *(»... um so mehr mich der andere leiden läßt, desto anziehender wird er für mich!«)*. Da er ja das verdrängte Prinzip vertritt, wird er desto anziehender, je mehr er die übertragene Aggressivität zurückreflektiert: einen gewissermaßen »über die verdrängten Wünsche balbiert«.

Ist Mars dominant, dann ist es für ihn selbstverständlich, die Umwelt zu erobern und den anderen in Besitz zu nehmen. Er zwingt dem Partner seine Liebe auf und besteht darauf, daß sie auch erwidert wird. Er ist also darauf angewiesen, die verdrängte Hingabe vom anderen zurückzubekommen, und das macht ihn für alle Vorspiegelungen von Gefühlen völlig hilflos. Da er diese Schwäche aber wiederum verdrängt, wird er in seiner »Demonstration von Stärke« zum Spielball seiner aggressiven Art, die er zur Selbstbespiegelung braucht und in die er all sein Liebesverlangen hineininszeniert. In der Position des Siegers liefert er sich jedoch den Dämonen aus, *»denn je mehr sich der andere für mich* *quälen läßt, desto attraktiver wird er für mich!«* Damit hat er sich an seine verquälten Liebesneigungen verloren.

Sind die Energien aber ausgeglichen, führt das zur magischen Verstrickung, denn die Gleichzeitigkeiten von Triebhaftigkeit und Erotik, Hingabe und Aggressivität sorgt für allerlei Verwirrung. Es wird ein Zustand des Verliebtseins angestrebt, da Venus/Mars nur dann andauert, wenn er im Eroberungsstadium verharrt. Nur im »Limerenz-Zustand« können Venus und Mars gleichberechtigt nebeneinander existieren, denn nur im »Zustand des Verliebtseins« ist der Drang nach Eroberung (Mars) mit dem gleichzeitigen Verlangen gepaart, vom anderen auch begehrt zu werden (Venus). Solange man ständig neue Liebesbeweise fordert, ist die Unvereinbarkeit im Lot, und ganz nebenbei öffnet sich auch der Kanal, die »Reibungsverluste« der gegensätzlichen Planetenkräfte über die »Sehnsucht nach unerreichbarer Liebe« (Streben nach Unerfüllung) auszugleichen.

♀ ♂

Mythologisches Modell

Mythos

Als auf dem Olymp zwischen Hera, Athene und Aphrodite ein Streit ausbrach, wer die Schönste sei, wurde Paris die zweifelhafte Ehre zuteil, diesen zu schlichten. Vor die Wahl gestellt, zwischen Hera (die ihm Weltherrschaft bot), Athene (die ihm Weisheit antrug) und Aphrodite zu wählen, entschied er sich für die Liebesgöttin (vgl. Sonne/Venus, S. 62), die ihm dafür das schönste Weib der Welt versprach.

Wenn Aphrodite dem Mythos von Sonne/Venus entspricht, so entspricht Paris' Entscheidung (»Urteil des Paris«) Venus/Mars. Es war Aphrodites verführerische Schönheit und ihr gefährliches Liebesangebot, das die Wahl zu ihren Gunsten entschied. Daraus entstand jedoch eine ungeheure Verwicklung, denn das Versprechen Aphrodites hatte einen vergifteten Stachel, weil die Schönste (Helena) schon die Gattin des König Menelaos von Kreta war.

Hintergrund

Trotzdem kann man nicht behaupten, daß die Wahl des Paris falsch war. Mars wäre nicht Mars, könnte er Venus' erotische Anziehung gegen die langfristigen Folgen seines Handelns abwägen. Seine innere Absicht, der eigenen Spontanität freien Lauf zu lassen, macht ihn zwar ehrlich, aber unreif: auch nicht böse, aber aggressiv und töricht. Sein emotionales Streben, ohne planendes Handeln in Bestehendes einzugreifen, macht ihn zu einem Helfer ohne Absicht, zu einem Prüfer wider Willen, weil sein Handeln vor allem den Ordnungshüter (Saturn) auf den Platz ruft, um die Bruchstellen, durch die Mars eindrang, wieder abzudichten und zu flicken. Daß sich die Wahl des Paris aber zum »Trojanischen Krieg« auswuchs, lag weniger in der Triebhaftigkeit Paris, sondern in der Saturn/Uranus-Beziehung der beiden Völker (die sich den Anlaß zum willkommenen Funken machten, die Aggressionen zu entzünden: vgl. »Kollektive Psyche«).

Auch Aphrodites Versprechen war nicht falsch. Es ist nicht ihre Aufgabe, aus spontanen Entscheidungen auf Gesamtzusammenhänge zu schließen und für mögliche Auswirkungen die Verantwortung zu übernehmen. Als Liebesgöttin ist es vielmehr ihre Pflicht, die Vorzüge des Leibes und die Betonung körperlicher Reize in den Vordergrund zu bringen,und das hat sie vortrefflich getan. Da Paris nicht aus einer reifen Perspektive, sondern aus seinen inneren Trieben heraus wählte, konnte er sich gar nicht anders als für sie entscheiden. Aphrodite hat ihm die Entscheidung zwar erleichtert, aber nicht die Wahl verfälscht.

Tiefenperspektive

Daraus können wir ersehen, wie schwer es ist, Strategie und Klarsicht gegen die Triebinstinkte zu behaupten. Unter Venus/Mars gelingt das sicher nicht. Und wenn wir schon glauben, daß weder Aphrodites Versprechen noch Paris' Wahl falsch waren, sondern nur Teil eines Instinktverhaltens, das, wenn es ausbricht, zwingend ist, so können wir auch sagen, daß es sicher nicht der inneren Absicht von Venus/Mars entspricht, einen objektiven Vermittler abzugeben. Es ist nämlich gerade das Vorrecht dieser Konstellation, auszubrechen, ohne die Folgen abzuwägen, die in diesem Fall darin bestehen, daß man sich die Frau eines anderen nimmt. (Als Frau ließe man sich von einem anderen »nehmen«, um aus den gesellschaftlichen Normvorstellungen auszuscheren, nicht nur des sexuellen Reizes, sondern auch des revolutionären Widerstandes wegen.) Venus/Mars befreit sich mit Geschrei, um auf das menschliche Vorrecht aufmerksam zu machen, Fehler zu verursachen, ohne dafür die Verantwortung übernehmen zu müssen.

In einem spirituellen Sinn verkörpert Venus/Mars das sexuelle Lustprinzip: das spontane, kindliche Empfinden, den instinktiven Trieben nachzugeben, ohne sich um eine harmonische Einbindung in die gesellschaftlichen Vernetzungen zu kümmern, also das Recht auf Entwicklung durch Konflikte und gleichzeitig die Abwehr von Verantwortung, für die die Seele noch nicht reif ist.

Kollektive Psyche

Helena, Schönste unter den Sterblichen und des Helden Liebesbeute, überließ sich Paris wahrscheinlich aus sexueller Frustration, denn in ihm floß ihr die Jugendlichkeit zurück, die sie an der Seite ihres Gatten immer mehr vermißte. Schließlich entsprach sie ja der mythologischen Verkleinerung der archetypischen Aphrodite, die aus der Gewalt sexueller Selbstdarstellung handelt, und wenn man ihr den Hof machte, konnte sie nur schwerlich widerstehen. Auch einer Flucht nicht abgeneigt, weniger aus Untreue, sondern aus einem Gefühl der inneren Leere heraus, versprach sie sich ein prickelndes Abenteuer, wenn auch nur solange, wie die züngelnde Flamme der Leidenschaft anhielt. Helena und Paris verkörpern also nicht die Weisheit eines reifen Liebesverständnisses, sondern sie sind die Repräsentanten eines flüchtigen, unverbindlichen, aber doch erotischen und tiefgreifenden Sexualabenteuers.

Wenn wir innerhalb der kollektiven Psyche König Menelaos als »Sonne« und Paris als »Mars« bezeichnen, dann können wir beobachten, wie sich die Repräsentanten der Seele je nach Akt und Handlung verwandeln und fließend ineinander übergehen. Wir sehen, wie sich Helena als »Venus« der Sonne entzog und sich dem anstürmenden Mars in die Arme gab, wenigstens solange die Faszination des Neuen ihren Schatten warf. In Troja angekommen, wurde aus der abenteuerlichen Flucht aber Legalität und so fand sich Helena in der gleichen Rolle wieder, der sie soeben entronnen war. Paris verwandelte sich nämlich in den Königssohn zurück (Sonne), der seine Beute gegen die Forderungen des herbeieilenden Menelaos (jetzt Mars) verteidigte. Als Menelaos vor den Toren Trojas auftauchte, wäre Helena gerne zu ihm zurückgekehrt, doch wurde sie vom Sonnenprinzip des Paris und von den Saturn-Grundsätzen des belagerten Volkes daran gehindert, weil sich die individuelle Auseinandersetzung in der Zwischenzeit zu einer vernichtungs-inszenierenden Kollektiv-Krise ausgedehnt hatte. Das ehemals auslösende Venus/Mars-Prinzip war im völkermordenden Saturn/Uranus-Duell völlig untergegangen und diente nur noch alibihaft als Sinn des Krieges. Als es Menelaos nach vielen Jahren gelang, in Troja einzudringen, fand er Helena, die ihn als Erlöser empfing, die sich ihrem marsischen Eroberer wieder in die Arme warf, der ebenso venushaft verzieh.

♀ ♂

Karmische Struktur

Anlage

Hier finden wir den emotionalen »Break«. Komplimentäres wird zusammengefügt, was in seinen Auswirkungen ein unberechenbares Ausmaß an Energie freisetzt. Um die Rückwirkungen im persönlichen Erleben festzustellen, muß bei Venus/Mars-Konstellationen zwischen Venus-Betonung und Mars-Dominanz unterschieden werden (in den Häusern dominiert im Gegensatz zu den Zeichen immer der entsprechende Planet: also Venus-Dominanz bei Venus im 1. Haus, Mars-Betonung bei Venus in Widder).

Schwache Mars-Anlagen wirken sich in einer zunehmenden Abhängigkeit von den Erwartungen der Umwelt aus, in einem Verhalten also, Durchsetzung nur noch dort zu zeigen, wo sie von der öffentlichen Meinung auch ausdrücklich gebilligt wird. Männliche Eigenart versteckt sich hinter kollektiven Zielen, was die Gefahr heraufbeschwört, zu übertreiben, wo sie sich gegenüber einer Minderheit aufbläht (Polizistenwillkür, Staatsgewalt). Die Rollenanpassung, die versucht, persönliche Eigenart vor sich selber zu verbergen, gelingt bisweilen so perfekt, daß die Individualität, die nur getarnt werden sollte, sich unter der Maske ganz verliert.

Venus wiederum leidet unter der Vorstellung, gesellschaftlich nicht die gebührende Beachtung zu finden. Das unterschwellige Empfinden, etwas Besonders darzustellen, wird von der Umwelt nicht wahrgenommen und liefert die verletzte Venus ebenfalls der Anpassung nach außen aus. Sie ist versucht, sich der Umwelt auf eine um Anerkennung heischende Weise zu präsentieren, um über diesen Rahmen die Bestätigung zurückzubekommen, die sie sich selbst nicht zu geben vermag. Im Extremfall wünscht sie erniedrigt, geschlagen oder gar verletzt zu werden, um sich in der totalen Hingabe an äußere Gewalt spüren zu können und damit wenigstens zur Scheinbefriedigung ihrer geopferten Identität beizutragen.

Frau

(+)
Die harmonische Komponente signalisiert triebhafte Hingabe, aber ohne Gewalt, weil weder Unterdrückung noch Selbstunterwerfung dazu Voraussetzung sind, sondern was einfach aus dem Augenblick spontaner Lust heraus gelebt und empfunden werden will: *»... ihre Finger öffneten sanft seinen Hosenschlitz, und er sprang heraus, wie ein wütender Löwe aus seinem Käfig. Sie streifte seine Vorhaut zurück, legte seine rote und zornige Eichel bloß und nahm ihn in beide Hände, eine Hand über der anderen, als ob sie einen Baseballschläger hielt.« (Henry Miller)*

(–/Betonte Venus)

Die dominante Venus (bei unterdrücktem Mars) führt zur Verwirrung der Instinkte. Gewohnt, das bei sich selber Ungesehene in den Beziehungen anderer auszuleben (Eltern), hat sie den Bezug zum inneren Lustprinzip verloren. Sie wehrt das eigene Erleben, die inneren Instinkte bei sich selber ab und verneint jede Form von sexueller Annäherung (wenn wir die gesellschaftlichen Verhaltensnormen betrachten, stellen wir fest, wie das erste »Nein« schon fast zur Norm geworden ist).

Der Horror vor Gewalt, die innere Scham oder die Angst vor Ansteckung haben aus der einst so verführerischen Venus einen komplizierten Abwehrblock gemacht. Andererseits muß sie aber auch ihren versteckten Mars loswerden und will so in Aggressionen verwickelt werden, um ihre unbewußte Aggressivität an den äußeren Umständen entfalten zu können. Unter dem Vorwand, wenigstens zu erfahren, was sie nicht will, setzt sie sich von Zeit zu Zeit äußeren Gefahren aus, die einen Widerspruch zu ihren üblichen Kontakten bedeuten, um ihre inneren Konflikte zu spüren und stellvertretend »in den Taten andrer« zu bewältigen.

(–/Dominanter Mars)

Tief in den Flammen ihres inneren Feuers begegnet sie der animalischen Wut schmerzender Liebesglut (»Sie spürt den Speer des Helden auf den Knochen seiner Feinde splittern!«). Ihre sinnliche Magie läßt sich nicht in Verhaltensnormen einbinden, denn sie liebt diese Phantasien. Sie weiß, daß nur ein Mann, der sich dieser Bilder bedient, sie befriedigen kann, weil sie glaubt, daß nur ein solcher Mann das hingebende Verlangen ihrer aggressiven Triebinstinkte spürt. Sie wünscht mit der Realität der Gewalt hautnah konfrontiert zu werden!

Mann

(+)
Unter harmonischen Bedingungen dürfte es leicht fallen, Frieden zu schließen mit dem andersgeschlechtlichen Teil in sich. Die seelische Verstümmelung wird aufgehoben, der gegengeschlechtliche Elternteil erlöst (Vater darf die Potenz behalten, Mutter die Hingabefähigkeit). Sobald der Betroffene seine Verhinderungen aus der Kindheit überwunden und die verlorene Spontanität zurückbekommen hat, besteht kein Grund mehr, die elterliche Übertragung zu leben oder stellvertretend das Gegengeschlecht zu quälen.

(–/Betonte Venus)

Der Mann, der in seiner inneren Männlichkeit von seiner eigenen Venus bedroht wird (unterdrückter Mars), sieht sich in der ungemütlichen Situation, in der sich das Männliche durch das unaufhaltsame Vordringen des Weiblichen allgemein befindet. Zwar begehrt er, läßt sich aber gleichzeitig von seiner dominanten Venus dazu zwingen, das eigene Begehren abzulehnen und statt dessen Befriedigung in der Unterwerfung unter seine »übertragenen« Aggressionen zu finden. (Wahrscheinlich hatte er seiner Mutter geglaubt, die ihm beibrachte, daß gute Jungens keine Aggression zu haben bräuchten!) Nun kann er seine Triebe nur noch gegen diese innere Verhinderung durchsetzen, und dazu bedarf er einer Partnerin, der er seine Hingabe opfern darf, seine Schmerzen, seine Lust ... – der er sich mit jeder Pore seines Körpers überlassen muß bis zur schmerzlichen Vereinigung, welche für ihn aber Vollständigkeit bedeutet!

(–/Dominanter Mars)

Aus karmischer Vergangenheit erwacht, sich den Frauen physisch unterworfen zu haben, dämmert hier die aggressive Lust, es den »Weibern« wieder heimzuzahlen. Er spürt eine unbändige Freude beim Gedanken, die äußere Frau zu quälen und stellvertretend für die unterdrückte Venus ihr Fleisch so richtig durchzuwalken und zu dehnen, sich tief in ihren Leib zu drehen und sie wie ein Tier zu »nehmen«.

Sexualität (Kollektive Perspektive)

(+)
Positive Aspekte zielen darauf, aus den gegensätzlichen Reibungen harmonische Spannungen aufzubauen, die Freiräume für zusätzliche Lebensenergien schaffen. Es geht darum, Sexualität kreativ zu entfalten und sie mit dem Körper harmonisch zu gestalten. Dazu muß man aber erst Venus und Mars ins Gleichgewicht bringen, denn nur wer seine Spannungen im Herzen entpolarisiert hat, setzt keine Kriege mehr in die Welt!

Man muß die männliche und weibliche Ekstase miteinander verbinden *(Übung: Den männlichen Blitz in den weiblichen Ozean einschlagen lassen und dieses Bild anhalten – also die Erregung anhalten und gleichzeitig in diese Erregung hinein »entspannen«!).* Damit treibt man den inneren Energiepegel in ungeahnte Höhen und kontrolliert somit die Gewalt, weil sie jetzt ein Teil jenes tiefen Friedens geworden ist, der aus der Resonanz zwischen Erregung und Entspannung fließt.

(–)
Kein Aspekt ist der Sexualität mehr verbunden als Venus/Mars (kein kleiner Anspruch in einer Zeit, wo Sex und Liebe das ungelöste Thema Nummer eins sind). In der Regel sorgen Venus/Mars-Verbindungen für Durchsetzungsstörungen beim Mann oder Hingabeverwirrungen bei der Frau, und da dieser Zustand nicht nur bei den Betroffenen, sondern fast in jeder Beziehung auftritt, sehen wir, wie diese Störung zu einem Teil des Partnerschaftsverhaltens allgemein geworden ist.

Das ist auf die Rollenerziehung zurückzuführen, wo die Mädchen lernen, sich als weich, empfangend (bei gleichzeitiger Abwehr) und passiv wahrzunehmen, die Knaben dagegen als stark, unnachgiebig und gefühlslos. Der äußere Geschlechterkampf besteht unter anderem darin, daß die Frau durch ihre sexuelle Anziehung den Mann erst lockt und dann ablehnt, und das entspricht der Fehde Venus/Mars. Die abwehrende Venus zwingt Mars zur Verdrängung seiner inneren Gefühle und zur Annahme, Sexualität habe etwas mit äußerer Durchsetzung zu tun. Venus/Mars-Störungen können die sinnliche Liebe nicht einbeziehen, und dadurch säen sie Gewalt.

Metamorphose (Spiritueller Liebesweg)

Ohne die triebhafte Präsenz des Mars bliebe Venus formlos, unerfüllt und leer. Erst durch die Einbeziehung der phallischen Opponente wird sie zur inneren Quelle, aus der es flüstert, daß wir alle Voraussetzungen in uns tragen, um das Ewige auch über den Körper zu erfahren. Dazu muß man aber die Spreu vom Weizen trennen. Damit die Energien der Liebe nicht mehr unkontrolliert im Feuer sexueller Glut verbrennen, muß man die Freude am Spirituellen wiederentdecken und die Inspiration in die bloße Fleischeslust zurückbringen, denn wenn sich Venus und Mars verbinden, dann kommt das Feuer tief von innen!

Venus/Mars

Die Triebplaneten sind das Symbol für körperliche Liebe. Allein für sich betrachtet dienen sie dem Lösen sexueller Ströme, also dem Binden überschüssiger Energie!

Sonne/Venus/Mars

Unter Mitwirkung der Sonne finden wir die Liebe, die nicht nur durch den Körper geht, sondern auch das Herz miteinbezieht. Hier geht es um die Sexualität als Ausdruck der Freude, wenn Ausdruck und Gefühl miteinander verbunden sind.

Venus/Mars/Neptun

Ist den Triebplaneten Neptun beigestellt, dann liebt man sich wie Gott und Göttin. Die Liebe stilisiert sich zum Gebet: ohne Ejakulation kann sie zum Tempel innerer Übereinstimmung werden. Die eigene Identität ist vergessen, Religion, Kultur und Ideologie nebensächlich, man liebt »im anderen« das Göttliche.

Venus/Mars/Pluto

Wenn man aber nur das »Göttliche in sich« im andern liebt, dann ist Pluto aufgerufen, um das aufgeblähte Ego über schmerzliche Transformationsprozesse (Verlusterfahrungen) wieder auf seine Grundlagen zurückzustufen.

Die Verbindung dieser Gestirne spiegelt sich in der tragischen Liebe zwischen Adonis und Aphrodite wider. Die Liebesgöttin (Venus) mußte mitansehen, wie Adonis (Neptun) vom eifersüchtigen Ares tödlich verletzt wurde (Mars/Pluto). Als sie ihm zu Hilfe eilen wollte, trat sie mit dem Fuß in einen Dorn, ein symbolisches Zeichen dafür, daß sie ihre Liebe verlieren mußte (Venus/Pluto), wenn sie sie nicht transformieren konnte. Es gelang ihr aber, sie alchimistisch zu verwandeln, denn »aus ihren Tränen sprossen Anemonen« (Venus/Neptun) und »aus dem Blut des Sterbenden wuchsen Rosen« (Mars/Pluto).

Venus/Mars/Neptun/Pluto

Diese alchimistische Verwandlung entspricht dem höchsten Ziel der körperlichen Triebe (Venus/Mars), denn sie entspricht dem »Sich-Einbeziehen in die höchste Schwingungsenergie« (Neptun/Pluto) und damit der »Verschmelzung der sexuellen Triebinstinkte mit dem Kosmos«. In dem Augenblick, wo der Geist mit der Seele verschmolzen ist, braucht der Mensch keinen physischen

Partner mehr, weil er jetzt direkt an der Urquelle Anteil hat, die sich mit allem Wesenden in einem ewigen Liebesakt befindet.

♀ ♂

KRANKHEITSDISPOSITIONEN

Am deutlichsten drückt sich die Polarität von Venus/Mars im Lustprinzip des Säuglings aus. Seine Reaktion, die nur zwischen angenehm und unangenehm unterscheiden kann, ist völlig lustorientiert, und der Betroffene unter Venus/Mars bleibt diesem Prinzip länger ausgeliefert als andere. Vom Verlangen beseelt, alles zu zerstören, was ihm keinen Lustgewinn verschafft, ist Mars ein Befruchter des Ursache/Wirkungs-Prinzips, weil er alles noch beschleunigt, was sich sowieso »zu Werden beabsichtigt«. Vom Zwang zur Tat getrieben, ist für ihn jeder Kampf ein Mittel zum Zweck, um die innere Aggression in Handlung umzuwandeln und somit das zu bewegen, was wir den Lauf der Welt nennen. Gleichzeitig bietet ihm jede Tat die Möglichkeit, den eigenen Aggressionskräften zu begegnen und unter Mithilfe von Saturn oder der transsaturnischen Planeten die subjektiv-orientierte Ich-Bezogenheit zu transzendieren (also über das subjektive Scheitern die Mechanismen zu überwinden, die den menschlichen Handlungen zugrunde liegen und die in immer neue Perspektiven von Apokalypse einmünden).

Der Gegensatz zu der »die Gegensätze miteinander verbindenden« Venus könnte nicht größer sein. Diese verkörpert Ausgewogenheit, wo Mars Verstrickung signalisiert und spiegelt Öffnungsbereitschaft, wo Mars aggressive Zerstörungswut anzeigt. Durch die erotischen Entzündungen wird sie zur raffinierten Verführerin, wo Mars nur rasch zum Gipfel strebt. Umgekehrt ist aber Mars auch Energie, wo Venus passive Hingabe verkörpert und Zielgerichtetheit, wo Venus ausufernde Genußsucht repräsentiert.

Was also zusammen für triebhafte Verschmelzung steht (oder in der bürgerlichen Assoziation für rauschende Liebesfeste), setzt zuerst einmal Formen von emotionalen Störungen voraus: Sexuelle Anziehung paart sich mit seelischer Disharmonie, triebhafte Aggression wechselt sich ab mit Impotenz (Gleichzeitigkeit von Hingabe und Aggression). Auch Dispositionen zu Blasenerkrankungen sind möglich und Nierenstörungen angesagt, wenn Venus/Mars aus dem Gleichgewicht gerät (»Feedback der Probleme mit der Außenwelt«), weil sich die inneren Konflikte in Problemen mit der Umwelt reflektieren, was sich im »paarig« angelegten Nierenorgan niederschlägt.

Symptome

Sexuelle Unvereinbarkeit
(Venus/Mars-Syndrom)
- Unvereinbarkeit von emotionaler Bindung und sexueller Anziehung (Trennung von Partnerschaft und Sexualität)
- Gleichzeitigkeit von Hingabe und Aggression (Ich-Durchsetzung und Ich-Schwäche):
  a) triebhafte Aggression (sexuelle Erregung in Verbindung mit innerer Ohnmacht)
  b) oder Impotenz (sexuelle Über-Erregung in Verbindung mit Angst)

Psychische Auswirkungen
- Irritation der Körperabwehr (Abwehrschwäche/Allergie: bei Frauen vor der Periode Menstruations-Ausschläge)
- Identitätssuche, Umweltsabhängigkeit (Ablehnungsängste)
- Perversion, Triebhaftigkeit, Sado-Masochismus

Physische Auswirkungen
- Nieren- und Blasenerkrankungen (Nierenbecken- oder Blasenentzündung)
- Venenentzündungen (Hämorrhoiden, Krampfadern), Bindegewebsschwäche
- venerische Krankheiten (durch Geschlechtsverkehr übertragen)
- Übersäuerung

Anlage

Betonte Venus
- Venus in Waage, Stier oder Fische

Dominanter Mars
- Mars in Widder, Skorpion oder Steinbock

Unterdrückte Venus

- Venus in Widder, Jungfrau oder Steinbock
- Venus in Haus 6

Verdrängter Mars
- Mars in Waage, Stier, Krebs oder Fische
- Mars in Haus 12

Venus dominiert Mars
- Venus in Haus 1
- Aszendent Waage oder Stier
- Mars in Waage oder Stier

Mars dominiert Venus
- Mars in Haus 7 oder 2
- Hausspitze 7 oder 2 in Widder
- Venus in Widder

Tinkturen

Homöopathische Mittel			
Betonte Venus	**Origanum** (Süßer Majoran)	–	bei übertriebener Libido (Hingabelust und Erotomanie): D6
Dominanter Mars	**Moschus** (Drüsensekret des Moschushirschen)	–	gegen vorzeitigen Samenerguß (Schwäche durch übersteigerten Liebesgenuß): D6
Unterdrückte Venus	**Onosmodium virginicum** (Falscher Steinsamen)	–	bei Erschöpfung aus sexueller Unterdrückung (sexuelle Neurasthenie): D60
Verdrängter Mars	**Conium** (Schierling) oder – stärker – **Agnus castus** (Mönchspfeffer)	–	gegen Triebverlust und Impotenz: D12 (Conium bis D60)
Venus dominiert Mars	*Mann* **Caladium seguinum** (Schweigrohr)	–	bei schwacher Erektion (Samenfluß ohne sexuelle Erregung)

	Dioscorea villosa (Yamswurzel)	–	... Erschlaffung mit fehlendem Erguß (Atonie)
	Frau/Mann		
	Sabal serrulata (Sägepalme)	–	... oder Sexualneurosen (sexuelle Nervosität infolge unterdrücktem Trieb): alle D6
Mars dominiert Venus	*Mann*		
	Asterias rubens (Roter Seestern)	–	bei nervöser Libido
	Thymolum (Thymian-Kampfer)	–	... schmerzhafter und anhaltender Erektion: beide D12
	Frau		
	Dulcamara (Bittersüß)	–	... stark erregter Begierde (Ausschläge vor der Menstruation): D20
	Xerophyllum (»Tamalpais Lilie«)	–	... oder juckender Vulva (bei verstärkter Libido): D12
Andere Mittel	**Asparagus officinalis** (Spargel)	–	bei Nieren- und Blasenerkrankungen (Nierenbecken-, Blasenentzündung): D 12
	Mel cum sale (Honig mit Salz)	–	... Schmerzen im Unterbauch (Uterusverlagerungen, Blasen- oder Harnleiterentzündunge): D6-D12
	Yucca filamentosa (Palmlilie)	–	... oder Schwellungen und Störungen in den Ausscheidungsorganen (Partnerkonflikte verlagern sich in den Genitalbereich): D6

Schüsslersalze			
Minerale	**Ferrum phosphoricum** (Nr. 3)	–	bei Blasenkatarrh und Gallenblasenentzündung
	Natrium phosphoricum (Nr. 9)	–	gegen Übersäuerung (»Menschen reagieren sauer!«) und Nierenerkrankungen (Nierenbeckenentzündung)
	Calcium fluoratum oder – stärker – **Silicea** (Nr. 1 und 11)	–	bei Bindegewebsschwäche, Drüsenverhärtungen und Venenerweiterungen (Hämorrhoiden, Krampfadern)
Neben-Mineral	**Lithium chloratum** (Nr. 16)	–	gegen Harnwegentzündungen
Bachblüten	**Gorse** (Stechginster)	–	bei inneren Ängsten aus blockierter Durchsetzung (Durchsetzung ist kongruent mit Ich-Schwäche!)
	Holly (Stechpalme)	–	gegen triebhafte Aggressionen (sexuelle Erregung in Verbindung mit innerer Ohnmacht: Haß, Eifersucht und Neid)
	Sweet Chesnut (Süße Kastanie) oder **Wild Rose** (Heckenrose)	–	bei gefühlmäßiger Polarisierung (Identitätssuche/Umweltsabhängigkeit), Bindungs- und Hingabeunfähigkeit, innerer Disharmonie und Ablehnungsängsten
Urtinkturen	**Ginseng** oder **Yohimbin**	–	Aphrodisiaka

	Lupulus-humulus (Hopfen)	– gegen Anspannung und Streß – bei Pollutionen und Spermatorrhoen
Medizin	**Bier**	– Durchspülung der Nieren (Harndrang nach Bierkonsum)
Therapie	– Sex – »High Sex« *Konzentrierung der Orgasmus-Energien: »Orgasmus im Gehirn!«*	

♀ ♂

GESTIRNSAUSLÖSUNGEN

Direktionen, Transite, Alterspunkte, rhythmische Bewegungen

(+)

Die offene, spontane Art, die Gunst von Aphrodite zu gewinnen, sorgt für Abwechslung und interessanten Umgang, denn der Wunsch nach Anbindung ans andere Geschlecht ist stets vorhanden. Weil ständiges Werben aber nicht nur zwingt, gegenüber der Umwelt Transparenz zu zeigen, sondern bei Enttäuschungen auch hilft, über die eigenen Erwartungen zu reflektieren, ist das für emotionale Menschen keine schlechte Wahl. Venus/Mars ist ein Aspekt, der nicht nur einlädt, die vitalen Triebbedürfnisse zu leben, sondern auch der Tiefensehnsucht nachzuspüren, die Zweig eines unerfüllbaren inneren Anspruchs ist und nicht Teil eines von außen zu erfüllenden Bedürfnisses.

(–)

Hier drängt die Triebnatur des Mars zum Feuer, aber weil der kreative Ausgleich fehlt, können sich die Spannungen nicht lösen. Das muß zu Aggressivitäten führen, weil die Geborenen die aufgepeitschten Kräfte nicht beherrschen. Sie können ihre angestauten Triebe nicht im Rahmen halten, was zu Schwierigkeiten führt. Die Betroffenen lassen jeden Takt im Umgang mit dem anderen Geschlecht vermissen und zwingen ihr Triebleben der Umwelt auf. Weil jede Möglichkeit zur Ruhe fehlt, weichen sie in Sexualneurosen aus. Die aktiven, zur Entwicklung drängenden Aggressionskräfte können nicht in Wachstum umgeleitet werden, was zu Perversionen (»Sex ohne Entspannung«) führt:

»Die Vulva begann sich zu bewegen und dehnte sich wie eine Seeanemone, als zögen unsichtbare Hände an ihr, Hände, die neugierig waren, die den Körper zerstückeln wollten, um an sein Innerstes zu gelangen. Jede Bewegung schien den Körper völlig und bis zum Zerreissen zu öffnen. Zum erstenmal hatte sich der sexuelle Hunger, der bisher nur Reiz ihrer Hautoberfläche gewesen war, in ihr Innerstes zurückgezogen und saß jetzt tief im Körper und staute sich dort an ...«

(aus Anaïs Nin, »Delta der Venus«)

♀ ♂

Archetypen und Symbole

Thema	Sucht nach Liebe, Lust und Schmerz
Ziel	Sexuelle Erfüllung
Sinn	»Selbstverwirklichung im anderen!«
Berufung	Liebhaber
Symbol	Amors Liebespfeile
Mythen	Adonis und Aphrodite *Adonis wurde von einem wütenden Eber getötet, in den sich der eifersüchtige Ares verwandelt hatte.* Das Urteil des Paris *Paris hatte sich zwischen den drei Göttinnen Hera, Athene und Aphrodite für die Schönste zu entscheiden.* Amor und Psyche *Das Märchen von der Vereinigung der menschlichen Psyche mit dem göttlichen Eros*
Zeit	(erste) Liebesnächte
Sabbat	Lupercalia (15. Februar) *Römisches Fest zu Ehren Pans!*

Gott/Göttin	Alle ithyphallischen Urbilder *...die mit erigiertem Glied dargestellten Archetypen!*
	Aphrodite (Ishtar-Astarte), Atargatis, Brangwain (Branwen)
Urkraft	Schakti (Sanskrit), die Urkraft (Zeugungskraft), in Durga (die Unzugängliche) bald als gnädige, bald als furchtbare Göttin charakterisiert
Geister	Quälgeister (Eroten, Amoretten) oder Faune *Bocksfüßige, lüsterne Gesellen, die gern trinken und den Frauen nachstellen!*
Tiersymbol	Großkatze (Leopard) und ihre Antipoden: Antilope, Zebra, Vogel Strauß
Fabelwesen	Urandrogyn *Bestie mit zwei Hinterteilen, die einen Mann und eine Frau in sexueller Vereinigung darstellt.*
Archetypen	Amor/Eros (Gott der Liebe) *Sohn der Venus und des Mars, meist als nackter Knabe dargestellt, der auf Flügeln die Welt durcheilt und diejenigen verliebt macht, die er mit seinen Liebespfeilen trifft.*
	Faunus *Altrömischer Gott der Fruchtbarkeit, dem griechischen Naturgott Pan gleichgestellt*
Kultstätten	Mistras *Ruinenstadt bei Sparta, im Mittelalter als »Florenz des Ostens« gerühmt*
	Olympia *Antike Ruinenstätte auf dem Peloponnes, einst Schauplatz der Olympischen Spiele*
	Troja *Antike Stadt an der kleinasiat. Küste: bei den Ausgrabungen ergaben sich neun Schichten von aufeinanderfolgenden Siedlungen.*

Kraftorte	Isis-Tempel in Pompeji; der Vulkan Kilauea auf Hawaii (Paradies auf Feuer gebaut)
Baustil	Die Monolithen auf Korsika, die ägyptischen Obelisken, die Monumente von Delos *Wohnstil: Art deco!*
Stimmung	Das Tun der Liebe *»Ich ahne, was als Leben in dir waltet Wenn deine Blätter, wie in Wollust, prangen Und wenn dein Duft in sehnendem Verlangen Dem Kelch entschwebt, den seine Glut gespalten.«* *(Friedrich Hebbel)*
Duft	Moschus (Polyantharose) *... oder der stichelnde, betäubende Körperschweiß!*
Edelstein	Rote Koralle (Karneol, Rubin)
Farben	Frisches Hellrot, leuchtendes Orange
Ritual	Tantra (ritueller Gebrauch der Sinne) *»Sex ist die größte Fessel. Und dennoch kann diese Fessel als Instrument zur höchsten Freiheit benutzt werden.«* *(Tantrisches Zitat)*
Musik	»Mephisto-Walzer« von Franz Liszt; »Der römische Karneval« von Hector Berlioz *... oder »Rock meets Beathoven«: Verschmelzung zwischen Rock und Klassik* »Liebeszauber« von Manuel de Falla »Lied der Mignon« von Franz Schubert *»Nur wer die Sehnsucht kennt, weiß, was ich leide ...«* »Carmen« von Georges Bizet *Mythologisch: »Die ägyptische Helena« von Richard Strauss (Venus/Mars/Neptun/Pluto)*

Bildende Kunst	»Das Urteil des Paris« von Raffael
	Fotorealismus
	Verdrehte Körper, überlebensgroße Bilder (der Mensch sieht sich Aggressionen in der Umwelt ausgesetzt)
	Das Ringen um Verbindung zwischen »Sucht nach Liebe« und »Lust nach Schmerz«:
Renaissance	»Tarquinius und Lucretia« von Tizian
Barock	»Raub der Töchter des Leukippos« von Peter Paul Rubens
Romantik	»La Liberté« von Eugène Delacroix
Neubarock	»Triumph der Ariadne« von Hans Makart
Realismus	»Die Nacht« von Ferdinand Hodler
Blauer Reiter	»Kämpfende Formen« von Franz Marc
Surrealismus	»Der große Onanierer« oder »Junge Jungfrau, die von den Hörnern der eigenen Keuschheit unzüchtig behandelt wird« von Salvador Dali
Dichter	Charles Baudelaire (»Les Fleurs du mal«); François Villon
Literatur	»Miracle de la rose« oder »Querelle de Brest« von Jean Genet
	»Erdgeist« und »Die Büchse der Pandora« (zusammengefaßt in »Lulu«) von Frank Wedekind; »Die heilige Johanna der Schlachthöfe« von Berthold Brecht
	»Vor dem Palaste des Menelas zu Sparta« von Goethe in Faust II
	Die Vermählung von Faust und Helena als Symbol der Vereinigung abendländischen Geistes mit dem griechischen Schönheitsideal
Zitat	»Wer die Schönheit angeschaut mit Augen, Ist dem Tode schon anheimgegeben, Wird für keinen Dienst auf Erden taugen, Und doch wird er vor dem Tode beben, Wer die Schönheit angeschaut mit Augen!«

»Ewig währt für ihn der Schmerz der Liebe,
Denn ein Thor nur kann auf Erden hoffen
Zu genügen einem solchen Triebe:
Wen der Pfeil des Schönen je getroffen,
Ewig währt für ihn der Schmerz der Liebe!«

»Ach, er möchte wie ein Quell versiechen,
Jedem Hauch der Luft ein Gift entsaugen
Und den Tod aus jeder Blume riechen:
Wer die Schönheit angeschaut mit Augen,
Ach, er möchte wie ein Quell versiechen!«

(aus August Graf von Platens »Tristan«)

♀ ♃
Venus – Jupiter

Wirkungsstufe **I**
- a) Konjunktion (+)
- b) Sextil (+)
- c) Quadrat (-)
- d) Trigon (+)
- e) Quincunx (-)
- f) Opposition (-)

II
- a) Venus in Haus 9
- b) Jupiter in Haus 2 oder 7
- c) Venus in Schütze
- d) Jupiter in Stier oder Waage

III
- a) Sonne (bzw. Mond, Merkur, Venus oder Mars) in Stier oder Waage und Aszendent Schütze
- b) Sonne (bzw. Mond, Merkur, Mars oder Jupiter) in Schütze und Aszendent Stier oder Waage

IV
- a) Hausspitze 9 in Stier oder Waage
- b) Hausspitze 2 oder 7 in Schütze
- c) Herrscher von Haus 9 in Haus 2 oder 7
- d) Herrscher von Haus 2 oder 7 in Haus 9

e) Herrscher von Haus 9 in Stier oder Waage
f) Herrscher von Haus 2 oder 7 in Schütze

Die venusische Energie verströmt Harmonie oder ein die Gegensätze miteinander verbindendes Empfinden, das sich nicht gern in enge Weltbilder verstrickt. Ihr innerer Ausdruck wird durchpulst von einer tiefen Verschmelzungssehnsucht mit dem ganzen All, und dieses Streben manifestiert sich materiell in der Hingabe an alles Anziehende und harmonisch Schöne.

Auch Jupiter verkörpert eine Haltung, die von Grenzenlosigkeit und Fülle zeugt. Er besitzt eine sinnliche Komponente, in der Erotik, Triebhaftigkeit und wucherndes Verlangen eine große Rolle spielen. Das Leben erscheint unter ihm wie eine fließende Ausdehnung, die unablässig aus sich selber wächst: eine sich aus sich selbst gebärende Vergrößerung, welche die Energien aus sich selber schöpft und damit die Grundlagen für das ewige Wachstum »im eigenen Fließen« sicherstellt. Jupiter, der sich durch Großzügigkeit und Freimut auszeichnet, aber auch Aufblähung und plumpe Genußsucht in sich birgt, ist ein Symbol des menschlichen Dranges nach Erweiterung, ganz egal, ob dies in körperlichen, seelischen oder geistigen Bahnen geschieht.

Hinter den »Nebeln des Unfaßbaren« rötet sich die Sehnsucht, die sich auf ihre Tiefen bezieht oder auf das, was wir die »vergessene Erinnerung« nennen. Obwohl diese Rückbindung nur ein Trick ist, sich des numinosen Zeitlos-Ewigen zu bemächtigen (»um das Ego aus seiner Enge herauszulocken«), ist es Jupiters Verdienst, das ungreifliche Verlangen zum Ausdruck zu bringen, denn jedes »äußere Ziel« wurzelt in der »inneren Sehnsucht nach Sinn« und gehorcht damit einem »Streben nach Gott«. Seelisch entspricht das dem Verhalten, die spirituell nicht erreichte Erweiterung wenigstens materiell durch die Form »hindurchzuprojizieren« (Venus), und das geschieht psychisch durch Erotik und ästhetische Freuden, physisch durch Gewichtszunahme und Völlerei.

♀ ♃
Mythologisches Modell

Das Märchen vom Schlaraffenland

Hört zu, ich will euch von einem guten Lande sagen, dahin würde mancher auswandern, wüßte er, wo selbes läge. Aber der Weg dahin ist weit für die Jungen und für die Alten, denen es im Winter zu heiß ist und zu kalt im Sommer. Diese schöne Gegend heißt Schlaraffenland, da sind die Häuser gedeckt mit Eierfladen, und Türen und Wände sind von Lebzelten und die Balken von Schweinebraten. Was man bei uns für einen Dukaten kauft, kostet dort nur einen Pfennig. Um jedes Haus steht ein Zaun, der ist von Bratwürsten geflochten und von bayerischen Würsteln, die sind teils auf dem Rost gebraten, teils frisch gesotten, je nachdem sie einer so oder so gern ißt. Alle Brunnen sind voll Malvasier und andrer süßer Weine, auch Champagner, die rinnen einem nur so in das Maul hinein, wenn er es an die Röhren hält. Wer also gern solche Weine trinkt, der eile sich, daß er in das Schlaraffenland hineinkomme. Auf den Birken und Weiden wachsen die Semmeln frischbacken. Und unter den Bäumen fließen Milchbäche; in diese fallen die Semmeln hinein und weichen sich selbst ein für die, die gern einbrocken; das ist etwas für Weiber und für Kinder, für Knechte und Mägde! Holla, Grethel, holla Steffel! Wollt ihr nicht auswandern? Macht euch herbei zum Semmelbach, und vergeßt nicht, einen großen Milchlöffel mitzubringen. Die Fische schwimmen in dem Schlaraffenlande obendrauf auf dem Wasser, sind auch schon gebacken oder gesotten und schwimmen ganz nahe am Gestade. Wenn aber einer gar zu faul ist und ein echter Schlaraff, der darf nur rufen bst! bst! – so kommen die Fische auch heraus, aufs Land spaziert und hüpfen dem guten Schlaraffen in die Hand, daß er sich nicht zu bücken braucht.

Das könnt ihr glauben, daß die Vögel dort gebraten in der Luft herumfliegen, Gänse und Truthähne, Tauben und Kapaunen, Lerchen und Krammetsvögel, und wem es zu viel Mühe macht, die Hand danach auszustrecken, dem fliegen sie schnurstracks ins Maul hinein. Die Spanferkel geraten dort alle Jahr überaus trefflich. Sie laufen gebraten umher, und jedes trägt ein Transchiermesser im Rücken, damit, wer da will, sich ein frisches saftiges Stück abschneiden kann.

Die Käse wachsen in dem Schlaraffenlande wie die Steine, groß und klein; die Steine selbst sind lauter Taubenkröpfe mit Gefülltem, oder auch kleine Fleischpastetchen. Im Winter, wenn es regnet, so regnet es lauter Honig in süßen Tropfen, da kann einer lekken und schlecken, daß es eine Lust ist. Und wenn es schneit, so schneit es klaren Zucker. Und wenn es hagelt, so hagelt es Würfelzucker, untermischt mit Feigen, Rosinen und Mandeln.

Auch viel und mancherlei Kurzweil gibt es in dem Schlaraffenlande. Wer hierzulande gar kein Glück hat, der hat es dort im Spiel und im Lustschießen. Mancher schießt hier alle sein Lebtag nebenaus und weit vom Ziel, dort aber trifft er, und wenn er am allerweitesten davon weg wäre, doch das Beste. Auch für die Schlafsäcke und Schlafpelze, die hier von ihrer Faulheit arm werden, daß sie Bankrott machen und betteln gehen müssen, ist jenes Land vortrefflich. Jede Stunde Schlafens bringt dort einen Gulden ein und jedesmal Gähnen einen Doppeltaler. Wer im Spiel verliert, dem fällt sein Geld wieder in die Tasche. Die Trinker haben den besten Wein umsonst, und von jedem Trunk und Schluck drei Batzen Lohn, sowohl Frauen als Männer.

Dieses edle Land hat auch zwei große Messen und Märkte mit schönen Freiheiten. Wer eine alte Frau hat und mag sie nicht mehr, weil sie ihm nicht mehr jung genug und hübsch ist, der kann sie dort gegen eine junge und schöne vertauschen und bekommt noch ein Draufgeld. Die alten und garstigen kommen in ein Jungbad, womit das Land gesegnet ist, das ist von großen Kräften. Darin baden die alten Weiber etwa drei Tage oder höchstens vier, da werden schmucke Dirnlein daraus von siebzehn oder achtzehn Jahren.

Nun wißt ihr des Schlaraffenlandes Art und Eigenschaft. Wer sich also auftun und dorthin eine Reise machen will, aber den Weg nicht weiß, der frage einen Blinden. Aber auch ein Stummer ist gut dazu, denn der sagt ihm gewiß keinen falschen Weg. Um das ganze Land herum ist aber eine berghohe Mauer von Reisbrei. Wer hinein oder heraus will, muß sich da erst überzwerg durchfressen.

(Ludwig Bechstein)

Hintergrund

Hier findet sich ein Sinnbild für die Erfahrung von Ganzheit, denn aus dieser Perspektive verkörpern männlich (Jupiter) und weiblich (Venus) viel mehr als sexuelles, nur geschlechtsbezogenes Verhalten. Venus und Jupiter sind die beiden Brückenköpfe, die eine Verbindung »zwischen den Welten« bilden. Die eine Bresche ins Universum schlagen, die inneren Kräfte auf den Kosmos übertragen und sich die geläuterten Energien via Ich-Satelliten (»Identifikation mit dem Weltall«) zurückstrahlen lassen.

So wie die Nährstoffe der Lotosblüte aber im Schlamm wurzeln, so lagert der Antrieb für handelndes Tun in der Tiefe der Triebe. Damit entspricht das »Suchen nach Freiheit« und das »Finden von Sinn« einem Widerspruch in sich: nämlich der Befreiung vom eigenen Sein mit »sinn-haften« Mitteln! Doch die große Chance von Venus/Jupiter ist die Vereinigung der Gegensätze, denn Venus beinhaltet das Element von Harmonie und Ausgleich genauso wie Jupiter. Während Venus das »innere« Gleichgewicht regiert, vermittelt Jupiter das Gleichgewicht zur »Großen Weltenschlange«, welche die Sinnsuche symbolisiert: »Das spirituelle Streben nichts als sublimierter Eros, erlösen sich die geistigen Ziele in einer Suche nach Sinn, woraus sich die Handlungen wiederum befruchten!«

Entwicklung

(+)

Unter guten Voraussetzungen verkörpert dieses Gestirn das Optimum dessen, was der Mensch an innerem Seelenfrieden erreichen kann. »Fortuna major« und »fortuna minor« zeugen von der Absicht, Widersprüchliches im Herzen auszugleichen und im »Erkenntnis-Dom« zum Wissen zu vereinen, daß alles irgendwo im Leben seinen tiefen Sinn besitzt. Der Glaube an die innere Ordnung schürt das seelische Empfinden, sich mit der Umwelt stets harmonisch zu verbinden, was sich in Toleranz und Güte ausdrückt.

(-)

Was für einen reifen Menschen aber Lebenssinn bedeutet, ist für den unreifen nichts als Wichtigtuerei. Da Venus das Gefühl umschreibt, sich in den eigenen Wünschen auszuleben, dehnt sie sich in Jupiters Expansivität mit aus, der, seinem Wachstumstrieb gehorchend, ins grenzenlose All ausfließt; in die bildhafte Vorstellung des Alls natürlich, denn Jupiter wird mit dem Sehnen in Verbindung gebracht, die vorstellungsmäßigen Inhalte zu schaffen, aus denen sich das Denken dann seinen Lebenssinn zusammenfaßt. Venus löst sozusagen die jupiterhaften Ideologien in einem schwärmerischen Idealismus auf, der nicht mehr der Erkenntnis und Durchforschung des Unerkannten dient, sondern die Befriedigung nur noch aus dem Suhlen in den eigenen Vorstellungs-Idealen zieht.

♀ ♃
Karmische Struktur

Frau

(+)
Hier begegnen wir der offenen, charmanten Frau, die sich der Liebe nicht verschließt und auch der Leiblichkeit gut zuspricht, was Kraft und Sinnlichkeit ausdrückt. Den eigenen Vorzügen bewußt, möchte sie mit Göttern in Berührung kommen, um Ambrosia und Nektar zu erringen. Vor die Wahl gestellt, sich zwischen Traum und Alltag zu entscheiden, dehnt sie sich in beide Welten aus und zwar als schillerndes Verbindungsstück, das die Höhe eitlen Strebens mit der Tiefe geiler Triebbefriedigung verknüpft!

(-)
Venus/Jupiter manifestiert den Wunsch nach einem großen Busen* und symbolisiert damit das »Stillen« oder die »Ernährung des Partners«! Das umreißt die Rückkehr in den sicheren Partnerschoß, in einer Zeit, wo freier Sex schon wieder Angst macht. Soziale Anerkennung wird großgeschrieben, der Partner vereinnahmt und zur Erweiterung der eigenen Grenzen benutzt. Die innere »Ausgrenzung in den anderen« bedarf der ständigen Anpassung der Gefühle zur Erhaltung der Beziehung (der Partner

---

* Das Verlangen nach üppigen Formen entspricht einem inneren »Bedürfnis nach Ausdehnung«, wobei Geborene mit einer starken Erdbetonung auch chirurgische Eingriffe nicht scheuen (Brustvergrößerung), um die Materie mit dem Wunschbild in Übereinstimmung zu bringen.

wird auf die Mutterbrust fixiert!). Venus/Jupiter muß wachsen, und da dieser Aspekt weder Durchsetzung noch Arbeit schätzt, erfolgt das Wachstum über die »Ausdehung des anderen« (Partnerschaft muß zum sozialen Aufstieg führen), welcher solange mit »Muttermilch« gemästet wird, bis er in die Umwelt »platzt«. Mit anderen Worten: »Karriere macht!«

Mann

(+)
Das psychische Bedürfnis, über das Normale hinauszuwachsen, das unter disharmonischen Aspekten zur Identifikation mit Götter-Archetypen führt, wächst hier zum umgekehrten Verlangen, sich der Ich-Ummäntelungen zu entblättern und die Freiheit in der Auflösung von Ich-Kristallisierungen zu finden, also der inneren Leere ins Auge zu schauen, die sich im Streben nach Prestige und Überhöhung tarnt, um nicht einem Wachstum zu verfallen, das sich von seinen eigenen Wurzeln abgespalten hat (Genußsucht, Luxus). Erst das geläuterte Bewußtsein ist in der Lage, seine inneren Ideale mit der äußeren Realität unter einen Hut zu bringen und damit das alchimistische Gold zu finden!

(-)
Auch den Helden unter dieser Konstellation genügt es nicht, Normalsterbliche zu sein, aber da ihnen die Umwelt ihre Identifikationsabsichten nicht abnimmt, müssen sie sich in Wunschvorstellungen flüchten, und das bedeutet Verschmelzung mit den eigenen »Ausgrenzungsabsichten«, Verbindung mit den inneren Träumen oder Auslieferung an die egozentrierte Ich-Aufblähung. Der krampfhafte Zug, etwas Großes darzustellen, resultiert aus dem inneren Unvermögen, die Wachstumszwänge mit der körperlichen Begrenzung in Übereinstimmung zu bringen und führt, wenn diese über ein kompensatives Rollenverhalten nicht abgedeckt werden können, zu körperlichem Verfall durch Gewichtszunahme.

Ziel

Der tiefe Sinn dieser Glückskonstellation liegt wohl darin, den inneren Frieden und die kosmische Übereinstimmung nicht wegen des äußeren Glücks, sondern trotz dieses Glücks, sozusagen »durch das Glück hindurch« zu empfinden. Man muß das äußere Glück bis zur Neige leeren, bis man spirituell an diesem Glück stagniert. Wenn Glück und Harmonie der Zielpunkt sind, werden Differenzen ausgeschlossen, die allein zur Weiterentwicklung führen. Aber ohne Differenzen gibt es keine Entwicklung, und Nicht-Entwicklung führt zum Stillstand!

Erst das Erkennen, daß das wirkliche Glück kaum innerhalb dualer Grenzen zu finden ist, schenkt Erlösung, und in diesem Licht begegnet uns Venus/Jupiter als Aufforderung, das Gleichgewicht zu entwickeln und das Glück nicht nur einseitig in Liebe und Harmonie zu suchen (vgl. »Hippie-Bewegung«: Merkur/Mars). Genuß und Luxus werden schal, wenn sie von den Wirbeln der Konflikte nicht bewegt werden, genauso wie das Wasser fault, wenn es von den peitschenden Stürmen und den unterirdischen Strömen nicht mehr durchquirlt werden kann.

♀ ♃
Krankheitsdispositionen

Menschen unter diesen Zeichen haben ethisch hohe Ziele und streben nach Idealen von Frieden und Harmonie. Dabei bleiben sie nicht selten in schwärmerischen Übertreibungen, zu hoch gegriffenen Idealisierungen, ablenkenden Wunschvorstellungen und Lügengebilden hängen. Scheinheiligkeit breitet sich anstelle humanitärer Ideale aus, grenzenloser Anspruch anstelle Grenzenlosigkeit. Diesem Gestirn wohnt die innere »Darstellung von Größe« inne, und die Ideale kosmischer Sinnfindung kollidieren mit der weltlichen Trieberfüllung. Die Zielpunkte expansiven Strebens stehen in krassem Widerspruch zu Eigenschaften wie sexueller Ausschweifung, Gefallsucht, Bequemlichkeit, Faulheit, Geltungsbedürfnis, pathetischer Übertreibung, Liebe zu Äußerlichkeiten, Sorglosigkeit, Konfliktsverdrängung oder Leichtsinn.

Das Bedürfnis nach Ausweitung verstärkt gleichzeitig die Angst, sich in der Weite zu verlieren, und das schürt bei materiellen Menschen die »ich-betonte Selbstaufgabe«, nämlich die stofflichen Bedürfnisse in die Ausdehnung mit einzubeziehen und statt der geistigen Ideale die körperlichen Formen »wachsen zu sehen«. Bei disharmonischen Aspekten ist das Vertrauen in die kosmische Ordnung gestört und führt bei einer Anlage, die auf Ausweitung und Wachstum ausgerichtet ist, zu Zügen von Ausschweifung und Fettsucht.*

Weitere Symptome

- Leberhypertrophie
- ovariale Erkrankungen
- Drüsenstörungen
  a) endokrine: Störung der inneren Sekretion
  b) Schilddrüsenprobleme
- Stoffwechselerkrankungen
- Insuffizienz der Bauchspeicheldrüse (Blutzuckerkreislauf)
- schlaffes Erscheinungsbild (Bindegewebsschwäche)

Übertreibungen im Bereich der Nahrungsaufnahme vgl. auch Sonne/Jupiter bzw. Mond/Jupiter

Tinkturen

Homöopathische Mittel

Pflanzen	**China** (Chinarinde)	– gegen Schwäche, Ermüdungserscheinungen und Verlust von Lebenswärme: D60 – nach sexuellen Ausschweifungen (Verlust von vitalen Flüssigkeiten): D30

* Fehlt die idealistische Ausrichtung (»Ausgrenzung«) in die Welt, dann holt sich der Mensch sein »Bedürfnis nach Größe« durch »Wachstum aus Überfütterung« zurück. Kompensativ entspricht dieser Aspekt der Schweinezucht (Fleischgewinnung) oder Gänsemast (Überfütterung der Tiere zur Gewinnung der Gänseleber).

	– bei Auftreibungen des Leibes, geschwollener Milz, Leberkrankheiten (Fettleber): D6
Ginkgo biloba (Tempelbaum)	– bei einer Zwischenhirn-Hypophysen-Fehlregulation (Wasserharnruhr: Ausscheidung großer Harnmengen ohne Eiweiß und Zuckergehalt) – oder psychischer Grenzenlosigkeit (Auflösung ins Leere): D6/D12
Iris versicolor (Schwertlilie)	– bei Nieren- und Leberbeschwerden, Pankreas-Schwäche, Schilddrüsenerkrankungen und endokrinen Drüsenstörungen: D20
Pulsatilla (Küchenschelle)	– gegen Schwärmerei, Selbstmitleid und schwache Zielvorstellungen: D60 – bei blockiertem Selbstwert (Verlust von Sinninhalt und Lebenswärme): D30 – bei ovarialen Erkrankungen und Drüsenstörungen: D12 – oder gegen Menstruationsverzögerungen, Insuffizienz der Bauchspeicheldrüse: D6
Rosmarinus (Rosmarin)	– bei Fettleibigkeit – Genußsucht (Völlerei) – oder Stoffwechselerkrankungen: alle D6

	Saccharum off. (Zuckerrohr)	– gegen Bequemlichkeit und Faulheit (Antriebslosigkeit) – Nasch- und Fettsucht: beide D60
Schüsslersalze Minerale	**Natrium sulfuricum** (Nr. 10)	– bei Stoffwechselstörungen, Lebererkrankungen, Bauchspeicheldrüsenschwäche und Gewichtszunahme – unterstützt die körperliche Entschlackung: Überschüssige Gewebeflüssigkeiten werden abgebaut
	Silicea (Nr. 11)	– ebenfalls ein Ausscheidungs- und Entschlackungsmittel: vgl. »Nat. sulf.« – gegen Grenzenlosigkeit (physisch: Auflösung ins Leere = schwaches Bindegewebe)
Neben-Mineral	**Natrium bicarbonicum** (Nr. 23)	– bei Stoffwechselproblemen aus ungenügender Entschlackung – ausschweifendem Lebenswandel – oder übertriebener Genußsucht (übersteigerte Nahrungsaufnahme)
Bachblüten	**Agrimony** (Odermennig)	– bei hoch gesteckten Zielen – Geltungsbedürfnis und Übertreibung – Gefall- oder Prahlsucht (Ich-Betonung)

	Clematis (Weiße Waldrebe)	– gegen Selbstmitleid (verträumte Ideale) – Lügenhaftigkeit (Flucht in die Ausschweifung aus Konfliktsverdrängung) – Bequemlichkeit und Faulheit (Antriebsarmut)
	Honeysuckle (Geißblatt)	– bei ablenkenden Wunschvorstellungen (Sorglosigkeit, Leichtsinn) – Fernweh (Sehnsucht nach dem Unstillbaren) – oder Auflösungserscheinungen (Nostalgie)
Urtinkturen	**Birkenblätter** oder **Löwenzahnwurzel**	– gegen Wasser- und Fettsucht (blutreinigend, stoffwechselanregend) – bzw. überhöhten Cholesterinspiegel
Medizin	**Mineralwasser**	– reinigt und entschlackt
Therapie	– Frischzellentherapie – Diät, Naturkost oder Fasten – Farb-, Musik- und Aromatherapie – Praktiken mit Heilerde (Lehmwickel) – »Umarmen der Erde« *Mit ausgestreckten Armen auf dem Boden* – oder »Eingegrabenwerden im Sand« *Im Schoß der Erde!*	

♀ ♃

Gestirnsauslösungen

Direktionen, Transite, Alterspunkte, rhythmische Bewegungen

Spirituell

Venus/Jupiter-Verbindungen haben Bezug zum Liebesleben: zu Vergnügungen, Wachstum und zum Harmonieaustausch. Sind die Planeten günstig aspektiert, dann kann das Harmonieverlangen sowohl materiell wie spirituell gestillt werden, denn es drückt sich in »erfüllenden Beziehungen« wie in »beziehungsmäßiger Erfüllung« aus. Im Bestreben, in die Feinstofflichkeit blühender Herzenswünsche einzustimmen, wo auch materielle Ziele ihre geistige Erfüllung finden, führt das spirituelle Schicksal das materiegebundene Handeln eines Menschen an die »Illusion der Realität« heran. (Entschwebtere Seelen werden zur Realitätsbewältigung umgekehrt an den »verfestigenden Ausdruck materieller Vorstellung« angeschlossen.)

Das Tor zum Wachstum ist der Wunsch nach innerer Entfaltung, kurz: »Das Beabsichtigen der inneren Kraft!« Nur das gelassene Vertrauen, welches die Erscheinungen der Welt (das Einbrechen in den Raum) als eine Illusion akzeptiert, die sich aus der Leere formt, ermöglicht die Erfahrung kosmischer Ausdehnung und schenkt auch materielles Wachstum. Es gilt, nicht die äußeren Erscheinungen, sondern das innere Fließen aller Dinge zu erkennen »(*Alles fließt!*«), ohne aber von seinen eigenen Projektionen – »das Erkannte ist die Projizierung des Erkennenden« – jetzt weggespült zu werden:

»Ich wandere zu Fuß und reite dabei auf dem
Rücken eines Ochsen.
Wenn ich über die Brücke schreite,
Siehe, so fließt nicht das Wasser, sondern
die Brücke.«

(Zen-Spruch)

♀ ♃

Archetypen und Symbole

Thema	Harmonie und Fülle
Ziel	Paradies
Sinn	Glück und Wohlstand
Berufung	Maharadscha, Scheich, Schlaraff
Symbole	Milch und Honig *Symbol für Überfluß und Reichtum*
Mythen	
Antike	Salomo und die Königin von Saba
Altes Testament	Paradieszustand (vor dem Sündenfall)
Neues Testament	Die wundersame Fisch- und Brotvermehrung (Luk. 9, 10-17)
Märchen	Schlaraffenland, Tischlein-deck-dich oder Tausendundeine Nacht
Zeit	Ernte
Sabbat	Laubhüttenfest (christlich: Erntedankfest)
Gott/Göttin	Dewa und Dewi Sedana *Gott und Göttin des Reichtums*
	Eva (Hebe, Eveh oder »Leben«) *Göttin des Lebensbaumes oder göttliche Herrin Edens*
	Freia (altnord. Idun: Göttin ewiger Jugend) *Sie schenkt den Göttern mit ihren verjüngenden Äpfeln ewiges Leben*
Fabelwesen	Ganesha *Der hinduistische Elefantengott mit überdimensioniertem Bauch*
Archetyp	Krösus *Der letzte König von Lydien, dessen Reichtum sprichwörtlich wurde*

Mysterium	Ophir *Im alten Testament erwähntes Land, aus dem König Salomo Gold, Silber, Elfenbein und Sandelholz holen ließ*
Kultstätten	Alhambra *Burg über Granada: bedeutender islamischer Schloßbau*
	Ruinen von Sardes *Ehemals lydische Hauptstadt (heute Türkei)*
Heiligtümer	Taj Mahal in Agra *(Denkmal der Liebe);* Hinduistische Tempelkathedrale in Gaya; Heiliger Hain von »Sangeh« in Denpasar (Insel Bali)
Baustil	Großes Liebeszelt, Lustschlößchen oder die »Architektur der Sultane« *Marmormoscheen und Königspaläste mit dem geheimnisvollen Zauber aus Tausendundeiner Nacht*
Stimmung	Die Schönheit der Schöpfung im Lächeln der Menschen
Duft	Sandelholz, Ophier
Edelsteine	Padparadscha, Sarder *Der Lapislazuli mit Pyriteinschlüssen erinnert an den Sternenhimmel.*
Farben	Elfenbein, Gold, Königsblau
Ritual	Fürstliches Souper (Festbankett)
Musik	»Scheherazade« von Nikolai Rimski-Korssakow *Vertonung der Rahmenerzählung aus der Märchensammlung »Tausendundeine Nacht«*
	»Nächte in spanischen Gärten« von Manuel de Falla *Impressionistische Stimmungsbilder in glühenden Farben*
	»Turangalîla-Sinfonie« von Oliver Messiaen *Wohllüstig-süße Hommage an die sinnliche Liebe!*

Fernöstliche Stimmungslandschaft und exotisch getönte Orchestersprache
»Land des Lächelns« von Franz Lehár: »Von Apfelblüten einen Kranz...«

Blühend-schwärmerische Harmonik
»Mignon«: von Ambroïse Thomas: »Kennst du das Land, wo die Zitronen blühn?«

»Die Entführung aus dem Serail« von Wolfgang Amadeus Mozart;
»Die Königin von Saba« von Karl Goldmark

Bildende Kunst

»Das Venusfest« von Peter Paul Rubens
Wohl in keinem anderen Bild kommt die Liebe zum Leben und zu den sinnlichen Freuden so überschwenglich zum Ausdruck wie hier.

Üppige Akte von Pierre-Auguste Renoir
Lebensfreude auch hier, aber in einer realen, alltäglicheren (körperlichen) Form

Literatur

Literarisches Rokoko
*»Wißt, in der Harmonie,
die in den Trieben tönt,
liegt alles Glück.«*

(Christoph Martin Wieland)

»An die Freude« von Friedrich Schiller
*»Seid umschlungen Millionen!
Diesen Kuß der ganzen Welt!
Brüder – überm Sternenzelt
Muß ein lieber Vater wohnen.«*

»Siddharta. Eine indische Dichtung« von Hermann Hesse
Hesses »Ausgreifen« über die Grenzen abendländischen Dichtertums hinaus!

Zitat

»Durch alle Wesen reicht der eine Raum:
Weltinnenraum. Die Vögel fliegen still
Durch uns hindurch. Oh, der ich wachsen will,
Ich seh hinaus, und in mir wächst der Baum.«

(Rainer Maria Rilke)

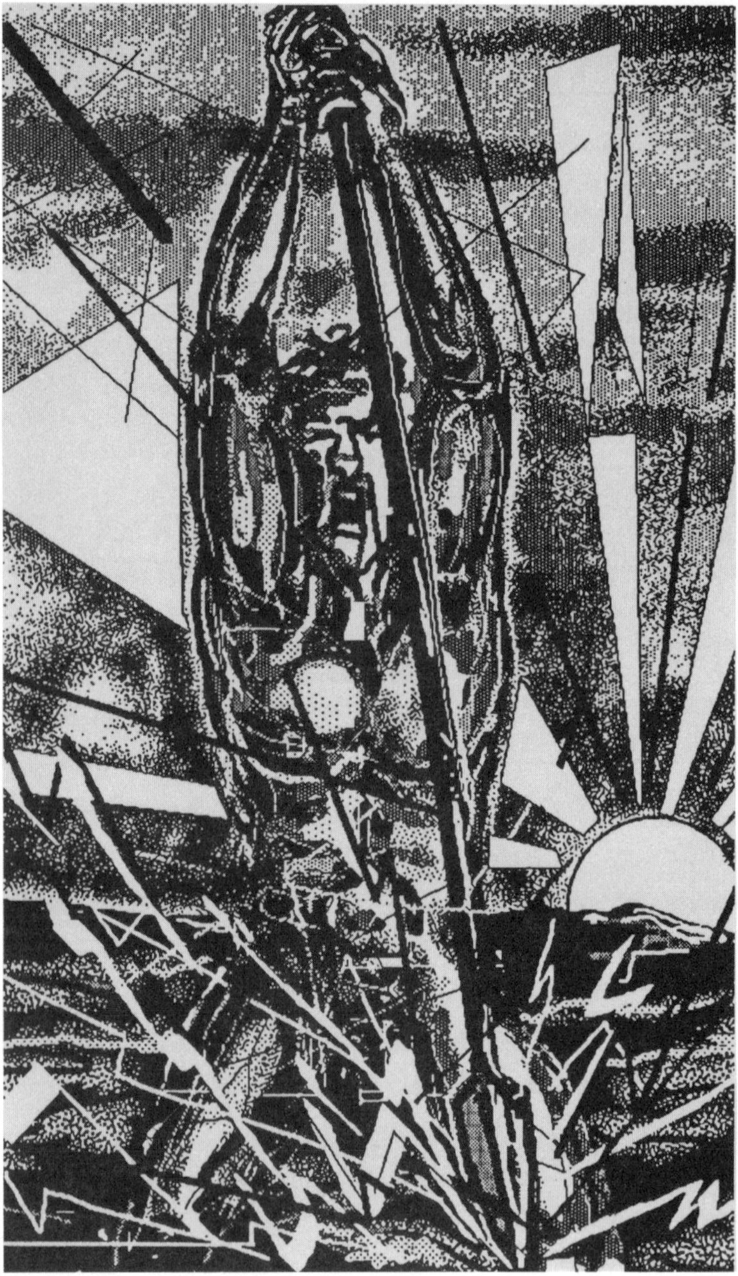

♂ Mars

Mars versinnbildlicht die Aggressions- und Durchsetzungsinstinkte des Egos, denn ihm fehlt der archetypisch-geistige Sinn des Lebens, der ein zielgerichtetes Vorwärtsstreben sinnvoll macht. Ihm fehlt die äußere Ruhe und die innere Gelassenheit (der spirituelle Vater), um sich am Erreichen seiner Wünsche zu erfreuen. Dadurch wird er ständig in äußere Auseinandersetzungen verstrickt, die aber seinem inneren Ziel entsprechen, das sich nicht auf irgendetwas hinentwickelt, sondern sich aus der Spannung jedes Augenblickes nährt.

Ohne Mars hätten wir wohl keinen Krieg. Aber ohne ihn könnten wir unsere individuellen Absichten auch nicht zum Ausdruck bringen. Bevor wir also das marsische Prinzip zum Sündenbock erklären, sollten wir uns klarwerden, daß uns nur Aggressivität und Geltungswille zu eigenständigen Wesen machen, die sich durchsetzen und ihre Entwicklung selber in die Hand nehmen können. Mars spaltet zwar die Einheit kosmischer Harmonie in jene auseinanderklaffenden Teile, in denen sich Zwist und Hader tummeln, aber dabei kann sich der Mensch auch selbst erfahren, wenn er den Krieg als »selber inszeniertes Spiel« erkennt.

Menschsein heißt, sein »Ich-Sein« anzunehmen und es gegen das »So-Sein der anderen« abzugrenzen und zu verteidigen, damit es über die Auseinandersetzungen mit der Umwelt seine eigene Entwicklung vollzieht. Daß sich diese Entwicklung nur über Krieg und Zwist abspielt, mag dem bedauerlich erscheinen, der die »Abgespaltenheit des Egos« von der Ur-Einheit nicht in Betrachtung zieht und dadurch den Menschen nicht in seiner Angst vor dem »Getrenntsein mit dem Kosmos« sieht (was dieser mittels »Durchsetzung des Egos« krampfhaft kompensiert!).

Er setzt sich durch, um wenigstens sein Ego zu spüren, da die Idee des Sieges ja das einzige ist, was ihm von der Verbundenheit mit dem »All-Einen« geblieben ist. Darum ist es auch töricht, wenn sich der Mensch gegen seine eigenen Grundlagen verbündet, denn wenn er gegen den Krieg protestiert, protestiert er in

Wirklichkeit gegen sich selbst, denn Krieg und Mensch sind Synonyme. Akzeptieren wir uns also, wie wir sind, damit die Kriege, die wir nicht verhindern können, nicht auch noch sinnlos werden. Denn wie sagte schon Heraklit: »Streit ist der Vater aller Dinge!«

Mars verkörpert also das, was wir die Aggressionskräfte nennen (die Ausschüttung von Adrenalin ins Blut), und in dieser Position ist er der natürliche Feind von Hemmung und Blockade. Risikofreude, Kampfbereitschaft, Unternehmungslust und sexuelle Triebhaftigkeit sind seine Merkmale, und als männlich-aggressive Kraft steuert er alle Hindernisse auf direktem Wege an, wobei er den »Gordischen Knoten« nicht durch vergleichendes, reflektierendes Denken löst, sondern indem er ihn ganz einfach mit dem Schwert durchschlägt. Er verkörpert die instinktive Kraft, die stets aufs neue blüht, wenn der Zyklus karmagestaltender Umwandlung in uns erwacht.

In dieser Tollkühnheit und Abenteuerlust können wir aber auch gleichzeitig die unergründliche Schöpferkraft erkennen, die uns auffordert, die äußere Welt zu erobern und über den Weg der Tat zur Einsicht zu gelangen, daß zwischen »Eroberung« (+) und »Zerstörung« (-) nur die individuelle Perspektive unserer Weltanschauung liegt. Mars treibt uns nicht nur aus den Bezirken seligster Verklärtheit, sondern er läßt auch durchblicken, daß diese aggressiven Energien gerade der Treibstoff für unsere geistige und seelische Entwicklung sind. Wir sind nun einmal, wie wir sind, und nicht einmal aus der Perspektive abgeklärter Greise (Saturn) ist es sinnvoll, Ego und Ich-Durchsetzung zu verteufeln, weil dann Entwicklung nicht mehr möglich wäre.

In der mythologischen Umschreibung trennt Mars die Polaritäten, ohne sie allerdings zu werten, denn es ist ihm gleich, auf welche Seite er sich stellt, wenn nur Krieg und Streit dabei gewinnen. Jede Auseinandersetzung bietet ihm die Chance, Dinge durcheinanderzubringen und Gewohnheitsmuster zu zerstören, was immer wieder neue Perspektiven von Entwicklung und Erkenntnis mit sich bringt.

Vom Wunsch nach Freiheit und Erlösung motiviert, versucht er stets, alles Einschränkende zu liquidieren. Damit wird er aber in seinem Freiheitswahn gerade zu einem Teil jener größeren

Schöpfungskraft (was er aber nicht erkennt), die den Ursache-Wirkungs-Kreislauf nur noch mehr entfacht, bis das »Ich« in sich zusammenbricht und damit den Weg für Neuentwicklung und Erkenntnis freimacht (Pluto). In jedem Scheitern findet sich auch ein Samenkorn zu reiferer Entfaltung, und damit dient Mars in seinem zwanghaften Tatendrang gleichzeitig jener höheren Führung, die in der Zusammenfügung allen Wesens »Sein« und »Werden« überhaupt erst sinnvoll macht.

♂ ♃
Mars – Jupiter

Wirkungsstufe **I**
- a) Konjunktion
- b) Sextil
- c) Quadrat
- d) Trigon
- e) Quincunx
- f) Opposition

II
- a) Mars in Haus 9
- b) Jupiter in Haus 1
- c) Mars in Schütze
- d) Jupiter in Widder

III
- a) Sonne bzw. (Mond, Merkur oder Venus oder Mars) in Widder und Aszendent Schütze
- b) Sonne (bzw. Mond, Merkur, Venus oder Jupiter) in Schütze und Aszendent Widder

IV
- a) Hausspitze 9 in Widder
- b) Aszendent Schütze
- c) Herrscher von Haus 9 in Haus 1
- d) Geburtsherrscher in Haus 9
- e) Herrscher von Haus 9 in Widder
- f) Geburtsherrscher in Schütze

Mars/Jupiter symbolisiert die Kraft, den inneren Schöpfergeist aus sich hervorzubringen und in der Umwelt zu verwirklichen.

Das entspricht dem Wunsch, das eigene Wollen zu gestalten und vor den Menschen zu verantworten (und gleichzeitig aus den »äußeren Zielen« auf den »inneren Gott« zurückzuschließen). Auf einer anderen Ebene dient das der Suche, im Streben nach materiellen Dingen die höhere Absicht kennenzulernen, die sich in allen materiellen Zielen zu erkennen gibt. Unter diesem Einfluß sucht der Mensch nicht nur die materielle Fülle, welche die Beziehungen unter den Menschen regiert, sondern er sucht vor allem seine »innere Beziehung zu Gott« oder besser: seine Verbindung zu seinem »inneren Bild von Gott«!

Darum identifiziert er sich auch gern mit Rollen, die mit Bewußtseinsausdehnung zu tun haben und ist darauf erpicht, der Umwelt ein auf Horizontserweiterung ausgerichtetes Bild zu vermitteln, gerade weil es nicht um Wissen, sondern nur um die »Identifizierung mit dem Bild von Wissen« geht. Er versucht, den Lebenssinn im eignen (Guru-)Rollenspiel zu finden, ein kontraproduktives Streben, das von der eignen Suche ablenkt! So ist er immer auf der Suche, die »Antwort nach dem Sinn« im Suchen anderer zu finden (im Überzeugen anderer vom Lebenssinn), denn er wähnt sich an der »Quelle des Erkennens« angekommen und sieht nicht, daß sie ihm nur die eigne Maske reflektiert.

Gott muß es sein, selbst wenn man ihn selbst erfinden müßte, und dieser Akt wird wiederum verdrängt, indem man seine eigenen Inhalte auf Modelle überträgt, die geeignet sind, den Größenwahn vor sich selber zu verstecken. Das eigene Ich tarnt sich, indem es sich vom Geborenen scheinbar trennt und ihn damit zwingt, es durch die Identifizierung mit den Sinnfindungs-Modellen, auf die es sich überträgt, wieder zurückzuholen. In der Identifikation mit dem äußeren Gott erhält der Geborene in Wahrheit aber nur sein eigenes Ich zurück. Da er immer auf der Suche ist, die Antwort nach dem Sinn »im Suchen anderer« zu finden, muß er seinen Gott (Lebenssinn) unter die Leute bringen, damit ihn diese »finden« und ihm wieder zurückbringen können.

In den Auswirkungen dieses Gestirns können wir die Muster erfassen, die das Schicksal webt und deren Ursachen doch in uns selber sind. Das Schicksal ereilt uns nicht, wir rennen auf das Schicksal zu, indem wir durch das Ausleben der inneren Strukturen die Ereignisse in unser Leben ziehen, die als Projektionsträger unserer unerlösten Wünsche in der Außenwelt fungieren. Die

Macht, vor der wir Angst haben, weil sie uns mit der Hilflosigkeit unseres bewußten Willens konfrontiert, liegt nicht außerhalb von uns, obwohl wir uns durch die Abspaltung des Denkens unendlich weit von ihr entfernt haben. Erst wenn wir im äußeren Schicksal jene Teile unserer Personalität erkennen, die wir im Tageslicht nicht sehen, können wir die Verantwortung für unsere äußeren Sinn- und Gottesbilder wieder übernehmen und zwar auf einer Tiefen-Ebene, die uns erschreckt, weil sie unendlich mehr ist, als was wir in unserem Bewußtsein unterbringen können.

Wenn wir versuchen, die Antwort auf den Sinn des Lebens nicht mehr in der Außenwelt zu finden, dann können wir der Frage in uns selbst begegnen; damit ist Gott tot! Haben wir uns vom Gottesbild aber ersteinmal gelöst, dann können wir uns selber in die Spiritualität einreihen, was aus psychologischer Sicht bedeutet, daß wir uns unserem Tiefenquell annähern, wir uns über unsere kollektive Wunde beugen und daraus Heilung und Erkenntnis schlürfen...

An der Weltesche
wob ich einst,
da groß und stark
dem Stamm entgrünte
weihlicher Äste Wald:
im kühlen Schatten
rauscht' ein Quell,
Weisheit raunend
rann sein Gewell';
da sang ich heil'gen Sinn.

Ein kühner Gott
trat zum Trunk an den Quell;
seiner Augen eines
zahlt' er als ewigen Zoll.

Von der Weltesche
brach da Wotan einen Ast;
eines Speeres Schaft
entschnitt der Starke dem Stamm.

In langer Zeiten Lauf
zehrte die Wunde den Wald;
falb fielen die Blätter,

dürr darbte der Baum;
traurig versiegte
des Quelles Trank;
trüben Sinnes ward mein Gesang.

(Die Nornen im Vorspiel »Götterdämmerung«
von Richard Wagner)

♂ ♃
Mythologisches Modell

Mythos

In der germanischen Mythologie mußte Wotan ein Auge als Pfand einsetzen, um am Fuß der Weltesche Yggdrasil aus dem Brunnen der Weisheit trinken zu können. Die durch die Quelle symbolisierte Tiefeneinsicht ist introvertiert und dem Unbewußten um den Preis abgerungen, daß sich die Weltsicht des Erkennenden nicht nur nach außen, sondern zur Hälfte auch nach innen richtet: *»Mit dem Auge, das als andres mir fehlt, erblickst Du selber das eine, das mit zum Sehen verblieb!« (Wagner, »Siegfried«, 3. Aufzug: vgl. »Spirituelle Perspektive«)*

Yggdrasil ist ein Symbol der Weisheit und der inneren Erkenntnis und steht in enger Verknüpfung mit dem Kreuz, an dem Christus hing, denn auch Odin verletzte sich mit einem Speer und hing sich an der Esche auf. Nach neun Tagen und Nächten konnte er die in den Baum geritzten Runen lesen. Die Parallele zum christlichen Erlöser ist nicht zu übersehen, denn beide suchten nicht die individuelle, sondern die kollektive Erkenntnis.

Mars/Jupiter verkörpert die »Erneuerung des Alten« und der Tod Christi durch den Speer* und seine Auferstehung bedeuten die »Vereinigung mit dem Vater« *(Ich und der Vater sind eins!)*. Der Ahnenkreis wird geschlossen und die Schöpfung ist zur Erneuerung bereit.

* Auch in der Gralssage konnte der sieche König (Amfortas) nur von einer Speerspitze erlöst werden, die ihm Parzival an die Wunde hielt.

Hintergrund I

Dieses Gestirn symbolisiert den Versuch, das heldenhafte Ich (Mars) mit dem zu verbinden, was den Mensch als Schwingung einer größeren Kraft (Jupiter) umzingelt. Die meisten Menschen haben die Erfahrung gemacht, daß etwas Größeres und Mächtigeres sie umfaßt, durch sie hindurchwirkt und ihre Zielvorstellungen bestimmt. Diese Kraft, die wir nicht dem Mutteraspekt der Natur zuordnen, sondern als »Wille« oder »Geist« umschreiben, der in der Lage ist, die Welt nach den inneren Vorstellungen zu gestalten, bringen wir mit unserem archetypischen Vaterbild in Verbindung. Das geistige Bewußtsein ist eine patriarchalische Modifikation des chaotischen, den Sinn in sich selber findenden Natur-Matriarchats.

Schon die biblische Schöpfungsgeschichte beschreibt den Akt der Selbsterkenntnis so, daß die Menschen vom »Baum der Erkenntnis« aßen und dafür mit der »Vertreibung aus dem Paradies« bezahlten. Nun war es aber nicht so, daß sie »wegen« der Erkenntnis aus dem Paradies verstoßen wurden, sondern es war im Gegenteil die Erkenntnis »selber« (das Erkennen der Polarität), die sie veranlaßte, das Paradies zu verlassen. Aus allegorischer Sicht erkennen wir hier das aufflammende »Bedürfnis nach Ergänzung« (Sexualität) mit dem unbewußten Wunsch, gleichzeitig von Gott für den Verrat am »All-Einen« bestraft zu werden. Sigmund Freud hätte das als ursprüngliches Inzest-Verlangen mit der Mutter gedeutet, das, vom Bewußtsein entdeckt, sich in das Schuldgefühl verwandelte, vom Vater für den Drang bestraft zu werden (und ihn dafür dann umzubringen: vgl. »Mensch«).

Das wäre auch eine Erklärung dafür, warum wir die Erde verwüsten und im gleichen Atemzug den Talar anziehen und Gott den Herrn zu uns sprechen lassen, wir sollen brav und gut sein, sonst müsse er uns bestrafen. Aber wenn wir in Wirklichkeit die Strafe suchen, wie sollen wir da gut sein, wenn wir dafür nicht das bekommen, was wir brauchen? *Wir müssen uns die Strafe verdienen, aber da wir das kaum erkennen wollen, müssen wir die Sache gleichzeitig vor uns verbergen, indem wir (aus Furcht vor Strafe) die Aggressionen unterdrücken und damit für ihr sicheres Eintreffen sorgen.*

Tiefensicht (Merkur/Mars/Jupiter-Perspektive)

Was die Welt für unseren Verstand zusammenhält, ist die Gewissheit, daß die Welt so ist, wie wir gelernt haben, sie wahrzunehmen. Das heißt, wir sind auf die Strukturen angewiesen, innerhalb derer wir unsere Beobachtungen zu den Vorstellungsinhalten verdichten, die mit dem kollektiven Weltbild harmonieren. Umgekehrt können wir daraus folgern, daß unser Denken nur die Wahrnehmungen zuläßt, die innerhalb der Strukturen unseres Vorstellungsvermögens liegen, also innerhalb des Inventares, wie wir die Welt »uns vorzustellen gelernt haben«.

Auch wenn es eine menschliche Notwendigkeit ist, die instinktiven inneren Wahrheiten mittels eines gesellschaftlichen Verhaltens zu unterdrücken, weil die Unterdrückung ja geradezu eine Schutzfunktion ist, um das menschliche Nebeneinander zu garantieren, wäre es von Nutzen, wenn wir lernten, die Grundlagen der uns auferlegten Weltanschauung zu durchschauen, statt sie als ein unabänderliches Schicksal hinzunehmen. Was für das Funktionieren der Gemeinschaft gut und richtig ist, für den geistig Suchenden wird sie zum beinahe unüberwindlichen Hindernis.

Das Denken reagiert auf das Unbekannte, indem es das Unbekannte zu einer Variante des Bekannten macht. Es läßt uns quasi zu der Tür hinaus, durch die wir aber in Wirklichkeit hineingehen, in die Vorstellung des Unbekannten nämlich, was wiederum ein Bestandteil unserer eignen Weltanschauung ist. Die Welt, wie wir sie sehen, ist nur das Modell unserer anerzogenen Vorstellungen. Man könnte es auch so ausdrücken, *»die Welt stelle sich im Spiegel unserer Vorstellung auf sich selber ein«*, und das, was wir im Spiegel sehen, ist der Ausdruck unserer Bildregie.

Darum können wir auch nichts erkennen, was außerhalb dieser Vorstellung liegt, und alle Wahrheiten und Erkenntnisse sind nie etwas anderes als mehr oder weniger interessante Denkmodelle. Um die Wahrheit zu erkennen, müßten wir die Modelle loslassen, aber da auch unser Ich-Gefühl ein Modell ist, das uns vorgaukelt, daß wir die Urheber unserer Zielverwirklichungen sind, verlören wir dadurch den direkten Zugang zu uns selber. Das individuelle Ich ist ein besonders raffiniertes Gebilde, das uns unsere Handlungen aufgrund der Betrachtungen vorschreibt, wir wir die Welt zu sehen haben: *»Die Welt zu sehen, wie man sie sieht… und das gleichzeitig auch noch zu wollen!«*

Hintergrund II

Unser pausenloses Streben, diese Welt immer mehr in dem zu bestätigen, »wie wir sie sehen«, liefert uns nicht dieser Welt, wohl aber unserer Weltanschauung aus. Und da wir das Prinzip der Erbsünde reflektieren und in alle Weltanschauungs-Modelle die Verantwortung für die Auswirkungen unserer Taten »hineinmotivieren« (als unbewußte Sühne für das ursprüngliche Verlangen nach Inzest), so können wir erkennen, daß wir in allem nur die Strafe sehen für das Streben, gottähnlich zu sein oder werden zu wollen. Wir haben uns auf unser eignes Leid fixiert, aus dessen Mitte wir uns selbst bedauern, ohne zu merken, daß sich in dieser Haltung ja gerade unser Wunsch erfüllt: »Der Wunsch, vom Vater für die Ursünden bestraft zu werden... oder vom Schicksal für das Fehlen, nicht wie Gott zu sein!«

♂ ♃
Karmische Struktur
– Spirituelle Perspektive –

Sinn (Der Weg ist das Ziel)

Auf dem Heimweg unter diesem Karma begegnen die Söhne ihrem mächtigen inneren Vaterbild, das ihnen mit seinen Schöpfungskathedralen, diesen behindernden Monumenten an Größe und Selbstüberschätzung, den Weg verstellt. Wenigstens solange, bis sie die Verantwortung übernehmen und die religiösen oder gesellschaftlichen Dogmen zerstören, die ihnen die Entwicklung stören, denn die eigenen Wurzeln erschließen sich den Söhnen erst viel später in der Aufarbeitung des besiegten Vaterbilds.

Psychologisch ist die Sache klar: Jupiter ist der übriggebliebene Teil der Erinnerung an das kosmische Bewußtsein, also Gott oder jener Splitter göttlicher Sehnsucht, der im Menschen individualisiert ist. Dieser Gott – nennen wir ihn einmal Gott – ist sich nun seiner eigenen Schöpfung überdrüssig geworden, die zwar Wirklichkeit geworden, aber eben nicht Wahrheit ist, weil sie ja nur der körperlich-materiellen Realität seiner inneren Bilder entspricht. Nun wünscht er zur Urquelle kosmischen Bewußtseins zurückzukehren, aber weil er gleichzeitig erkennt, daß sich das »Urverlangen nach der Quelle« im »Hervorbringen eigner Schöpfungen« erfüllt, muß er, will er darüber hinausgelangen, sich in einem Akt der Selbsterneuerung zerstören.

Wo könnte sich Gott aber besser erneuern als im Sohn? Daher stellt er sich dem Jüngling in den Weg, um von ihm zerstört und dadurch erneuert zu werden. Das entspricht energetisch dem Bad im Jungbrunnen, wo der Vater erlöst und der Sohn zum Vater wird: *»Mit dem Auge, das als andres »Dir« fehlt, erblicke »ich« selber das eine, das »mir« zum Sehen verblieb!« (vgl. »Mythos«)*

Ich sehe, weil ich das Sehen »sehe«, denn ich bin jetzt das alles umfassende, alles durchdringende und alles überstrahlende »Auge selbst«!

Mensch (Rückblick und Ausschau)

Damit sind wir am Ende unseres Weges angelangt, denn wir treffen hier wieder auf den alles umfassenden Ödipus-Komplex, von dem unsere Reise ausgegangen war und der schon an der Wiege unserer Entwicklung stand (vgl. Sonne/Mond S. 31): *Ödipus erschlägt den Vater. Von außen betrachtet ist er ein Suchender auf dem Wege zu sich selbst. Da begegnet ihm das Schicksal in der Gestalt des Vaters als »ein ihm unbekannter Teil von sich selber«, doch er erkennt sich selber nicht!*

Wo er aber unter Sonne/Mond durch die Rebellion gegen die väterliche Macht in die Gewalt der verschlingenden Mutter zurückfiel, um das Schicksal aller Gefährten der triebhaften Gefühle zu erleiden, nämlich Hilflosigkeit und Embryonalität, kommt unter Mars/Jupiter jetzt das geistige Erkennen: Er akzeptiert die Unausweichlichkeit seines zukünftigen Endes und steht zu seiner Tat. Nicht nur, weil sie unabänderlich, sondern weil sie auch notwendig und sinnvoll ist für seine Entwicklung und für den ewigen Lauf der Dinge, denn aus der Vernichtung des Alten durch das Junge schöpft sich der Kreislauf der Natur. Da er weiß, daß er den Vater »opfern« muß, um selber zum »Schöpfer« zu werden, kann er die Tat ausführen, ohne von den »Müttern« verschlungen zu werden. Es ist das Wissen, das es ihm ermöglicht, gleichzeitig auf Distanz zu bleiben und die Tat trotzdem zu vollbringen, und dieses Wissen entspricht dem »integrierten« Vater, »der sich selbst zum Sohn geworden ist«.

Transzendenz (Die ewige Spirale)

Unsere abendländische Kultur fußt auf dem Kult, die Väter umzubringen, damit in »Abgeltung der Strafe« die immer höheren Normen gesellschaftlicher Anforderungen von den immer »schuldigeren« Söhnen erbracht werden können. Das menschliche Gebaren kann manchmal so befremdlich sein, daß die Wissenden es nutzen, um ihr eigenes Verhalten »anzuschleichen«. Das ist die einzige Möglichkeit, Erfahrungen zu sammeln und trotzdem ein integrierter Bestandteil innerhalb eines gesellschaftlichen Ganzen zu bleiben. *Es müssen viele Vorstellungen zerbrochen und Gesichtsmasken heruntergerissen werden, bis die Katharsis vollzogen ist. Türen müssen geöffnet und lange Flure durchschritten werden, damit sich die Verhaltensmuster Schicht um Schicht aus ihren Erstarrungen lösen können. Die Muster sind gleichzeitig auch die Mauern, die vor der geheimnisvollen Leere schützen und müssen dementsprechend vorsichtig gehandhabt werden.*

Geborene unter Mars/Jupiter sind in der Lage, sich trotz gesellschaftlicher Bewahrung in Bezirke vorzuwagen, die dem menschlichen Auge normalerweise nicht zugänglich sind. Sie müssen nur den Mut aufbringen, die »Inseln ihrer Bilder« aufzulösen und gleichzeitig den Akt der Auflösung zu »bebildern«, also einen neuen Kommentar zu finden, wie die Welt sein könnte und dabei die alten Muster überwinden, welche zwingen, Zerstörung anstatt Leben anzunehmen. Da aber Zerstörung nur die dunklere Seite des Lebens darstellt, ist es spirituellen Seelen möglich, sich auf die Liebe auszurichten und Schwingungsfelder zu schaffen, die Vernichtung und Verwüstung ausschließen. Die Liebe ist nicht abhängig von Atomen und Molekülen, sie ist lebendiges Bewußtsein und führt die Seelen zu den Gipfeln ihrer angestrebten Wesenheit.

Sehen heißt, die Vergeblichkeit einzusehen, irgendetwas ändern zu wollen und trotzdem »Teil jeder Veränderung zu sein«: Erst wer diesen Widerspruch in seinem Inneren gelöst hat, der ist zum Aufbruch (Mars) in die Ewigkeit (Jupiter) bereit. Denn was nützen uns der Fortschritt und die Gipfelleistungen der Technik, wenn die entschlüsselte Materialität zur immer schlimmeren Bedrohung aller Lebensformen führt?

♂ ♃
Krankheitsdispositionen

»Das Übel, das uns umtreibt, hat nichts mit dem Ort zu tun, an dem wir sind, es ist in uns selbst. Wir sind ohne Kraft, irgendetwas zu ertragen, unfähig Schmerz zu erdulden, nicht imstande unsere Freuden zu genießen, durch nichts zufriedenzustellen. Wie viele von uns rufen den Tod, da sie alles durchgekostet haben und finden, daß es immer gleich schmeckt, ohne daß der Geschmack daran wiederkommt!« - Diese Worte des römischen Philosophen und Staatsmannes Lucius Annäus Seneca, der im Jahre 65 nach Christus von Nero zum Selbstmord gezwungen wurde, haben bis heute nichts von ihrer Gültigkeit verloren.

Die Übertreibungen im Bereich der Bewußtseinszunahme, eine typische Erscheinung unter Mars/Jupiter, zeigen in Zonen, die Grenzen der Vorstellung zu überschreiten und führen, wenn spirituelle Ziele nicht erreicht werden, zur pseudo-esoterischen »Entgrenzung der Materie«. Die Voraussetzung dazu ist aber nicht das depressive Scheitern an den Lebensumständen, sondern ein vages Unbefriedigtsein an den gesellschaftlichen Bedingungen, die für die Betroffenen keinen Sinn ergeben.

Wenn wir die individuelle Abhängigkeit von den kollektiven Mustern erkennen, die wiederum ein Ausdruck menschlicher Sinnfindung sind, dann können wir die Welt als ein Großes Haus betrachten, in dessen Räumen die verschiedensten religiösen und kulturellen Modelle untergebracht sind. Unser Alltag wäre dann mit jenem Zustand zu vergleichen, je nach Fixierung an ein Weltbild in einer dieser Kammern lebenslänglich eingesperrt zu sein.

Der Durchschnittsmensch betritt das Zimmer (»die Ausrichtung an die ihn prägende Kultur«) durch die Geburt, und er entgeht ihm durch die gegenüberliegende unsichtbare Tür, den Tod. Spirituellere Menschen aber möchten das Zimmer schon zu Lebzeiten verlassen, was aber die Grundlagen ihrer gesellschaftlichen Prägung in Frage stellt, denn das Zimmer wird durch die eigenen Vorstellungen geschaffen und wir können es nur durch das Hinterfragen unserer anerzogenen Vorstellungsinhalte verlassen.

Die magische Tür, durch die wir Raum und Zeit enteilen, ist die kontrollierte Wahrnehmungs-Leere (»Tod dem Vater«) und der Preis, den wir für diese Freiheit bezahlen, Heimweh nach dem »erschlagenen Rahmen«. Außerhalb des Raumes sind wir nicht nur von den uns gleichermaßen einschränkenden wie stützenden Gewohnheitsmustern (Vater) getrennt, sondern wir können auch erkennen, daß die Stabilität unserer Weltanschauung Illusion ist, weil die Realität nicht »ist«, sondern durch die Akzeptanz unseres anerlernten Sehens, im Gesehenen die Realität zu interpretieren, erst »wird«.

Weil die meisten Menschen die Hoffnung aufgegeben haben, jemals zu sich selbst zurückzufinden, suchen sie Trost in schönen Paradiesvorstellungen und Jenseits-Bildern. Sie fixieren sich auf ihre Wünsche und suchen diese dadurch zu finden, daß sie sie in ihren eigenen Phantasiegebilden suchen. So kommt es, daß sie im »Streben nach Erkenntnis« nur die »innere Entgrenzungsabsicht« finden *(»Ich fühle keinen Appetit auf den Tod, ich fühle Appetit, »nicht zu sein«!« Antonin Artaud)*, statt sich als »gespiegeltes Bild im Spiegel« zu erkennen und den »Spiegel ihrer Selbstbetrachtung« zu zerbrechen:

Nie war ich lebendiger als in der
Stunde meines Todes – jetzt!
Was ich lebendig nenne?
Das schwierigste nicht scheuen,
das Bild von sich selbst ändern!

(Medea)

Symptome

Psychisch

- Bewußtseinsveränderungen (geschärfte, aber unbeabsichtigte und daher gefährliche Wahrnehmungszustände)
- Übertreibungen im Bereich der »inneren Erkenntnis«:
  a) spirituelle Unbefriedigtheit, Sinnlosigkeit und Todessehnsucht (pseudo-esoterische »Entgrenzung der Materie«)
  b) Sinn- und Glaubenskrisen (Blockaden innerhalb von Religion und Weltbildfragen)
- Ablöseschwierigkeiten vom inneren Vaterbild:

a) übertriebenes Verantwortungsbewußtsein
b) kompensative Großzügigkeit (»Heimweh nach den Vätern«)

Physisch
- Leber- und Gallenleiden
- Kreislauf- und Drüsenstörungen (Drüsenüberfunktion)
- Infektionen, Fieber, heftige Durchfälle
- Entzündungen, Eiterungen, Ekzeme (Juckflechten, Ichthyosen)

Tinkturen

Homöopathische Mittel

Pflanzen	**Ailanthus glandulosa** (Götterbaum)	– bei übersteigerten Verantwortungsinteressen – übertriebener Großzügigkeit (Ablöseschwierigkeiten vom inneren Vaterbild) – oder unbeabsichtigten Bewußtseinsverschiebungen: alle D6
	Colchicum (Herbstzeitlose)	– gegen Realitätsvernebelung (»Entgrenzung der Materie«): D60 – bei psychischer Unbefriedigtheit (Erschöpfung, Fieber, Darmkatarrh) – oder physischen Beschwerden (Leber- und Gallenleiden, Gastralgie): beide D6
	Eupatorium aromaticum (Weiße Schlangenwurzel)	– bei Sinn- und Glaubenskrisen (Hoffnungslosigkeit) – Kopfschmerzen (geistige

		Überfülle bei gleichzeitigen Ermüdungserscheinungen) – oder Fieberdelirien: alle D4-D6
Tier	**Heloderma horridum** (Krustenechse)	– bei spiritueller Unbefriedigtheit (Todessehnsucht bei gleichzeitiger Todesangst) – oder geschärften, aber bedrohlichen Wahrnehmungszuständen (unbeabsichtigte Wahrnehmungs-Leere, handlungsauflösende Benommenheit, außer Kontrolle geratene Bewegungsabläufe): D60
Schüsslersalze		
Mineral	**Calcium sulfuricum** (Nr. 12)	– gegen Eiterungsprozesse (Eiterfisteln und Abszesse) – Leber- und Gallenstörungen – inner Ruhelosigkeit (Durchfall, Nasenbluten, chronische Entzündung)
Neben-Mineral	**Calcium sulfuratum** (Nr. 18)	– bei Niedergeschlagenheit und Erschöpfung (seelisch-geistiger Konkurs) – physisch: bei Kreislaufschwäche, hormonellen Störungen (Hitzewallungen) oder Drüsenschwellungen
Bachblüten	**Elm** (Ulme)	– gegen Übertreibungen im Bereich der Bewußt-

			seinszunahme (inneres Streben, die Grenzen der Vorstellung zu überschreiten und »Erleuchtung« zu erreichen)
	Red Chestnut (Rote Kastanie)	–	bei Formen von übersteigertem Verantwortungsempfinden (übertriebenes Kümmern um andere)
		–	oder gegen Schwäche, sich von den Umweltansprüchen einschüchtern zu lassen
Sonne/Mond/ Mars/Jupiter-Komponente	**Rock Water** (Felsenquelle)	–	bei individueller Selbstaufgabe (unterstützt das Streben, die höchsten Ebenen der menschlichen Entwicklung in die Realität zu übertragen)
Urtinktur	**Lecithin** Phosphatid)	–	die phosphorhaltige, organische Substanz aus Eidotter und Tierhirnen dient allgemein der größeren Bewußtseins- und Konzentrationsfähigkeit und damit der »spirituellen Sinnfindung«
Medizin	**Met** (weinartiges Getränk aus vergorenem Honig)	–	dieser altgermanische Trunk versinnbildlicht die ungestüme, extrovertierte Seite Mars/Jupiters
Therapie	Erweckung paranormaler Fähigkeiten: – Pranayama – Psychometrie – Orgontherapie – Trauminkubation		

- Resonanztherapie
- Hologenes Training
- Aufsuchen von Kraftplätzen
- Sigill-Ladung in Erregungstrance

♂ ♃

Gestirnsauslösungen

Direktionen, Transite, Alterspunkte, rhythmische Bewegungen

Spirituell

Die aktiven, nach Entwicklung drängenden Aggressionsflammen des Mars verlangen nach Wegen, die von den konventionellen Gestaden weg zu neuen Zielen führen (Mars/Jupiter ist ein Synonym für Tiefensehnsucht, die sich gern in einen Mantel wärmenden Erkennens hüllt). In den unbekannten Tiefenschichten der Seele lodert das Feuer, das sich mit der »Sehnsucht nach dem Vater« in der Außenwelt verbindet und auf den unfaßbaren Gott zusteuert, der sich »seines Seins in uns« bewußt ist, weil er dem »Ganzen« (Gottesbewußtsein) entspricht, das sich »in uns als Teil seiner selbst« erkennt!

Gott mit dem Inventar zu erfassen, das den Nativen schon prägt (»denn die Absicht, Gott zu erfahren, ist das Produkt der menschlichen Prägung, sich selber zu erkennen«), führt in Zeiten der Auslösung zu mehr oder weniger starken Identifikationen mit überpersönlichen religiösen Modellen, die dann spiegelfechterisch gegen andere Wahrheitsansprüche verteidigt werden müssen, zu einem mystisch-esoterischen Sektierertum, das sein wissendes Image (Jupiter) ich-vergrößernd durchsetzt (Mars), ohne zu bedenken, daß in diesem Akt weder Bewußtseinserfahrung noch Gotteserkenntis, sondern nur die egoaufblähende Auswirkung einer grandiosen Selbstdarstellung schlummert. Wie sollte ein Stempelabdruck, der höchstens die Prägung des Stempels (Gesellschaft) erfassen kann, auch die Motivation des Stempelnden (Gott) erfahren und alle Schöpfungshintergründe, wo selbst das Unfaßbare nur ein winziger Ausschnitt aus der Perspektive kosmischen Wirkens ist?

Menschen unter dieser Konstellation müssen über ihre Prägung hinauswachsen, indem sie sich im bildhaften Gestalten, die Welt durch ihre Vorstellung zusammenzuhalten, durchschauen, das heißt, sie müssen die Form anschauen und sich gleichzeitig in diesem Verhalten betrachten, denn nur im objektiven Hinterfragen ihres Verhaltens können sie die Form zerbrechen, ohne gleichzeitig von den zusammenstürzenden Trümmern erschlagen zu werden. Im »objektiven Betrachten ihrer Weltbetrachtung« können sie ihre Bilder anhalten und sich gleichzeitig in die Rolle des Beobachters retten, der sich als »gespiegeltes Bild im Spiegel seiner eigenen Vorstellung« erkennt.

Der Spiegel hat kein Ziel und auch das gespiegelte Bild im Spiegel ist ein Bild, das stets sich selber zeigt. Nur die Selbsterkenntnis führt, wie jedes Sehen, in die Ewigkeit: »Gehen wir, es ist jetzt Zeit ... – wir brauchen nur dem Weg zu folgen, der sich aus unseren Schritten zeugt!«

Aber welches ist die Tür, durch die ich gehen muß, weil sie die Erfüllung meines Schicksals ist? Wenn alles Leben kalt und leer ist und sich der Geist am Menschsein nicht mehr wärmen kann, gibt es nur noch die Hoffnung auf jenes Fünklein des Entzündens, das unsichtbar im Herzen schlägt. Feuer steigt aus Seelen Tiefen: Ist dort das Wurzelreich des Menschengeistes, wo die Keime der Urbilder wachsen, um sich im Leben oben Form und Gestaltung zu erschaffen? Geht dort die Tür zu jenem unbekannten Gotte auf, der wie Feuer seine Hand ausstreckt, als ob's der Flügel eines Raben wäre, der im Vorbeiflug meine Wange streifte: »Stets ist's das eigene Gesicht, wenn man sich selbst im Gral erblickt, weil sich das Ich im Licht erfüllt, auch wenn der Mensch nicht weiß, wohin der Weg ihn führt, aber trotzdem tut, als kenne er den Zusammenhang der Dinge, damit das Streben weitergeht nach Ungesehenem, das Finden, und auf dem Weg des Suchens in die Sonne dringe ...«

(aus »Wessen Auge ist die Sonne?« von Akron)

♂ ♃

Archetypen und Symbole

Thema	Entgrenzung der Materie
Ziel	Alpha »und« Omega
Sinn	Ewigkeit
Berufung	»Herren des Karmas« (Gott) *Sohnvater, Vatersohn (Vatermörder!)*
Symbol	Wunderwirkender Stein (der Weisen) *Religiös: die Abendmahlsschale, in der Christi Blut am Kreuz aufgefangen wurde*
Mythos	Tod Christi (»Vater, es ist vollbracht!«) *... oder der Urknall, der das Seiende aus dem Nichts gebar (Zeugungsprinzip!)*
Zeit	»Ewigkeit« *Sommerbeginn/Winteranfang: die Schleifen der Ewigkeit*
Sabbat	Sol invictus (25. Dezember) *Neben »Sol aeternus« und »Sol divinus« Name verschiedener orientalischer Sonnengottheiten (Mithras, Elagabal), die von den Römern übernommen wurden: Im 4. Jahrhundert wurde das Fest der Geburt Christi vom 6. Januar auf den 25. Dezember verlegt und Christus als »Sol invictus« gefeiert.*
Götter	Atlas (griechische Mythologie) *Bruder des Prometheus: Zur Strafe für den Kampf mit den Titanen gegen die Götter muß er den Himmel auf seinen Schultern tragen.* Elagabal (syrische Gottheit) *Daraus entwickelte sich unter Kaiser Heliogabalus ein mit dionysischen Elementen vermischter Soldatenkult in Rom.* Mithra (altiranischer Lichtgott) *Mithraisch-essenisch-christliche Darstellungen zeigen ihn mit dem Urstier, den er überwindet und tötet.*

Geister	Söhne des Lichts *Nach zarathustrischer Vorstellung »Krieg der Söhne des Lichts mit den Söhnen der Finsternis«*
Fabelwesen	Phönix *(Symbol der ewigen Erneuerung)*
Archetypen	Ödipus – *Vatermord (unbewußter Inzest)*
	Wotan/Siegfried – *Vater/Sohn-Beziehung*
	Tyr/Odin – *Mythologische Metamorphose*
	Titurel/Artus/Parzival (Gralslegende) *Symbol der inneren Verstrickung einer Blutsverbindung*
Christlich	Jesus *(»Ich und der Vater, wir sind eins!«)*
Mysterienorte	Yggdrasil *(Mittelpunkt der Welt);* Mont Salvat *(Nabel des Wissens);* Garten Eden *(Baum der Erkenntnis);* Ölberg *(Ort der Erlösung)*
Kultstätten	Akakor *Die geheimnisvolle Ruinenstadt im Grenzgebiet zwischen Brasilien und Venezuela, irgendwo in der Nähe des über 300 Meter hohen Pico da Neblina in den Dschungel gebaut (bis heute unentdeckt!)*
	Chan-Chan mit seinen Pyramidentempeln *Die altamerikanische Ruinenstadt war einst das größte urbane Zentrum im vorspanischen Peru.*
	Mithräum *Mithras' unterirdische Kulträume: vielfach im römischen Heeresgebiet an Rhein und Donau*
Kraftort	Rheinfall bei Schaffhausen *Besonderer Kraftplatz: der mittlere Rheinfelsen!*
Baustil	Sitz der Götter: »Walhall«; Stützpunkt ins All: »Weltraumstation«

Sinnbild	Der Weg ist das Ziel. *Einst bat ein Schüler den Meister beim Frühstück: »Meister, ich bin noch ein Neuling, zeige mir den Weg.« Der Meister sprach: »Hast du schon dein Frühstück beendet?« Der Schüler erwiderte: »Ja, ich habe mein Frühstück beendet.« Sagte der Meister: »Dann geh und reinige deine Eßschalen!«* *(Zen-Anekdote)*
Duft	Atlaszeder *... steht in übertragenem Sinn für die Weltesche Yggdrasil!*
Edelstein	Schwarzer Turmalin, oft in Form einer Turmalin-Sonne *Riesenkristalle bis 25 Meter Länge*
Farben	Strahlendes Dunkel *(purpur/violett-schwarz)* oder dunkler Glimmer *(durchsichtige Tiefe)*
Ritual	Aufbruch in die Ewigkeit *(Erlösung oder Tod)*
Musik	»Auferstehungs-Sinfonie« von Gustav Mahler *»Sterben wirst du, um zu leben!«* »Die Schöpfung« (zweiter und dritter Teil) von Joseph Haydn *»Vollendet ist das große Werk«* »Deutsches Requiem« von Johannes Brahms *»Denn alles Fleisch, es ist wie Gras«* »Gurre-Lieder« von Arnold Schönberg *»Herrgott, ich bin auch ein Herrscher!«* »Buch mit sieben Siegeln« von Franz Schmidt *»Ich bin das A und O ...«* »Lohengrin« (Gralserzählung) oder »Siegfried« (Wotansbegegnung) von Richard Wagner

Bildende Kunst	»Die Alexanderschlacht« von Albrecht Altdorfer *Im Sonnenuntergang über der Riesenschlacht übersteigert der Künstler die kosmische Landschaft bis zum Tragischen der ewigen Alpträume.*
	»Gewitterlandschaft« von Rembrandt *Dramatische Kontraste zwischen Licht und Schatten: Geradezu entrückt leuchten die Formen aus den mysteriösen Schatten*
	»Hannibal überquert die Alpen« von William Turner *Kaum je ist es einem Maler gelungen, so sehr die Klarheit zu durchbrechen und im Rausch des Lichtes in die Dunkelheit zurückzufallen.*
Alte Schriften	
Biblisch	Apokryphen *Auf Henoch, einen der alttestamentarischen Urväter zurückgeführte Bilderreden und messianische Weissagungen*
Germanisch	Edda *Isländische Sammlung von Götter- und Heldensagen (Sigurd, Brynhild u. Gudrun, das Lied von Etzel u.a.)*
Indianisch	Popol-Vuh *Legendensammlung aus dem 16. Jahrhundert, in Quiché-Sprache (Sprachgruppe der Maya)*
Philosophie	*Das systemsprengende, erratische Denken eines Friedrich Nietzsche:* Verkündigung des Todes Gottes *»Menschlich-Allzumenschliches«*
	Überwindung der Sinnlosigkeit *»Der Übermensch und sein Wille zur Macht«*
	Ende des Christentums und des Patriarchats *»Umwertung aller Werte«;* *»Jenseits von Gut und Böse«*

Dichter

Die jungen Goethe und Schiller, die sich an Homer und Shakespeare ausrichten
»Götz von Berlichingen« von Johann Wolfgang von Goethe;
»Die Räuber« von Friedrich Schiller
Dramen

»Die Leiden des jungen Werther« von J. W. von Goethe;
»Steppenwolf« von Hermann Hesse
Romane

»Von der Wiege bis zum Graab« aus dem achttausend Seiten dicken Mammutwerk »Trauermaarsch« vom schizophrenen Schweizer Dichter Adolf Wölfli:

»Wihr können nicht mehr wandern:
An Leib und Seel verbranntt.
Die Seelen sind geschieden:
Schliess't Uns die Augen zuh.
Wihr liegen's ja Hianiden:
In Gottes tiefer Ruh.«

Literatur

Geniebewegung (Titanentrotz) oder das Ideal eines freien Menschentums
Aufgehobensein in »kosmisch-metaphysischen Gewalten«, eins mit seinem Schicksal und mit Gott!

Zitat

»Und wenn auch einst die Freiheit ist errungen,
Die Menschheit hoch wie eine Rose glüht,
Ihr tiefster Kelch vom Sonnenlicht durchdrungen:
Das Sehnen bleibt, das uns hinüberzieht!«

(Gottfried Keller)

♃

JUPITER

Jupiter ist der größte und (nach Venus) auch der hellste Planet unseres Sonnensystems. Sein Durchmesser entspricht elfmal dem der Erde (1300 Erdkugeln haben in ihm Platz). Er rotiert in weniger als 10 Stunden um seine Achse und ist infolgedessen stark abgeplattet. Seine Oberfläche ist unter einer dichten Wolkenhülle verborgen. Die äußere Atmosphäre enthält Methan, Ammoniak, Wasserstoff und Wasser, was ihn im Vergleich zur Erde ausgesprochen leicht macht (nur 317fache Erdmasse). Wie ein riesiger Ballon dreht er sich in knapp 12 Jahren einmal um die Sonne, wobei er von zahlreichen (man spricht von 14) Monden begleitet wird. Die vier größten (Io, Europa, Ganymed und Kallisto) wurden von Galilei entdeckt und sind mit jedem Feldstecher zu sehen.

Verschiedene Astronomen wollen einen Zusammenhang zwischen bestimmten Jupiterrhythmen und den periodisch auftretenden Sonnenfleckenaktivitäten erkennen. Hier zeigt sich seine innere Verwandtschaft zum Zentralgestirn, denn in vielen Bereichen ähnelt er der Sonne, wenn auch in abgemilderter, wohltätiger Form. Mythologisch teilt er sich mit Neptun (Meer) und Pluto (Unterwelt) die Weltherrschaft, psychologisch symbolisiert er aber mit Saturn zusammen das »Tor«, das sich unserer Aufmerksamkeit entzieht, weil »es ein Teil dieser Aufmerksamkeit selber ist«: Jupiter und Saturn sind die Wächter an der Schwelle zum Unfaßbaren.

Während jedoch Saturn mit der dunkleren Seite verbunden wird (er schmort im Hades, bewacht von Pluto) und damit die Verbindung zu den tieferen Schichten unserer Psyche darstellt, residiert Jupiter in der obersten Etage des kreativen Geistes (zumindest innerhalb der Werte der bewußtseinsmäßigen Natur). Jupiter, altrömischer oberster Himmelsgott, ursprünglich indogermanischer Licht- und Himmelsgott, entspricht dem griechischen Gott Zeus. Als »Jupiter Optimus Maximus« und »Jupiter Capitolinus« symbolisiert er auf dem Kapitol den verehrten Hauptgott Roms und den Schirmherr des römischen Reiches.

Jupiter, der innere Guru und Glücksbringer, spiegelt sich in dem, was man die »Suche nach dem Sinn« oder den »Glaubenstrieb« nennen könnte. Sein Sehnen, selbst in den profansten Angelegenheiten noch einen tieferen Sinn zu erkennen, läßt in ihm den Esoteriker erahnen. Das Bestreben, die Dinge in einem größeren Zusammenhang zu sehen, krönt sich in der Auseinandersetzung mit grundsätzlichen Daseinsfragen. Auf unbewußter Ebene entspricht das einer Ein- und Rückbindung ins Zeitlos-Ewige, was sich dann innerhalb des bewußtseinsmäßigen Erfassens zur horizontserweiternden Intuition ausdehnt. Dieses Empfinden eines Eingebettetseins in einen größeren Rahmen erlaubt ihm, ein Gefühl von Sicherheit und Wissen auszustrahlen, das ihn in den Augen seiner Umwelt als einen Übermittler spiritueller Einsichten erscheinen läßt.

Im Verhalten, sich mit seinen Schöpfungen zu identifizieren (sich also selber zum Ziel seiner Wünsche zu machen), verkörpert Jupiter die »Formgebung des Ewigen«. In seiner positiven Prägung zeugt Jupiter von einer Haltung, die von Güte, Optimismus und lebenszugewandter Expansivität nur so strotzt. Man glaubt ihm den offenen und großzügigen Menschen, der »leben und leben lassen« zum Credo seines persönlichen Verhaltens kürt. Als Hüter väterlich-milder Autorität dient ihm Freiheit und Selbstverwirklichung zur höchsten Prämisse, aber nur solange, wie man die gnädigst zugewiesenen Freiräume nicht verletzt. Solange man seinen Führungsanspruch nicht in Frage stellt, ist er der gütigste, gerechteste und wohlwollendste, Reichtum und Fülle über die Menschen ausstreuende Gottvater. Scheinbar befreit von den äußeren Zwängen vermag Jupiter ein kolossales Gemälde des Universums zu malen und sich gleichzeitig als spiritueller Befruchter darzustellen, der die Gestirne dirigiert.

In diesem Sinne ist der moderne Esoteriker nichts anderes als eine Verkörperung des kreativen Christen, der die Schaffung seines inneren Gottesbildes selber in die Hand genommen hat, denn Jupiter verkörpert das Verlangen, der »Sehnsucht nach Gott« ein inneres Bild zu widmen und dieses »in die Welt« zu schicken, damit er es »draußen« finden und wieder in die Seele zurückspiegeln kann. Diese veräußerlichte Sinnbildung dient ihm als Ziel, außen zu finden, was er innen sucht. Gleichzeitig läßt er das gefundene Bild wieder nach innen verschwinden, weil dieser Gott, den er außen findet, sich in seiner inneren Sehnsucht ja »erkennt«!

Er selber ist der Schöpfer, der nicht wahrhaben will, daß er seine eigene Schöpfung sucht, denn seine eigene Schöpfung entspricht ja der Sehnsucht, ohne das nicht leben zu können, was er immer wieder »findet«: einen »sich im Suchen selber darstellenden« Lebenssinn! Was er Gott nennt, ist sein eigenes, selber geschaffenes Ebenbild, und was er als Ziel bezeichnet, ist der von ihm selber entworfene Schöpfungssinn. Finden ist seine eigene Form von Suchen, und solange er dies nicht erkennt, wird sein eigener Gott ihm ein Rätsel bleiben, weil er sich selber nicht erkennt. Erst wenn er merkt, daß das eigene Ziel er selber ist, wird er das Rätsel lösen, denn im Rätsel verbirgt sich die Wahrheit, die nur deshalb als Rätsel erscheint, weil er sich selbst in ihr nicht sieht. Die Wahrheit versucht immer, aus sich herauszutreten, doch in immer neuen Bildern und Erklärungen hält er sie gefangen. Aber in allen Schmerzen und Enttäuschungen erfährt er sie ein bißchen mehr:

... dieses unaufhörliche beharrliche Sterben,
dieser lebendige Tod
der dich mordet, o Gott,
in deinem unerbittlichen Werk,
in den Rosen, in den Steinen,
in den unbezwingbaren Sternen
und in dem Fleisch, das niederbrennt
wie ein Freudenfeuer, entzündet durch ein Lied,
einen Traum,
ein Farbton, der das Auge trifft.

... und du, du selbst
starbst vielleicht Ewigkeiten von hier,
ohne daß wir davon erfuhren,
wir – Bodensatz, Krumen und Asche von dir;
du, der du immer noch gegenwärtig bist,
wie ein Stern, vorgetäuscht durch sein Licht,
ein leeres Licht ohne Stern,
das uns erreicht,
verborgen
in seiner unendlichen Katastrophe.

(aus einem Gedicht von José Gorostiza)

Vom Autor liegt bereits vor

Weitere Titel aus unserem Programm

Nicolaus Klein / Rüdiger Dahlke

Das senkrechte Weltbild

Symbolisches Denken in astrologischen Urprinzipien

420 Seiten mit zahlreichen Abbildungen. Leinen

In der heutigen Zeit stößt das rationale Denken zunehmend an seine Grenzen. Um mit den entstandenen Problemen fertig zu werden und einen Weg aus der Krise zu finden, muß man zu einer anderen Betrachtung der Wirklichkeit kommen, zu ganzheitlichem Denken in archetypischen Grundmustern, zum »senkrechten Weltbild«. In über 100 Tabellen werden die verschiedensten Lebens-/Erfahrungsbereiche nach den 12 Tierkreiszeichen unterteilt.

Rüdiger Dahlke

Der Mensch und die Welt sind eins

Analogien zwischen Mikrokosmos und Makrokosmos

360 Seiten. Leinen

Nicht nur Entsprechungen von Organfunktionen des Mikrokosmos »Mensch« werden im Makrokosmos »Welt« entdeckt, auch seelische Themen wie Krankheit und Liebe, Partnerschaft und Aggression verfolgt der Autor vom einzelnen Menschen bis in die Welt. Vom allerkleinsten, der Welt im Innern des Atoms bis zum allergrößten, dem Weltall, begleiten uns dieselben Muster und Prinzipien durch die ganze Schöpfung. Unter diesem Aspekt bietet die Evolution ein neues Bild, und es wird möglich, sowohl in der Entwicklung des einzelnen Menschen als auch in der des Lebens und damit der Menschheit den häufig übersehenen zweiten Pol zu entdecken. Neben dem darwinistischen Prinzip des Überlebens der Stärksten steht nämlich das Prinzip der Integration und Resonanz und damit die Liebe.

Robert Hand

Das Buch der Transite

578 Seiten, mit Horoskopabbildungen. Leinen

Neben der Deutung des Grund-Horoskops nimmt die Prognose bei allen astrologischen Arbeiten breiten Raum ein. Transite spielen hierbei eine dominante Rolle. Im vorliegenden Werk finden sich ausführliche Interpretationen zu allen Transit-Aspekten der 10 Planeten, dem Aszendenten, dem MC und den transitierenden Planeten in den Häusern. Neben der Charakterisierung der Kräftekonstellation erhält man Aufschluß über mögliche Ereignisse.

Liz Greene / Howard Sasportas

Entfaltung der Persönlichkeit

durch psychologische Astrologie

373 Seiten. Paperback

Die bekannte Astrologin und C. G. Jung-Psychologin Liz Green und der in humanistischer Psychologie ausgebildete Astrologe und Psychotherapeut Howard Sasportas zeigen in diesem Buch erstmalig Wege und Methoden, weitreichende tiefenpsychologische Strukturen und Prägungen im Horoskop zu erkennen.
In vier Hauptabschnitten werden unbewußte Persönlichkeitselemente erfaßt, in gut verständlicher Weise die psychologischen Zusammenhänge geschildert und astrologische Methoden entwikkelt, diese verborgenen Strukturen im Horoskop aufzuspüren.